합격을 결정짓는

최상준
필수서

공인중개사법 · 중개실무 2차

박문각 공인중개사

이 책의 머리말

"滴水…不停이면 可以穿石이다." "쉼 없이 떨어지는 한 방울, 한 방울의 물방울이 단단해 보이는 바위도 뚫을 수 있다."라는 뜻처럼, 자신감과 확신을 가지고 꾸준히 정진하면 목표는 반드시 이루어집니다. 이 한 권의 "완벽 수험서"가 하나의 작은 물방울이 되어 제36회 공인중개사 자격시험을 준비하는 수험생 여러분의 합격을 조금이라도 쉽게 앞당겨 실현할 수 있기를 기대합니다.

본 교재의 구체적인 특징은 다음과 같습니다.

01 ㅣ 출제빈도의 높낮이에 따라 단원별 분량을 적절하게 배분하여 학습 부담은 줄이고 고득점을 할 수 있도록 최적화 하되, 자주 출제되는 중요한 내용은 반복 기술하여 학습효과를 높였습니다.

02 ㅣ 최근 개정된 법령 및 규칙을 반영하고, 핵심 내용들은 도표 등을 적절히 활용하여 압축·정리하였습니다.

03 ㅣ 저자의 다년간 강의 경험과 노하우로 엄선한 중요 조문, 판례 그리고 이론들을 빠짐없이 수록하여 단권화시킴 으로써 제36회 시험을 대비하는 수험생분들의 필수서에 대한 다소의 불안감을 덜어주고, 기타 수험자료의 수집 시간 낭비를 줄여주기 위하여 노력했습니다.

1년 만에 자격시험 6과목의 방대한 학습량을 전부 이해하고, 정복한다는 것은 사실상 불가능합니다. 수험생 여러분은 부동산 관련 법을 연구하는 학자가 아닙니다. 절대평가인 자격증시험은 "시험의 기술", "합격의 기술"이 필요합니다. 따라서, 시험일이 임박할수록 다른 과목도 열심히 하되, "나는 이번 시험에 반드시 합격을 해야 한다."라고 생각하시는 분은 "본인이 가장 자신 있는 고득점 전략과목을 완벽하게 정리하여 85~95점을 맞는다면, 다른 과목에서 과락이 없는 한 2차 시험에서 떨어질 수가 없을 것입니다. 이 시험은 절대평가(평균 60점 이상 합격)임을 항상 인지(認知)하며 공부를 하여야 합니다. 그것이 절대적인 "단기간 합격의 기술"입니다.

"짙은 어둠은 곧 새벽을 열고, 합격이 가까울수록 더더욱 힘이 들게 마련입니다." 초지일관 최선을 다하여 이 한 권의 책이 제36회 공인중개사시험에 합격하시는 데 초석이 되어 여러분 모두가 합격하시기를 충심으로 기원합니다.

－ 권 학 문 －

少年易老學難成 (소년이노학난성) 一寸光陰不可輕 (일촌광음불가경)
未覺池塘春草夢 (미각지당춘초몽) 階前梧葉已秋聲 (계전오엽이추성)
"몸은 쉽게 쇠약해지나, 학문은 이루기 어렵다. 그러하니 순간의 시간도 가벼이 하지 마라!
연못가에 봄의 새싹이 돋는가 했더니, 이미 섬돌 위에 오동나무 잎이 가을소리를 내는구나!"

여러분의 합격을 다시 한 번 진심으로 소원합니다.
2025년 2월
편저자 최상준 씀

이 책의 차례

PART
01

공인중개사
법령

PART
02

부동산 거래신고
등에 관한 법령

PART
03

중개실무

박문각 공인중개사

공인중개사법령

총 칙

01 「공인중개사법」의 구성, 법적 성격

1 부동산 중개업의 연혁(유래)

① 최초의 전문개업공인중개사 – 가쾌, 집주름, 가거간(복덕방)
② 규제의 변천 –「소개영업법(**신고제**)」⇨「부동산중개업법(**허가제**)」⇨「공인중개사법 (**등록제**)」

2 공인중개사법령의 체계

≪ 대한민국 법의 체계도

① 「공인중개사법」 ⇨ 총 7장, 51개 조문
② 「공인중개사법 시행령」(대통령령) ⇨ (**예** 등록기준, 과태료 기준 등)
③ 「공인중개사법 시행규칙」(국토교통부령) ⇨ (**예** 일반 · 전속중개계약서, 중개대상물 확인 · 설명서 등 **각종 서식**)
④ 조례 ⇨ ㉠ 특 · 광 · 도(시 · 도) : 자격증 재교부, 주택 중개보수 등에 적용됨
㉡ 시 · 군 · 구 : 등록신청 및 등록증 재교부 등에 적용됨

3 「공인중개사법」의 법적 성격

① **일반법**(기본법) : 부동산중개 및 중개업에 적용되는 일반법 · 기본법이다.
② **특별법 지위** : 「공인중개사법」⇨「**상법**」일부 ⇨「**민법**」순으로 **적용됨**
(**예** 「상법」(상인의 보수청구권 등)과 「민법」(선관주의의무 등) 이 보충적으로 적용됨.
③ **사회법**(혼합법 · 중간법) : 공법적 요소와 사법적 요소가 혼합 구성되어 있다.
㉠ 공법적 요소 : 국토교통부장관, 시 · 도지사, 등록관청의 지도 · 감독, 자격시험, 등록제도, 행정형벌(징역, 벌금), 행정처분(자격취소 등), 과태료 등이 해당된다.
㉡ 사법적 요소 : 중개계약, 거래계약, 손해배상책임 등이 해당된다.
④ **국내법** : 국내에 있는 중개대상물을 규율한다. 따라서, 국내에서 행해지는 외국인의 중개업무도 이 법이 적용된다.

02 「공인중개사법」 제정의 목적

법 제1조 : "이 법은 공인중개사의 업무 등에 관한 사항을 정하여 그 **전문성을 제고**하고 / **부동산중개업을 건전하게 육성**하여 / **국민경제에 이바지**함을 목적으로 한다."

⇧

목적(○)	목적(×)
• 공인중개사의 업무 등에 관한 사항 • 전문성을 제고(1차) • 부동산중개업을 건전하게 육성(2차) • 국민경제에 이바지(최종·궁극적 목적)	• 부동산업 • 부동산투자업 및 금융업 • 부동산매매업, 임대업 • 부동산거래업의 건전한 지도·육성 • 부동산개발업, 건설업 • 개업공인중개사의 재산권 보호

주의 법조문을 순서대로 그대로 암기하여야 정답을 찾을 수 있다.

03 용어의 정의

01 중개

법정**중개대상물**에 대하여 / **거래당사자** 간의 매매·교환·임대차 그 밖에 권리의 득실·변경에 관한 행위를 / **알선**하는 것을 말한다.

(1) 중개대상물

① **협의부동산** : ㉠ 토지, ㉡ 건축물, ㉢ 기타 토지의 정착물

② **준부동산** : ㉠ 입목, ㉡ 공장재단, ㉢ 광업재단

　　참고 | 부동산의 범위 : 광의의 부동산 〉 중개대상물 〉 협의의 부동산

OX 사무소개설등록제도, 과태료, 행정형벌 등의 사법적 요소와 공법적인 요소인 중개계약, 거래계약체결, 개업공인중개사와 의뢰인 간의 손해배상책임 등이 혼재된 혼합법(중간법, 사회법)적 성격을 지니고 있다. (×)

OX 이 법은 부동산중개 및 중개업 분야에 적용되는 기본법이다. 따라서 이 분야의 법적용 순서로는 특별법적 지위에 있는 「공인중개사법」이 먼저 적용되고, 흠결시에 「상법」이, 그 다음으로 「민법」이 보충적으로 적용된다. (○)

OX 이 법은 공인중개사의 업무 등에 관한 사항을 정하여 그 전문성을 제고하고, 부동산업을 건전하게 육성하여, 국민경제에 이바지함을 목적으로 한다. (×)

주의 부동산업, 부동산개발업, 부동산매매업, 부동산거래업의 건전한 지도·육성, 부동산 중개업의 적절한 규율 등은 이 법의 제정 목적이 아니다. ⇨ 이 법의 최종목적, 궁극적인 목적(3차)은 "국민경제에 이바지함"이다.

(2) 거래 당사자 간에 매매, 교환, 임대차 그 밖에 권리의 득실 · 변경!

> ※ 그 밖에 권리는 민법상의 물권과 채권을 의미한다.
> ① 물권: 용익물권(지상권 · 지역권 · 전세권), 저당권, 유치권, 법정지상권 등을 포함
> ② 채권: 매매, 교환, 임대차, 환매권 등

[주의] 다만, 점유권, 질권, 친족권, 상속권, 무체재산권은 그 밖에 권리에 포함되지 않는다.

판례

㉠ '그 밖에 권리'에는 저당권 등 담보물권도 포함된다.
㉡ 타인의 의뢰에 의하여 일정한 보수를 받고 **저당권의 설정에 관한 행위의 알선을 업**으로 하는 경우도 중개업에 해당한다.
㉢ 저당권 설정에 관한 행위의 알선이 **금전소비대차**의 알선에 부수하여 이루어졌다 하여도 중개업에 해당한다.

(3) 알선하는 것(예 개업공인중개사, 일반인도 포함)

판례

중개행위에 해당하는지 여부?

① 개업공인중개사의 주관적 의사에 의하여 결정하는 것이 아니라 **객관적(외형적)으로 보아** 사회통념상 거래의 알선, 중개를 위한 행위라고 인정되는지 여부로 결정된다.
② 중개행위란 개업공인중개사가 거래의 **쌍방 당사자**로부터 중개 의뢰를 받은 경우뿐만 아니라 (단독중개 의미), 거래 **일방 당사자**의 의뢰에 의하여 중개 대상물의 매매 등에 관한 행위를 알선 · 중개하는 경우(공동중개 의미)도 포함된다.

1 중개의 3요소

> ① 중개대상물
> ② 거래당사자(중개의뢰인)
> ③ 알선자(개업공인중개사)

[주의] 일반인도 우연히 1회성 "중개"는 가능하다.

2 중개행위(계약)와 「민법」상 전형계약의 구별

구 분	민법상 개념	공인중개사법상 중개개념	공통점
위임계약	• 당사자 간에 신뢰관계를 전제 • 무상이 원칙	• 신뢰관계를 전제하지 않음 • 유상이 원칙	선량한 관리자의 주의의무(판례)
대리계약	• 대리인은 법률행위의 거래당사자이다. 다만, 법률행위의 효과는 본인에 귀속한다.	• 법률행위(계약 등)가 성립하도록 알선(제3자)하는 **보조적 준비행위·사실행위이다.**	법률행위 성립을 돕는다는 점

> **판례**
>
> ㉠ 민법상 위임계약과 유사 : 개업공인중개사와 중개의뢰인과의 법률관계는 「민법」상의 **위임계약과 유사하므로** 개업공인중개사는 중개의뢰인 본지에 따라 **선량한 관리자의 주의로써** 중개업무를 처리하여야 한다.
>
> ㉡ 개업공인중개사는 매도자가 진정한 소유자 및 처분권자인지를 **등기사항증명서 + 주민등록증 + 등기권리증**을 선량한 관리자의 주의로써 조사·확인하여야 한다.
>
> ㉢ 중개계약의 해지 자유 : 중개계약은 「민법」상의 위임계약과 유사하므로 중개완성 전에 각 당사자는 자유롭게 중개계약을 해지할 수 있다.

3 중개의 유형

① **단독중개와 공동중개** : 중개행위 '주체의 수'에 따른 구분이다.

  ㉠ 단독중개 : 개업공인중개사 혼자서 거래 성립에 노력하는 형태이다.

  ㉡ 공동중개 : 2인 이상의 개업공인중개사가 협력하여 거래 성립에 노력하는 형태이다.

② **상사중개와 민사중개** : 중개행위의 '대상'에 따른 구분이다.

  ㉠ 상사중개란 상인의 상행위인 상거래를 중개하는 것을 말하며 이에 대응하는

  ㉡ 민사중개는 상행위 이외(부동산, 혼인, 고용 등)의 거래행위를 중개하는 형태이다.

  참고 | 개업공인중개사는 민사중개인에 해당됨을 주의해야 한다.

③ **순가중개와 정가(정률)중개** : 보수 '지급방법'에 따른 구분이다.

  ㉠ 순가중개 : 중개의뢰인이 거래가격을 미리 제시하고 초과한 차액 전액을 개업공인중개사 보수로 인정하는 형태이다.

  주의 현행법상 순가중개 체결 자체를 금지하는 규정은 없으나, 차액이 법정보수를 초과 할 경우에는 보수초과 수수 위반으로 행정처분 및 행정형벌 대상이다.

  ㉡ 정가중개 : 법정 보수를 지급할 것을 예정하는 형태(법상 원칙)

02 중개업

다른 사람의 **의뢰**에 의하여 일정한 / **보수를 받고** / **중개를 업** / 으로 하는 것을 말한다.

① **타인의 의뢰**: 중개의뢰인과 개업공인중개사 간의 중개계약이 있어야 한다.

② **보수**: 반드시 일정한 보수를 받아야 한다. 따라서, 보수를 받지 않았으면 중개업(×)

> ㉠ 무상중개는 중개업이 아니다.
> ㉡ 중개보수의 할인이나 감액 등은 중개업이다.
> ㉢ 개업공인중개사의 무상중개행위에도 「공인중개사법」(**예 확인·설명, 손해배상책임, 거래계약서 작성 등**)이 적용된다.

③ **중개**: "중개대상물에 대하여 거래당사자 간의 매매·교환·임대차 기타 권리의 득실·변경에 관한 행위를 알선하는 것"을 말한다(제1호).

④ **업(業)**: 계속적·반복적으로 영리를 목적으로 하는 것을 의미한다.

> ㉠ 영리목적임을 요한다.
> ㉡ 계속성·반복성을 요한다.
> ㉢ 불특정 다수 대상(즉, 일반인 대상)을 요한다.

‡‡참고 | 차임 등 우연히 1회적인 중개는 "중개업"에 해당되지 않는다.

※ 부동산사무소 "간판"을 설치하고, 단, 1회 중개를 한 경우는 "중개업"에 해당한다.

┌ 판례 ┐

㉠ "업"의 판단기준: 중개행위의 **반복·계속성·영업성** 등의 유무와 그 행위의 목적이나 규모·횟수·기간·태양 등 여러 사정을 **종합적으로 고려**하여 사회통념에 따라 판단한다.
   ※ **우연한 기회에 단 1회 건물 전세계약**의 중개를 하고 보수를 받은 사실만으로는 알선·중개를 업으로 한 것이라고 볼 수 없다.

㉡ "중개보수" 수령 여부?: 중개보수로 초과 수수된 당좌수표가 **부도 또는 반환**된 경우에도 중개업에 해당된다.

㉢ "중개보수" 수령 여부?: 거래당사자들로부터 보수를 현실적으로 받지 아니하고 단지, 보수를 받을 것을 **약속**하거나 보수를 **요구**하는 데 그친 경우에는 '중개업'에 해당한다고 할 수 없다.

㉣ 본업에 부수하여 한 중개행위가 "업"이 되는지?: 부동산 컨설팅업을 하면서 **이에 부수하여** 중개행위가 반복적으로 이루어졌다면 이는 중개업에 해당한다.

㉤ 보충내용: **자격증이나 사무소개설등록**은 중개업의 성립요소가 아니다.

03 공인중개사

> 이 법에 의한 공인중개사 **자격을 취득한 자**를 말한다.

① **이 법**: 특·광·도(시·도지사)가 시행하는 시험에 따라 자격취득 ※ 외국법(×)

② 공인중개사 자격을 취득하고, 현재 중개업무에 종사하지 않고 있는 자를 말한다.

③ **구별**: 소속공인중개사는 공인중개사 자격을 취득하여, 중개사무소에 취업하여 현재 근무하고 있는 자를 말한다.

공인중개사	소속공인중개사	개업공인중개사
자격증(장롱자격증)	자격증 + 취업	등록한 자(※ 자격증 불문)

OX 이 법이 아닌 **외국법**에 따라 취득한 자격증은 공인중개사가 아니다. (○)

OX 공인중개사자격을 취득하여 사무소 개설등록이나 중개업무에 종사하지 않고 있는 자는 공인중개사이다. (○)

04 개업공인중개사

> 이 법에 의하여 중개사무소의 **개설등록을 한 자**를 말한다.

(1) 개업공인중개사의 3종류(종별 : 개인과 법인)

① 개인(자연인)인 개업공인중개사

   ㉠ 부칙 제6조 제2항의 개업공인중개사 : **자격증 없이** 등록으로 간주된 자(중개인)

   ㉡ 공인중개사인 개업공인중개사 : 공인중개사 자격을 취득하여 개설등록을 한 자

② 법인인 개업공인중개사 : 「상법」상 법인(또는 협동조합)으로 개설등록을 한 자

⁑참고ㅣ부칙 제6조 제2항의 자(중개인) 특징!

① 이 종별로는 신규 등록이 불가하다.

② 업무지역 범위는 사무소를 기준으로 특, 광, 도로 제한된다.

③ 문자 사용시에 "공인중개사 사무소"를 사용할 수 없다.

   ※ "부동산중개"만 사용하여야 한다.

④ 원칙적으로 중개업과 겸업은 제한 없이 할 수 있다. ※ 경·공매는 불가함.

⑤ 중개인도 전국으로 사무소 이전이 가능하며 공동사무소 설치도 가능하다.

OX 현행법상 개업공인중개사는 행정관청에 신고나 허가가 아닌 등록한 자를 말한다. (○)

OX 개업공인중개사에는 부칙 제6조 제2항의 개업공인중개사, 공인중개사인 개업공인중개사, 법인인 개업공인중개사의 3가지 종류(종별)가 있다. (○)

(2) 개업공인중개사의 종별 비교

구 분 \ 종 별	법인인 개업공인중개사	공인중개사인 개업공인중개사	부칙 제6조 제2항
	「상법」상 법인, 협동조합 설립 + 등록	공인중개사 + 등록	등록간주(자격증 ×)
업무지역 범위	전 국	전 국	• 원칙: 중개사무소 관할 시·도 내만 가능 • 예외: 거래정보망에 가입 + **공개된 물건** ⇨ 관할구역 외도 가능
중개업 + 겸업범위	중개업 + 법 제14조의 (6가지 겸업 가능) + (단, 기타 겸업은 ×)	중개업 + 다른 법률에서 제한이 없는 한 어떤 겸업도 가능	중개업 + 다른 법률에서 제한이 없는 한 겸업 가능 (**단, 경·공매×**)
중개대상물 취급 범위	동 일	동 일	동 일
분사무소	법인만 가능	×	×
사무소 이전	관할구역 내·외 불문 (사후 10일 이내 신고)	좌·동	좌·동
경·공매	○	○	×
업무보증설정	• 주사무소 = 4억원 이상 • 분사무소 = 2억원 이상	2억원 이상	2억원 이상
2중등록, 2중소속, 2중계약서, 2중사무소, 임시 중개시설	×	×	×
명칭 + 문자 사용	공인중개사사무소 또는 부동산중개(선택)	공인중개사사무소 또는 부동산 중개(선택)	"부동산중개"만 가능

05 소속공인중개사

개업공인중개사에 소속된 **공인중개사**(개업공인중개사인 법인의 사원 또는 임원으로서 **공인중개사인 자를 포함**한다)로서 / **중개 업무를 수행**하거나 / 개업공인중개사의 중개 업무를 보조하는 자이다.

(I) 법인인 개업공인중개사의 2종류의 소속공인중개사

> ㉠ 사원·임원(공인중개사 자격이 있는 사원·임원만)인 소속공인중개사
> ㉡ 고용인(직원)인 소속공인중개사가 있다.

① 소속공인중개사는 **중개업무 수행**이 가능하다. 즉, 중개대상물의 확인·설명, 중개 대상물 확인·설명서, 매매 등의 거래계약서 작성을 할 수 있다.

② 현장안내 및 일반서무, 공적문서 발급 등 중개업무와 관련된 단순한 보조업무도 할 수 있다. ※ 해당 업무는 종사자 모두가 가능하다.

③ 개업공인중개사에 소속된 "공인중개사는 모두 소속공인중개사"이다.

④ 소속공인중개사는 행정처분으로 자격정지 처분이 있다.

06 중개보조원

> **공인중개사가 아닌 자**/로서 개업공인중개사에 소속되어 중개대상물에 대한 현장안내 및 일반서무 등 개업공인중개사의 중개업무와 관련된 **단순한 업무를 보조하는 자**이다.

① **"공인중개사가 아닌 자"**로 개업공인중개사에 소속된 자이다.
> [주의] "공인중개사"로 개업공인중개사에 소속된 자는 "소속공인중개사"이다.

② 중개대상물 관리대장, 공적서면 발급 행위, 자료수집 등의 보조업무만을 할 수 있다.
> [주의] 중개대상물에 대한 권리분석, 확인·설명 또는 중개대상물 확인·설명서나 거래계약서 작성 등의 본질적인 중개업무는 할 수 없다.

③ **개업공인중개사가 중개보조원을 고용하는 경우에** 5인을 초과하여 고용할 수 없다.

④ **중개보조원**은 중개의뢰인에게 신분(직위)고지 의무가 있다.

04 | 법정 중개대상물 ⇨ 〈토.건.정.입.공.광〉

> **법 제3조 【중개대상물의 범위】** 이 법에 의한 중개대상물은 다음 각 호와 같다.
> 1. 토지
> 2. 건축물 기타 토지의 **정착물**
> 3. 기타 대통령령이 정하는 재산권 및 물건
>
> **영 제2조 【중개대상물의 범위】** 법 제3조 제3항에 따른 중개대상물은 다음 각 호와 같다.
> 1. 입목에 관한 법률에 의한 **입목**
> 2. 공장 및 광업재단저당법에 의한 **공장재단 및 광업재단**

OX 현장안내 및 일반서무, 공적 행정문서 발급 등의 중개업무와 관련된 단순한 업무보조행위는 중개보조원만의 업무에 해당된다. (×)

OX 개업공인중개사인 법인의 사원으로서 중개업무를 수행하는 공인중개사는 소속공인중개사이다. (○)

OX 법인의 직원이나 운전기사는 물론 개인 중개사무소의 경리, 전화교환원도 고용인의 범위에 포함된다. (○)

OX "공인중개사가 아닌 자"로 개업공인중개사에 소속된 자이다. (○)

OX 중개보조원은 공인중개사로서 중개업무와 관련된 단순한 업무를 보조하는 자이다. (×)

OX 중개보조원은 중개의뢰인에게 신분고지 의무가 있으며, 개업공인중개사는 중개보조원을 5인을 초과하여 고용할 수 없다. (○)

OX 결격사유에 해당되는 자는 중개보조원으로 고용할 수 없으며, 고용 후에 결격사유가 발생하면 2개월 이내에 그 사유를 해소하여야 한다. (○)

01 중개대상물의 의의

① 중개대상물은 법·시행령으로 정한다(기출지문).

② 중개대상물은 **개업공인중개사의 전속적·고유한 업무영역**이다. 따라서 무등록업자가 "중개를 업"으로 하면 처벌된다(3징 - 3벌).

02 개별 내용

1 토 지

① 원칙적으로 토지의 중개는 **"필지"를 거래단위**로 한다.

② 1필지 토지의 일부 매매나 수개의 필지를 1개의 계약으로 중개할 수 있다.

③ 공동소유의 경우 토지 **지분**에 대한 중개도 가능하다.

④ 1필지의 전부 또는 일부에 대한 용익물권(지상권, 지역권 등)이나 임대차도 중개할 수 있다.

⑤ 토지는 전, 답, 과수원, 임야, 잡종지 등 **지목을 불문**하고 중개할 수 있다.

⑥ 토지에 속한 암석, 토사, 지하수, 온천수 등은 **토지의 구성물**로서 독립해서 중개대상물이 될 수는 없다.

⑦ **국·공유인 토지**는 중개대상물이 아니다.

> ┌ 판례 ┐
>
> 주택이 철거될 경우 일정한 요건하에 택지개발지구 내 **이주자 택지를 공급받을 지위에 불과한 "대토권"**은 **중개대상물이 아니다.**

2 건축물 기타 토지의 정착물

(1) 건축물

> ┌ 판례 ┐
>
> 건축물 의의
>
> 건축물은 「민법」상의 건축물과 동일한 의미로 볼 수 있다. 따라서 건축물이란 "**지붕과 기둥 그리고 주벽**"으로 이루어진 것을 말한다(기출).

① 현존 건축물(건축 중 또는 완공)뿐만 아니라 장차 건축될 특정의 건물도 중개대상물에 포함된다.

② **공동주택**(구분소유권): 1동의 건물의 일부(예 101동 101호)에 대하여도 매매, 교환, 임대차, 전세권 등을 중개할 수 있다.

③ **단독주택(다가구 주택)**의 일부에 대한 임대차는 중개할 수 있다. 다만, 일부에 대한 매매, 저당권 설정 등은 중개할 수 없다.

④ 건축물이면 공적장부 기재 여부는 불문한다. 따라서 **미등기 · 무허가 건물**도 중개대상물에 해당된다.

⑤ **장래의 건축물(아파트 및 상가 분양권)**도 중개대상물이 된다.

구 별	분양권: 아파트의 **특정 동 · 호수에 대하여 피분양자가 선정**되거나 분양계약이 체결된 후에는 완성되기 전이라도 건축물로써 중개대상물이 된다.
	주택법: "**분양예정자로 선정될 수 있는 지위**"인 입주권은 중개대상물이 아니다.

⑥ 「**도시 및 주거환경정비법**」: 주택재개발 · 주택재건축사업의 조합원 입주권("**입주자로 선정된 지위**")은 중개대상물이다.

⑦ 「빈집 및 소규모주택 정비에 관한 특례법」에 따른 **사업시행인가로 취득한 "입주자로 선정된 지위"**인 입주권은 중개대상물이다.

(2) 토지의 정착물

토지에 고정적으로 정착되어 쉽게 해체 이동할 수 없는 물건을 말한다.

① **정착물 중 토지의 구성부분에 해당하는 것으로서 다음은 중개대상물이 아니다.**

> ㉠ 교량이나 담장, 축대 등은 토지의 구성부분으로 중개대상물이 아니다.
> ㉡ 온천수 · 광천권 · 온천이용권 등은 토지의 구성부분으로 중개대상물이 아니다.
> ㉢ 토지상의 개개의 수목 또는 집단수목은 토지의 일부로 중개대상물이 아니다.

② 정착물 중 토지와 별개의 독립된 부동산으로 **다음은 중개대상물에 해당된다.**

> ㉠ **명인방법이라는 관습법상의 공시방법을 갖춘 수목이나 수목의 집단**은 토지와 별개 부동산으로 중개대상물에 해당한다.
> ㉡ 명인방법은 등기라는 공시수단이 없으므로 **저당권 설정이 불가하다.**
> ▶주의 반면에 입목은 저당권 설정 가능하다.

(3) 기타 정착물에 해당되지 않아 중개대상물이 아닌 것

"세차장구조물", "여객선 객실", "컨테이너 사무실" 등은 중개대상물이 아니다.

≪ 관련 판례

> 세차장구조물: 주벽이라고 할 만한 것이 없고 볼트만 해체하면 쉽게 토지로부터 분리 · 철거가 가능하므로 이는 토지의 정착물이 아니므로 **중개대상물이 아니다.**

(4) 권리금

영업용 상가건물 등의 임대차 거래에 부수하여 발생하는 영업시설과 비품 등 **유형물과** 영업상의 노하우 또는 점포 위치 등 **무형적 재산가치**인 권리금은 '건축물' 자체의 가치가 아니므로 중개대상물에 해당하지 않는다.

3 입목과 공장재단 및 광업재단 요약

구 분	입 목	광업재단	공장재단
대 상	• 일필 토지 **전부 또는 일부**에 생육하는 모든 수종의 수목이 대상이다.	• **공업소유권, 광업권 + 제설비**(기계, 토지 및 건물·지상권·기구·차량 등) • 타인의 권리의 목적인 물건·압류·가압류 등의 목적인 물건은 재단의 구성물이 될 수 없다.	
등기실행 요건	입목등록원부에 **등록된 것만** 소유권보존등기 가능하다.	재단목록 작성	
등 기	입목등기부에 보존등기를 하면 토지와 **별개로 1개의 부동산**이 된다.	재단등기부에 보존등기하면 공장·광업재단이 **1개의 부동산**이 된다.	
기타내용 및 권리관계	• 소유권·저당권 목적이 된다. (명인방법을 갖춘 집단수목은 저당권 설정 ×) • **토지소유권·지상권** 처분의 효력은 입목에 영향이 없다. • **법정지상권 인정**(단, 지료는 당사자의 약정에 따른다) • 저당권 설정시 **보험가입** • **저당권의 효력**은 벌채된 입목에 미친다. • 저당권자는 채권의 기한이 되기 전에도 분리된 수목을 경매 가능. 그 매각대금을 공탁하여야 한다.	• 집합물로서 1개 부동산으로 취급하므로 중개대상물에 해당된다. **주의** 단, 재단으로부터 분리된 토지, 설비 등은 중개대상물이 아니다. • **10개월 이내 저당권을 설정**하여야 하며, 경과시 등기 효력이 상실된다.	
등기부 공시사항	토지의 등기기록 중 **표제부**에 입목등기 기록(수목이 부착한 토지지번, 입목등기번호)을 표시하여야 한다. **주의** 토지·임야대장 ⇨ 기재 (×)	보존등기를 한 경우에는 토지·건물 등은 그 해당 등기부의 **관련구사항란**에 공장재단·광업재단에 속하였다는 취지를 기재한다.	

4 중개대상물 및 중개행위의 대상 권리

구 분	중개대상물 및 권리 해당!		중개대상물 및 권리 아닌 것!	
구별 기준	① 법령 규정	• 토지 • 건축물 기타 토지정착물 • 입목 · 광업재단 · 공장 재단	① 법규정에 없는 내용	• 특허권 · 영업권 · 20톤 이상 선박, 어업권 · 어업재단, 자동차 · 중기 · 광업권, 공업 소유권, 권리금 등
	② 사적 소유 및 거래 가능	• 공법상 이용 및 거래제한 : 예 개발제한구역 내 토지 · 군사시설보호구역 · 접도 구역 내 토지 · 토지거래 허가구역 등 • 사법상의 제한 : 가압류 · 가처분 · 가등기 등	② 국 · 공유 재산에 해당 내용	• 행정재산 : 시청, 청와대, 바닷가, 포락지 등 • 일반재산 : 사적, 유적지 등 예 무주의 부동산, 하천, 미 채굴 광물 · 불국사, 남대 문, 공원, 국도 등
구별 기준	③ 중개개입 가능	• 용익물권(지상, 지역), 법 정지상권이 성립 된 건물 • 저당권, 유치권이 성립된 건물 • 미등기, 무허가건물 • 환매권, 교환, 임대차 등	③ 중개개입 불가한 내용	• 상속, 수용, 경매, 판결 등 주의 상속받은 토지, 경락받 은 토지 등은 가능함) • 성질상 : 점유, 질권, 영업권, 지식재산권(예 저작권 등)

≪ 기타 주요 내용

① 분묘기지권은 성질상 **성립 및 이전**시에도 중개대상 권리가 될 수 없다.
② 유치권, 법정지상권, 법정저당권은 권리의 **성립시에는** 중개대상물이 될 수 없다.
　 다만, 권리의 **이전시**에는 가능하다.
③ 사(私)하천(예 실개천) 또는 사인이 공유수면매립 후 준공인가 된 매립지는 가능하다.
④ 저당권과 성질이 같은 담보가등기도 된다.
⑤ 상속, 판결, 경매는 취득시는 중개 불가 ⇨ 취득 후 **처분시**는 중개대상물이 된다.
⑥ 증여, 기부채납 등 : 무상행위로서 성질상 중개대상 권리로 볼 수 없다.
⑦ 공용이 폐지되지 아니한 행정재산은 중개대상물이 아니다.
⑧ 경매등기된 아파트, 가처분등기된 토지 등은 중개대상물이다.

Chapter 02

공인중개사제도

01 | 공인중개사자격시험

01 시험시행 기관장(법 제4조)

(1) 원 칙

공인중개사가 되려는 자는 **시·도지사가 시행하는** 공인중개사자격시험에 합격하여야 한다.

(2) 예 외

국토교통부장관이 직접 시험문제를 출제하거나 시험을 시행하려는 경우에는 **심의위원회의 의결**을 미리 거쳐야 한다.

(3) 시험 수탁기관

시험시행기관의 장은 시험의 시행에 관한 업무를 공인중개사협회, 공기업 또는 준정부기관(예 산업인력관리공단 등)에 위탁할 수 있다. 위탁시에는 관보에 고시한다.

⚠️주의 부동산학과 학교(예 대학)는 될 수 없다.

02 응시 자격

(1) 응시 가능자

> ① 시험응시 자격에는 경력, 학력, 연령 등의 제한이 없다. 따라서, 결격사유(예 미성년, 파산자, 수형자 등)자도 시험에 응시할 수 있다.
> ② 국적 제한도 없으므로 외국인도 시험에 응시 가능하다.

(2) 응시 불가자

① 공인중개사 **자격이 취소된 자**는 3년간 응시할 수 없다.

⚠️주의 자격이 취소되면 동시에 결격이 되어 3년간 중개업에 종사할 수도 없다.

② **시험 부정행위자**는 그 시험을 무효로 하고, 그 **처분이 있은 날부터** 5년간 시험응시자격을 정지한다. 이를 시험시행기관장은 지체 없이 이를 다른 시험시행기관장에게 통보하여야 한다.

⚠️주의 시험 부정행위자는 임원·사원 또는 중개보조원으로 중개업무에 종사할 수는 있다.

OX 공인중개사자격은 국내에서만 그 효력이 인정되며, 외국에서 자격을 취득한 경우라도 국내에서는 그 효력이 인정되지 않는다. (○)

OX 공인중개사가 되려는 자는 원칙적으로 국토교통부장관이 시행하는 공인중개사 자격시험에 합격하여야 한다. (×)

OX 시험시행기관의 장은 시험의 시행에 관한 업무를 「공공기관의 운영에 관한 법률」상의 공기업, 준정부기관 또는 협회에 위탁할 수 있다. (○)

OX 현행 법령상 공인중개사시험 응시는 원칙적으로 국적, 연령, 경력, 지역 등에 제한 없이 누구나 응시할 수 있다. (○)
※ 자격이 취소된 자는 그 취소된 날로부터 3년 이내에는 공인중개사의 자격을 취득하지 못한다.

OX 시험에서 부정한 행위를 한 응시자에 대하여는 그 시험을 무효로 하고, 그 처분이 있은 날부터 5년간 시험응시자격을 정지한다. (○)
※ 공인중개사가 아닌 임원·사원 또는 중개보조원으로 근무할 수 있다.

03 공인중개사 정책심의위원회(심의 및 의결기구, 임의기관)

> 제2조의2 【공인중개사 정책심의위원회】 ① 공인중개사의 업무에 관한 다음 각 호의 사항을 심의하기 위하여 **국토교통부에 정책심의위원회를 둘 수 있다(임의적 기구).**

(1) **심의 사항** 〈자.중 − 보.배〉

> ① 공인중개사의 시험 등 공인중개사의 **자격취득**에 관한 사항
> ② 부동산 **중개업의 육성**에 관한 사항
> ③ **중개보수 변경**에 관한 사항
> ④ **손해배상책임**의 보장 등에 관한 사항

※ 정책심의위원회에서 심의한 사항 중 ①의 **자격취득에 관한 사항**의 경우 시·도지사는 이에 따라야 한다(구속 조항).

🔖주의 ㉠ **국토교통부에 설치하도록 규정하였다.** ※ 시·도에 설치가 아니다.
　　　 ㉡ 위원장에 선출에 관한 사항이나 **자격취소에 관한 사항** 등은 심의사항이 아니다.

(2) **의결사항**

> ① 심의위원에 대한 **기피신청**을 받아들일 것인지 여부에 관한 의결
> ② 국토교통부장관이 직접 공인중개사**자격시험 문제를 출제할 것인지 여부**에 관한 의결
> ③ 부득이한 사정으로 당해 연도의 공인중개사**자격시험을 시행하지 않을 것인지 여부**에 관한 의결
> ④ 기타 심의위원회의 운영 등에 관한 사항은 심의위원회 의결을 거쳐 위원장이 정한다.

(3) 공인중개사 정책심의위원회의 구성 및 운영에 관하여 필요한 사항은 시행령으로 정한다.

⟦판례⟧

정책심위 위원회의 주요 내용!
① 위원장 1명을 포함하여 **7명 이상 11명** 이내의 위원으로 구성한다.
② 위원장은 국토교통부 **제1차관**이 되고, 위원은 **국토교통부장관**이 임명 또는 위촉한다.
③ 위원의 **임기는 2년**으로 하되, 위원의 사임 등으로 새로 위촉된 위원의 임기는 전임위원 임기의 남은 기간으로 한다. 🔖주의 연임 제한 없다. / 공무원인 위원은 임기 없다.
④ 위원장은 심의위원회를 대표하고, 심의위원회의 업무를 총괄한다.
　※ 직무대행: **위원장이 미리 지명한 위원**이 그 직무를 대행한다.
⑤ 심의위원회의 회의는 **재적위원 과반수**의 출석으로 개의, **출석위원 과반수**의 찬성으로 의결한다.
⑥ 위원장은 심의위원회의 회의를 소집하려면 회의 **개최 7일 전까지** 회의의 일시, 장소 및 안건을 각 위원에게 통보하여야 한다.
⑦ 심의위원회에 출석한 위원 및 관계 전문가에게는 예산의 범위에서 수당과 여비를 지급할 수 있다.
⑧ 심의위원회에 심의위원회의 사무를 처리할 간사 1명을 둔다. 간사는 심의위원회의 위원장이 국토교통부 소속 공무원 중에서 지명한다.
⑨ 대통령령에서 규정한 사항 외에 심의위원회의 운영 등에 필요한 사항은 심의위원회 의결을 거쳐 위원장이 정한다.

OX 공인중개사의 업무에 관한 사항을 심의하기 위하여 국토교통부에 공인중개사 정책심의위원회를 둔다. (×)

OX 위원장은 국토교통부 제1차관이 되고, 위원은 위원장이 임명하거나 위촉한다. (×)

OX 심의위원회에서 손해배상책임의 보장 등에 관한 사항에 관한 사항을 정하는 경우에는 시·도지사는 이에 따라야 한다. (×)

OX 위원회는 위원장 1명을 제외하고 7명 이상 11명 이내의 위원으로 구성한다. (×)

OX 심의위원회의 회의는 재적위원 과반수의 출석으로 개의(開議)하고, 출석위원 과반수의 찬성으로 의결한다. (○)

OX 위원장이 부득이한 사유로 직무를 수행할 수 없을 때에는 위원장이 미리 지명한 위원이 그 직무를 대행한다. (○)

(4) 위원의 제척 · 기피 · 회피 · 해촉 제도

① **제척사유**: 다음에 해당하면 심의 · 의결에서 제척된다. 〈우.동 ─ 친.자.대〉

> ㉠ 위원 또는 그 **배우자나 배우자이었던 사람**이 해당 안건의 당사자(당사자가 법인 · 단체 등인 경우에는 그 임원을 포함) 또는 그 안건의 당사자와 **공동권리자 또는 공동의무자**인 경우
> ㉡ 위원이 해당 안건의 당사자와 **친족이거나 친족이었던 경우**(당사자가 법인 · 단체 등인 경우에는 그 임원을 포함)
> ㉢ 위원이 해당 안건에 대하여 **증언, 진술, 자문, 조사, 연구, 용역 또는 감정**을 한 경우
> ㉣ 위원이나 위원이 속한 법인 · 단체 등이 해당 안건의 **대리인이거나 대리인이었던 경우**

② **기피 신청**: 해당 안건의 **당사자는** 위원에게 공정한 심의 · 의결을 기대하기 어려운 사정이 있는 경우에는 심의위원회에 기피 신청을 할 수 있다.

※ **위원회는 의결로** 이를 결정한다.

③ **회피의무**: **위원 본인**이 제척 사유에 해당하는 경우에는 **스스로 심의 · 의결에서 회피**

④ **해촉**: **국토교통부장관**은 위원이 회피하지 아니한 경우에는 해촉 가능하다.

≪ **기타 시험 관련 주요 내용**

> ① 시험의 시행 · 공고(영 제7조)
> ㉠ 1차 공고: 시험시행기관장은 시험을 시행하려는 때에는 예정 시험일시 · 시험방법 등 시험시행에 관한 **개략적인 사항을 매년 2월 말일**까지 일반일간신문, 관보, 방송 중 하나 이상에 공고하고, 인터넷 홈페이지 등에도 이를 공고해야 한다.
> ㉡ 2차 공고: 시험시행기관장은 제1차 공고 후 시험을 시행하려는 때에는 시험일시, 시험장소, 시험방법, 합격자 결정방법 및 응시수수료의 반환에 관한 사항 등 시험의 시행에 필요한 사항을 **시험시행일 90일 전까지** 일간신문, 관보, 방송 중 하나 이상에 공고하고, 인터넷 홈페이지 등에도 이를 공고해야 한다.
> ② 시험면제: 제1차 시험에 합격한 자에 대하여는 다음 회의 시험에 한하여 제1차 시험을 면제한다.
> ③ 시험시행 횟수: 시험은 **매년 1회 이상** 시행한다. 다만, 시험시행기관장은 시험을 시행하기 어려운 부득이한 사정이 있는 경우에는 **심의위원회의 의결**을 거쳐 당해연도의 시험을 시행하지 아니할 수 있다.
> ④ 시험출제위원: 시험시행기관장은 시험문제의 출제 · 선정 · 검토 및 채점을 담당할 자를 임명 또는 위촉한다. ⇨ 시험의 신뢰도 실추자는 **5년간 시험의 출제위원**으로 위촉 금지

⑤ **응시수수료** : 당해 지방자치단체의 조례가 정하는 바에 따라 수수료를 납부하여야 한다. 다만, 국토교통부장관이 시행하는 경우는 **국토교통부장관이 결정·공고하는 수수료를 납부하여야 한다.**

※ 반환 : 시험시행기관장은 다음의 경우는 응시수수료의 전부 또는 일부를 반환하여야 한다.

1. 수수료를 과오납한 경우에는 그 과오납한 금액의 전부
2. 시험시행기관의 귀책사유로 시험에 응하지 못한 경우에는 납입한 수수료의 전부
3. 응시원서 접수기간 내에 접수를 취소하는 경우에는 납입한 수수료의 전부
4. 응시원서 접수마감일의 다음 날부터 7일 이내에 접수를 취소하는 경우에는 납입한 수수료의 100분의 60
5. 4.에서 정한 기간을 경과한 날부터 시험시행일 10일 전까지 접수를 취소하는 경우에는 납입한 수수료의 100분의 50

⑸ 공인중개사 자격증 교부 및 재교부

1) 자격증 교부

시·도지사는 「공인중개사법」에 따른 시험합격자의 **결정·공고일부터 1개월 이내**에 자격증교부대장에 기재한 후, 공인중개사 자격증을 교부하여야 한다.

> 주의 ※ 국토교통부장관이 자격증을 교부하는 경우란 절대로 없다.
> ※ 자격증 첫 교부시는 조례에 따른 수수료 납부하지 않는다.

2) 자격증 재교부(분실, 훼손 등)

① 자격증을 교부받은 자는 자격증을 잃어버리거나 못쓰게 된 경우에는 국토교통부령으로 정하는 바에 따라 시·도지사에게 재교부를 신청할 수 있다.

② 자격증의 재교부신청서는 자격증을 **교부한 시·도지사**에게 제출하여야 한다.

> 주의 재교부시에는 시·도 조례에 따른 수수료를 납부하여야 한다.

⑹ 자격증 대여 등의 금지

① **공인중개사는 다른 사람에게 자기의 성명을 사용**하여 중개업무를 하게 하거나 자기의 공인중개사 자격증을 **양도 또는 대여**하여서는 아니 된다.
② 누구든지 다른 사람의 공인중개사자격증을 **양수·대여 받아** 이를 사용하여서는 아니 된다.
③ 누구든지 제1항 및 제2항에서 금지한 행위를 **알선**하여서는 아니 된다.

① **주요 내용**(판례)

㉠ 다른 사람이 그 자격증을 이용하여 **공인중개사로 행세**하면서 중개업무를 행하려는 것을 알면서도 자격증 자체를 빌려주는 것을 의미한다.

㉡ 중개업무를 행하도록 적극적으로 권유·지시한 경우는 물론 **양해 또는 허락하거나 이를 알고서 묵인**한 경우도 포함된다.

㉢ 양도·대여는 **무상으로** 양도·대여한 경우도 포함된다.

㉣ 외관상으로 공인중개사가 직접 업무를 수행하는 **형식을 취하였는지 여부에 구애됨이 없이** 실질적으로 무자격자가 공인중개사의 명의를 사용하여 업무를 수행하였는지 여부에 따라 판단하여야 한다.

㉤ 동업자 중에 무자격자는 중개사무소에 **자금을 투자하고, 경영**이나 그로 인한 **이익을 분배**받는 행위는 **양도·대여에 해당하지 않는다.**

㉥ 업무방해죄 보호 대상: 공인중개사 아닌 사람(**무자격자**)의 중개업은 법에 의하여 금지된 행위로 범죄행위에 해당하는 것으로서 **업무방해죄의 보호대상이 아니다.**

② **제 재**

㉠ 양도·대여자는 자격취소된다.

㉡ 양도·대여자 및 양수·대여받은 자와 알선한 자는 모두 1년 이하의 징역 또는 1천만원 이하의 벌금형에 해당한다.

(7) 공인중개사 또는 이와 유사한 명칭(사칭) **금지**

① **공인중개사가 아닌 자**는 공인중개사 또는 이와 유사한 명칭을 사용하지 못한다.

> ㉠ 무자격자가 자신의 **"명함"**에 **"부동산 뉴스 대표"**라는 명칭을 기재하여 사용한 것이 공인중개사와 유사한 명칭을 사용한 것에 해당한다(판례).
> ㉡ 공인중개사가 아닌 자가 **"발품부동산"** 또는 **"부동산cafe"**라는 간판을 설치하고, **발품부동산 대표라는 "명함"**을 사용한 것은 이 법상에 금지되는 유사명칭에 해당된다(판례).

② **제재**: 1년 이하의 징역 또는 1천만원 이하의 벌금형에 해당된다.

주의 과태료처분 사유가 아니다.

Chapter 03 중개사무소의 등록 및 결격사유 등

01 중개사무소의 개설등록 제도

01 등록의 법적 성격

① 개별등록주의를 취하고 있다(1인 1등록 주의).
② 등록은 일신 전속적 효력이 있으므로 **양도, 대여, 상속 등이 불가하다.**
③ **등록의 효력은** 사망, 해산, 폐업, 등록취소 처분시에 즉시 상실한다.

02 중개사무소 개설등록 절차

1 등록 신청자

공인중개사(소속공인중개사를 제외한다) 또는 법인이 아닌 자는 중개사무소의 개설 등록을 신청할 수 없다.

(1) 등록신청 가능자

① 공인중개사 ◆주의 소속공인중개와 구별
② 「상법」상 회사 또는 「협동조합 기본법」상 "협동조합"(사회적 협동조합은 제외)
③ 외국인 또는 외국법인

(2) 등록신청 불가자

① 소속공인중개사(2중소속 금지에 위반된다).
② 「변호사법」상 변호사
③ **휴업이나 업무정지 기간 중인** 개업공인중개사
④ 법인 아닌 사단 또는 단체
⑤ 사회적 협동조합(비영리 조합임으로)

OX 부동산중개업을 주된 업무로 하든 부수적인 업무로 하든 이 법에 따라 중개사무소의 개설등록을 하여야 한다. (○)

OX 등록의 효력은 일신전속적 권리로 대여나 양도, 증여, 상속 등은 불가능하다. (○)

OX 등록의 효력은 폐업이나 등록취소의 처분, 사망, 해산으로 소멸한다. (○)

OX 공인중개사 또는 법인이 아닌 자는 중개사무소의 개설등록을 신청할 수 없다. (○)

OX 공인중개사자격을 취득하여 법 부칙 제6조 제2항의 개업공인중개사로 신규 등록이 가능하다. (×)

OX 소속공인중개사와 사회적 협동조합은 중개사무소 개설등록을 할 수 없다.

OX 변호사의 직무에 부동산중개행위가 당연히 포함된다고 해석할 수도 없다. 따라서 변호사는 중개사무소 개설등록을 할 수 없다. (○)

OX 업무정지처분을 받은 개업공인중개사는 그 기간 중에 폐업은 가능하나 그 기간 중에는 다시 중개사무소의 개설등록을 신청할 수 없다. (○)

OX 「상법」상 회사의 합명회사 · 합자회사 · 유한책임회사 · 유한회사 · 주식회사 중 선택하여 등록할 수 있다. (○)

OX 협동조합 유형 중에 사회적 협동조합도 법인인 개업공인중개사로 등록이 가능하다. (×)

OX 「상법」상 회사는 개업공인중개사인 법인으로 등록이 가능하지만 비영리법인인 「민법」상의 법인은 등록을 할 수 없다. (○)

OX 등록을 신청하는 법인이 중개업 및 법 제14조(6가지 업무) 외의 업무를 영위할 목적으로 설립된 경우에는 등록신청이 수리되지 않는다. (○)

OX 법인의 대표자를 제외한 임원 또는 사원이 7명인 경우에는 그중 최소 3명이 공인중개사이어야 등록이 가능하다. (○)

OX 임원 또는 사원은 공인중개사 자격 유무를 불문하고 전원이 시 · 도지사가 실시하는 실무교육을 받아야 한다. (○)

OX 건축물대장에 기재된 건물에 중개사무소를 확보하여야 하며, 가설건축물에 중개사무소를 확보한 경우에는 등록을 받을 수 없다. (○)

OX 중개사무소는 소유권이나 전세권, 임대차 또는 사용대차 등에 의하여 중개사무소의 사용권한을 확보하여야 한다. (○)

OX 임원 또는 사원 전원은 등록의 결격사유에 해당하지 않아야 한다. 단, 1인이라도 결격사유에 해당하는 임원 또는 사원이 있으면 등록을 받을 수 없다. (○)

2 **중개사무소 등록기준**(요건인 중개사의 등록 기준)

(1) **법인의 등록기준** ⇨ 3.4(사).5.6(번) − (전원)실. 격!

① **「상법」상 회사 또는 협동조합**(단, 사회적 협동조합은 제외한다)으로서 자본금이 5천만원 이상일 것

> ㉠ 합명, 합자, 유한, 유한책임, 주식회사 중에 **선택한다.**
> ㉡ 법인을 **등록신청 전에** 설립한다.

② 법 제14조에 규정된 **업무만(중개업 + ㉠~㉤만)**을 영위할 목적으로 설립할 것

> ㉠ 상업용 건축물 및 주택의 임대관리 등 부동산의 **관리 대행**
> ㉡ 부동산의 이용 · 개발 · 거래에 관한 **상담**
> ㉢ 개업공인중개사를 대상으로 한 중개업의 **경영기법 및 경영정보의 제공**
> ㉣ 주택 및 상가의 **분양 대행**(규모의 제한 없음)
> ㉤ 주거이전에 부수되는 도배 · 이사업체의 소개 등 **용역의 알선**
> ㉥ **경매 공매**대상 부동산에 대한 권리분석 및 알선과 매수신청 또는 입찰신청의 대리

③ **대표자는 공인중개사**이어야 하며, **대표자를 '제외한'** 임원 또는 사원 (합명회사 · 합자회사의 무한책임사원)의 3분의 1 **이상은 공인중개사일 것**

> ※ **대표자를 '제외한'** 임원 또는 사원이 7명 ⇨ 3명은 공인중개사(○).

④ **사원 · 임원 '전원'** 및 분사무소의 책임자가 **실무교육**을 이수할 것

> ㉠ 사원 · 임원은 자격증 유 · 무 불문하고 전체가 실무교육 대상이다.
> ㉡ 법인의 임원이 **교체되어** 새로이 임원이 되려는 자도 실무교육을 받아야 한다.
> ⚠주의 연수교육이나 직무교육이 아니다.

⑤ 건축물대장(**가설건축물대장은 제외**)에 기재된 중개사무소를 갖출 것(단, 준공검사, 사용승인 등을 받은 건물로서 건축물대장에 기재되기 **전의** 건물을 포함한다. 다만, 이 경우는 건축물대장 기재가 **지연되는 사유서**를 함께 제출)

> ≪ **보충정리**

> ㉠ 건축물대장이 있어야 한다. ※ 무허가건물, 가설건축물은 안 된다.
> ㉡ 건축물대장이 있는 미등기건물은 가능하다.
> ㉢ 임대차 등 **사용권을 확보하여야 한다.** ⚠주의 소유권 확보가 아님.

⑥ 임원 또는 사원의 '전원'이 결격사유에 해당되지 않을 것(자세한 것은 후술한다)

(2) 특수법인(다른 법률의 규정에 의하여 중개업을 할 수 있는 법인)

⟪주의⟫ 법인의 등록기준은 적용되지 않는다.

① 종류 및 업무범위

특수법인	근거법	등 록	부수적인 중개업무 내용
㉠ **지역농협협동조합**	「농업협동조합법」	불 요	**농지만의** 매매·교환·임대차의 중개
㉡ 한국자산관리공사	금융 ~ 한국자산관리공사법	**요 함**	비업무용 부동산 등 매매의 중개
㉢ 지역산림조합	「산림조합법」	불 요	임목·임야의 매매·교환·임대차 등의 중개

② 특수법인의 기타 주요 내용

1. 원칙적으로 등록해야 한다(⟪예⟫ 한국자산관리공사). 다만, 등록기준(⟪예⟫ 자본금 5천만 이상 등)은 적용되지 않는다.
   ※ 다만, 지역농업협동조합, 지역산림조합은 등록을 하지 않아도 중개업이 가능하다.
2. 업무지역이 전국이다.
3. 법 제14조(겸업 6종)의 겸업은 성질상 불가하다.
   ※ 예컨대, 지역농협은 농지에 대해서만 중개업이 가능하다.
4. 2천만원 이상을 **보증설정**하여 등록관청에 신고해야 한다.
5. **분사무소를 설치**할 수 있다. ※ 책임자가 공인중개사 아니어도 된다(재량).
6. 확인·설명의무, 손해배상책임, 계약서작성 등의 일반규정이 적용된다.

③ 등록신청

(1) 등록관청

중개사무소(법인은 주된 사무소)를 두고자 하는 지역을 관할하는 **시장(구가 설치되지 않은 시장)·군수·구청장**에게 개설등록 신청을 하여야 한다.
※ 구청장(자치구·비자치구)이 있는 서울특별시장, 성남시장 등은 등록관청(×)

(2) **등록신청의 구비서류**

> 가. 내국인 〈사.사.실〉
> ① 여권용 사진
> ② 중개사무소 확보증명(임대차 계약서 등)
> ③ 실무교육 수료증사본(실무교육 기관이 수료 여부를 등록관청이 전자적으로 확인할 수 있도록 조치한 경우는 제외한다)
> 나. 외국인 추가 : ④ 무결격증명하는 서류
> 다. 외국법인 추가 : ⑤ 영업소 등기증명하는 서류

등록관청은 공인중개사 **자격증을 발급한 시ㆍ도지사**에게 개설등록을 하려는 자(공인중개사인 임원 또는 사원 포함)의 공인중개사자격 확인을 요청하여야 하고, 법인 등기사항증명서와 건축물대장을 확인하여야 한다.

⚠**주의** 자격증, 인감증명서, 업무보증설정증서, 건축물대장, 등기사항증명서 등은 제출 서류가 아니다.

(3) **신청수수료** : 당해 지방자치단체의 조례에 따른 수수료 납부

④ 종별 변경

(1) **원칙 : 신규등록**(등록신청서 제출)

> 중개사무소의 개설등록을 한 개업공인중개사가 종별을 달리하여 업무를 하고자 하는 경우에는 **등록신청서를 다시 제출하여야 한다.** 이 경우 종전에 제출한 서류 중 **변동사항이 없는 서류**는 제출하지 아니할 수 있으며 **종전의 등록증은 이를 반납**하여야 한다.

➡ 즉, 신청서를 다시 제출, 종전서류 제출은 재량, 종전 등록증은 반납함.

∷ 참고 | 종별 변경의 유형

① 공인중개사 개ㆍ공 ⇨ 법인인 개ㆍ공으로 변경	신청서 제출
② 법인인 개ㆍ공 ⇨ 공인중개사인 개ㆍ공으로 변경	신청서 제출
③ 부칙 제6조 제2항인 개ㆍ공 ⇨ 관할 외에서 공인중개사 개ㆍ공으로 변경 또는 법인인 개ㆍ공으로 변경	신청서 제출

(2) **예외** : 부칙 제6조 제2항의 자가 공인중개사자격을 취득하여 '동일한 **등록관청 관할구역 안에서 공인중개사인 개업공인중개사**'로서 종별 변경하는 경우 − 재교부신청서 + 등록증 + 변경사항을 증명하는 서류를 첨부하여 '**등록증 재교부신청**'을 하여야 한다.

5 등록처분 및 통지

중개사무소 개설등록의 신청을 받은 등록관청은 개업공인중개사의 종별에 따라 구분하여 (**법인 또는 공인중개사인 개업공인중개사**) 개설등록을 하고, 개설등록 **신청을 받은 날부터 7일 이내에 등록신청인에게 서면으로 통지**하여야 한다.

⚠️주의 이때부터 개업공인중개사에 해당하므로 중개업을 해도 무등록중개업은 아니다.

∷참고│ 등록관청이 협회에 통보할 사항(다음달 10일) 〈이.등.분.휴.행.고〉

① 사무소 **이전** 신고사항
② **등록증** 교부사항 ※ 등록증 재교부(×)
③ **분사무소**설치 신고사항
④ **휴업**·폐업·재개·휴업기간 변경 신고사항
⑤ **행정**처분사항(등록취소, 업무정지) ⚠️주의 자격취소·정지, 형벌 등은 통보사항이 아님.
⑥ **고용**인의 고용 또는 종료 신고를 받은 때

6 등록처분이 불가한 경우

'등록관청'은 다음의 경우는 개설등록을 해주어서는 아니 된다.

① **공인중개사 또는 법인이 아닌 자**가 중개사무소의 개설등록을 신청한 경우
② 중개사무소의 개설등록을 신청한 자가 **결격사유** 어느 하나에 해당하는 경우
③ **개설등록 기준**에 적합하지 아니한 경우
④ **그 밖에** 이 법 또는 다른 법령에 따른 제한에 위반되는 경우(예 무허가 건물)

7 등록증 교부 및 재교부

(1) 등록관청은 중개사무소의 개설등록을 한 자가 **업무보증**을 설정하였는지 여부를 확인한 '후' 중개사무소 등록증을 **지체 없이** 교부하여야 한다.

∷참고│ 업무보증 설정은 등록증 교부요건이다.

(2) **등록증 재교부신청 ⇨ 수수료를 납부**(조례)
① **등록증 분실·훼손**: 등록증 첨부하지 않는다.
② **등록증의 기재사항의 변경** : 신청서에 등록증과 변경증명서류 첨부(예 법인의 대표자, 상호, 소재지, 성명 등의 변경기재 등)

8 중개업무 개시

① 개업공인중개사는 **다음 요건을 갖춘 후**에 업무를 개시하여야 한다.

> ㉠ **업무보증**을 설정 후 신고(법 제30조)
> ㉡ 등록증을 교부받아 중개사무소 안의 **게시**(법 제17조)
> ㉢ 업무개시 전까지 **인장등록**(법 제16조)

⇨ 이를 위반하고 중개업을 한 경우, 보증설정 위반(임·취), 인장등록 위반(업무정지), 등록증 등 게시 위반은 과태료 100만원 이하 사유로 처벌을 받을 수 있다.

② 3개월 이내에 업무를 개시하여야 한다. 이 기간 내에 업무개시 불가한 경우는 휴업신고를 하여야 한다(법 제21조).

9 등록효력 상실 ⇨ 중개업은 무등록중개업에 해당된다.

① **사망 또는 법인 해산** 〈주의〉 법인이 해산시 대표자이었던 자가 7일 이내 등록증 반납
② **등록취소처분** 〈주의〉 등록취소 **사유 발생**만으로는 상실되지 않고, 등록관청이 청문을 거쳐 등록취소 처분을 하여야 상실된다.
③ **폐업 신고** 〈주의〉 휴업 기간 중 또는 업무정지 기간 중에도 등록효력은 상실되지 않는다.

02 등록증 등의 게시 및 사무소의 명칭(문자)사용 의무

1 게시 의무 〈등.신. − 자.수(실) − 사.업〉

게시 사항	1. 등록증 원본(분사무소는 **신고확인서 원본**) 2. 개업공인중개사 및 소속공인중개사의 **자격증 원본** 　※ 단, 부칙 제6조 제2항의 자는 제외 3. 중개보수 및 실비의 요율 및 한도액 표 4. **사업자등록증** 5. **업무보증 설정 증명증서** 　※ **실무교육이수증, 협회회원 등록증, 고용신고서 등은 게시(×)**
주의 사항	1. 등록증, 자격증, 신고확인서 ⇨ **원본 게시** 2. 사원·임원 및 고용인인 소속공인중개사 모두 게시하여야 한다. 3. 소속공인중개사 위반 ⇨ 게시의무자인 **개업공인중개사**가 처벌됨. 4. 위반 제재: 100만원 이하 과태료 사유이다.

2 중개사무소의 명칭(문자)사용 의무

(1) 의 무

① 개업공인중개사는 그 사무소의 명칭에 "공인중개사사무소" **또는** "부동산중개"라는 문자를 사용하여야 한다.

② 부칙 제6조 제2항의 개업공인중개사는 그 사무소의 명칭에 **공인중개사사무소**라는 문자를 사용하여서는 아니 된다.

③ 개업공인중개사가 아닌 자는 "공인중개사사무소", "부동산중개" 또는 이와 유사한 명칭을 사용하여서는 아니된다.

④ 개업공인중개사가 옥외광고물을 설치하는 경우, 중개사무소 등록증에 표기된 개업공인중개사(**대표자·분사무소는 신고확인서에 기재된 책임자**)의 **성명**을 옥외광고물 중 벽면 이용간판, 돌출간판 또는 옥상간판에 성명을 인식할 수 있는 정도의 크기로 표기하여야 한다.

> ㉠ **옥외광고물을 설치시에 전화번호를 표기할 의무는 없다.**
> ㉡ 등록증에 표기된 성명, 즉 가명, 예명 등 사용 불가
> ㉢ **옥외광고물을 설치할 의무는 없다.**

(2) 제 재

① **등록관청**은 사무소명칭 표시규정을 위반한 사무소의 간판 등에 대하여 철거를 명할 수 있다. 이에 위반의 경우에는 「행정대집행법」에 의하여 **대집행**을 할 수 있다.

② 개업공인중개사가 "공인중개사사무소", "부동산중개"라는 문자를 사용하지 아니한 경우, 100만원 이하의 과태료에 처한다.

③ 부칙 제6조 제2항의 자가 명칭에 "공인중개사사무소"의 문자를 사용한 자에 대하여는 **100만원 이하의 과태료**에 처한다.

④ 개업공인중개사가 **아닌 자**가 "공인중개사사무소", "부동산중개" 또는 이와 유사한 명칭을 사용한 경우, **1년 이하의 징역** 또는 **1천만원 이하의 벌금**에 처한다.

≪ **문자의 배열은 자유롭게 해도 된다.**

> 예 백두부동산중개(주), 김득신공인중개사사무소, "행복 부동산중개"는 적법하다.
> 그러나 **대박부동산사무소, 홍길동부동산사무소, 까치중개업소는 위법하다.**

03   중개대상물의 표시·광고(법 제18조의2)

1 전단지 등 중개대상물 표시·광고

개업공인중개사가 의뢰받은 중개대상물에 대하여 표시·광고를 하려면 **중개사무소, 개업공인중개사에 관한 사항 등**을 명시하여야 하며, **중개보조원에 관한 사항은 명시해서는 아니 된다.**

명시 사항	〈명.소. 연.등.성〉 1. 중개사무소의 **명칭, 소재지, 연락처 및 등록번호** 2. 개업공인중개사의 **성명** (법인인 경우에는 대표자의 성명)
주의 사항	※ **중개보조원에 관한** 사항은 명시해서는 아니 된다. ※ 개업공인중개사의 인적 사항(주소, 주민등록), 사업자등록번호는 명시의무 사항이 아니다. ※ 제재: **과태료 100만원 이하 사유이다.**

2 인터넷을 이용한 표시·광고

개업공인중개사가 **인터넷을 이용하여** 중개대상물에 대한 표시·광고를 하는 때에는 위 **1**의 5가지 + 중개대상물의 종류별로 소재지, 면적, 가격 등의 사항을 명시하여야 한다.

> (1) 명칭, 소재지, 연락처, 등록번호, 성명(법인 대표자)
> +
> 1. **소재지**
> 2. **면적**
> 3. **가격**
> 4. **중개대상물 종류**
> 5. **거래 형태**
> 6. 건축물 및 그 밖의 토지의 정착물인 경우 다음의 사항
>   가. **총 층수**
>   나. **사용승인·사용검사·준공검사 등을 받은 날**
>   다. **해당 건축물의 방향, 방 개수, 욕실 개수, 입주가능일, 주차대수, 관리비**

① **제재**: 과태료 100만원 이하

3 부당한 표시 · 광고(허위매물 및 가격 등) 금지

개업공인중개사는 중개대상물에 대하여 다음의 부당한 표시 · 광고를 해서는 안 된다.

참고 | 적용범위 : 신문, 전단지, 잡지, 입간판, 방송, 메일, 인터넷 등 매체 유형과 방식을 불문하고 개업공인중개사의 중개대상물 표시 · 광고에 적용한다.

① **허위매물(부존재)의 표시 · 광고금지** : 중개대상물이 존재하지 않아서 거래를 할 수 없는 중개대상물에 대한 표시 · 광고

> ㉠ 매도인, 임대인 등 권리가 있는 자가 중개의뢰하지 않았음에도 개업공인중개사가 임의로 중개대상물로 표시 · 광고하는 경우
> ㉡ 표시 · 광고한 중개대상물이 표시 · 광고한 위치에 존재하지 않는 경우

② **허위가격 등 과장표시 · 광고금지** : 중개대상물의 가격 등을 거짓으로 표시 · 광고 또는 과장되게 하는 표시 · 광고

> ㉠ 중개대상물의 가격을 중개의뢰인이 의뢰한 가격과 다르게 표시 · 광고한 경우
> ㉡ 중개대상물의 면적을 공부상 면적과 다르게 표시 · 광고하는 경우

③ **기타 부동산거래질서문란 표시 · 광고금지**

> ㉠ 중개대상물이 존재하지만 실제로 **중개의 대상이 될 수 없는** 중개대상물
> ㉡ 중개대상물이 존재하지만 실제로 **중개할 의사가 없는** 중개대상물
> ㉢ 기만적인 표시 · 광고 – 입지조건, 생활여건, 가격 및 거래조건 등 중개대상물 선택에 중요한 영향을 미칠 수 있는 **사실을 빠뜨리거나 은폐 · 축소**하는 등의 방법으로 소비자를 속이는 표시 · 광고

④ **제재** : 등록관청이 부과 – **과태료 500만원 이하**

4 국토교통부장관의 표시 · 광고의 모니터링

국토교통부장관은 인터넷을 이용한 중개대상물에 대한 표시 · 광고가 법 규정을 준수하는지 여부를 모니터링할 수 있다.

① **국토교통부장관의 자료제출 및 조치권**
> ㉠ 모니터링을 위하여 **정보통신서비스 제공자**에게 관련 자료의 제출을 요구
> ㉡ **정보통신서비스 제공자**에게 이 법 위반이 의심되는 표시 · 광고에 대한 확인 또는 추가정보의 게재 등 필요한 조치를 요구할 수 있다.
>> ※ 정보통신 서비스 제공자가 ㉠㉡ 위반시는 과태료 500만원 이하이다.

OX 중개대상물이 존재하지 않아서 실제로 거래를 할 수 없는 중개대상물에 대한 표시 · 광고하는 경우는 과태료 100만원 이하의 사유에 해당된다. (×)

OX 중개대상물의 가격을 중개의뢰인이 의뢰한 가격과 다르게 ,면적을 공부상 면적과 다르게 부당하게 표시 · 광고하는 경우는 과태료 500만원 이하의 사유에 해당된다. (○)

OX 입지조건, 생활여건, 가격 및 거래조건 등 중개대상물 선택에 중요한 영향을 미칠 수 있는 사실을 빠뜨리거나 은폐 · 축소하는 등의 부당한 표시 · 광고는 업무정지 사유에 해당된다. (×)

OX 정당한 사유 없이 정보통신서비스제공자가 국토교통부장관의 관련 자료 미제출 또는 필요한 조치 요구에 불응하여 조치를 불이행한 경우에는 500만원 이하의 과태료를 부과한다. (○)

OX 모니터링 기관은 결과보고서를 기본 모니터링 업무는 매 분기의 마지막 날부터 15일 이내, 수시 모니터링 업무는 업무를 완료한 날부터 30일 이내에 국토교통부장관에게 제출해야 한다. (×)

② 국토교통부장관은 모니터링 업무를 대통령령으로 정하는 기관에 위탁할 수 있다.

※ **현재 위탁기관**: 한국인터넷광고재단

③ **모니터링 업무 내용**

㉠ **모니터링 기관은** 업무를 수행한 경우 해당 업무에 따른 **결과보고서**를 다음의 구분에 따른 기한까지 국토교통부장관에게 제출해야 한다.

ⓐ 기본모니터링 업무(분기별 실시): 매분기의 마지막 날부터 30**일 이내**
ⓑ 수시모니터링 업무(국·장의 위반 의심 판단): 해당 모니터링 업무를 완료한 날부터 15**일 이내**

④ **국토교통부장관**은 제출받은 결과보고서를 시·도지사 및 등록관청에 통보하고 필요한 조사 및 조치를 요구할 수 있다.

⑤ **시·도지사 및 등록관청**은 요구를 받으면 신속하게 조사 및 조치를 완료하고, **완료한 날부터 10일 이내**에 그 결과를 국토교통부장관에게 통보해야 한다.

OX 개업공인중개사 아닌 자 즉, 부동산컨설팅업자나 무등록업자 등은 중개업을 목적으로 중개대상물 표시·광고 행위를 할 수 없다. (○)

OX 개업공인중개사의 성명으로 하여야 하므로 단독적으로 고용인(소속공인중개사, 중개보조원)의 성명으로 중개대상물에 대한 표시·광고를 할 수 없다. (○)

OX 개업공인중개사 아닌 자의 중개대상물 표시·광고 행위를 신고하는 자는 요건에 따라 포상금을 받을 수 있다. (○)

5 개업공인중개사 아닌 자의 표시·광고금지

개업공인중개사가 **아닌 자**는 중개대상물에 대한 표시·광고를 하여서는 아니 된다.

① **제재**: 1년 이하의 징역 또는 1천만원 이하의 벌금형에 해당한다.

② 포상금 사유에 해당된다. **참고** | 포상금 사유: **〈부.양.무 – 시.체.방 – 표시〉!**

OX 이중등록금지 규정은 이중소속금지 규정과는 달리 개업공인중개사에게만 해당된다. (○)

04 2중등록과 2중소속 금지 등

1 2중등록 금지 ⇨ 개업공인중개사에게만 해당된다.

개업공인중개사는 이중으로 중개사무소의 개설등록을 하여 중개업을 할 수 없다.

① 종별이나 등록관청을 달리 해도 이중등록은 금지된다.

② **제재**: 절대적 등록취소와 1년 이하의 징역 또는 1천만원 이하의 벌금형 해당됨.

OX 개업공인중개사는 등록관청이나 종별을 달리해도 이중등록은 금지된다. (○)

OX 이중소속금지는 개업공인중개사뿐만 아니라 해당 중개사무소의 중개업종사자 모두에게 금지된다. (○)

② 2중소속 금지 ⇨ 사원·임원, 고용인 모두가 해당된다.

> 개업공인중개사 '등'은 **다른 개업공인중개사**의 소속공인중개사·중개보조원 또는 개업공인중개사인 법인의 사원·임원이 될 수 없다.

① '개업공인중개사뿐만 아니라 중개업에 종사하는 모두가 금지된다.

② 중개업이 아닌 다른 업종, 즉 '투잡'은 이중소속에 해당되지 않는다.

③ 제 재

> ㉠ 개업공인중개사: **절대적 등록취소**와 1년 이하의 징역 또는 1천만원 이하의 벌금형
> ㉡ 소속공인중개사: **자격정지사유**와 1년 이하의 징역 또는 1천만원 이하의 벌금형
> ㉢ 중개보조원: 행정형벌인 1년 이하의 징역 또는 1천만원 이하의 벌금형

③ 등록증 양도·대여 금지

① 개업공인중개사는 다른 사람에게 자기의 **성명 또는 상호**를 사용하여 중개업무를 하게 하거나 자기의 중개사무소등록증을 **양도 또는 대여**하는 행위를 하여서는 아니 된다.

② 누구든지 다른 사람의 성명 또는 상호를 사용하여 중개업무를 하거나 다른 사람의 중개사무소 등록증을 **양수 또는 대여받아** 이를 사용하는 행위를 하여서는 아니 된다.

③ 누구든지 양도 또는 대여 등 금지한 행위를 **알선하여서는 아니 된다.**

④ 제 재

> ㉠ 양도 또는 대여자: 절대적 등록이 취소와 1년 이하의 징역 또는 1천만원 이하의 벌금형에 해당한다.
> ㉡ 양수·대여받은 자: 1년 이하의 징역 또는 1천만원 이하의 벌금형에 해당한다.
> ㉢ ㉠㉡의 알선자: 1년 이하의 징역 또는 1천만원 이하의 벌금형에 해당한다.

④ 무등록중개업

① **등록신청 후 등록처분이 있기 전**에 중개업을 하면 무등록 중개업이다.

② **등록처분 및 통지 후 등록증교부 전**에 중개업을 한 경우는 무등록 중개업이 아니다.

③ **폐업 후, 등록취소처분 후, 사망·해산 후** ─ 중개업은 모두 무등록중개업에 해당한다.

주의 업무정지, 휴업기간 중에 중개업을 하는 경우는 무등록중개업이 아니다.

OX 개업공인중개사에 소속된 공인중개사가 다른 업종인 부동산컨설팅사무소나 식당, 미장원 등에 근무하는 것은 이중소속에 해당되지 않는다. (○)

OX 2중등록에 해당하면 반드시 등록이 취소되고, 1년 이하의 징역 또는 1천만원 이하의 벌금형에 처해진다. (○)

OX 소속공인중개사 및 중개보조원이 2중소속금지에 위반하면 1년 이하의 징역 또는 1천만원 이하의 벌금형에 처해진다. (○)

OX 누구든지 개업공인중개사의 성명·상호 또는 등록증을 양도·대여 또는 양수·대여하는 행위를 알선 하여서는 아니 된다. 위반시에 1년 이하의 징역 또는 1천만원 이하의 벌금형에 처해진다. (○)

OX 개업공인중개사가 무자격자로 하여금 그 중개사무소의 경영에 관여하거나 자금을 투자하고 이익을 분배받도록 하는 경우라도 무자격자로 하여금 공인중개사의 업무를 수행하도록 하는 것이 아니라면 등록증의 대여로 볼 수 없다. (○)

OX 개인인 개업공인중개사가 사망하거나 개업공인중개사인 법인이 해산하면 등록의 효력은 당연히 실효된다. (○)

OX 법인인 개업공인중개사의 경우에는 법인의 대표자가 사망하더라도 등록효력이 상실되는 것은 아니므로 다시 대표자를 선임하여 등록증재교부신청을 하면 된다. (○)

④ **무등록중개업의 효력**

> ㉠ 사법상 거래계약(매매 등)의 효력에는 영향이 없다.
> ㉡ 보수청구권이 인정되지 않는다.
> ㉢ 무등록중개업자 신고시 — 포상금 대상이다.

⑤ **제재** : 3년 이하의 징역의 또는 3천만원 이하의 벌금형에 해당

⑥ **관련 판례**

> ㉠ 거래당사자가 무등록업자에게 중개를 의뢰하거나 미등기 부동산의 전매 중개를 의뢰하였다고 하더라도 그 중개의뢰행위 자체는 처벌 대상이 될 수 없다. 따라서, 중개의뢰인의 **중개의뢰행위를** 공동정범 행위로 처벌할 수 없다.
> ㉡ **공인중개사 자격이 없는 자가 중개사무소 개설등록을 하지 아니한 채** 부동산매매계약을 중개하면서 매매당사자와 사이에 체결한 중개보수 지급약정은 **무효이다.**
> ㉢ 컨설팅사업자가 부수하여 부동산중개를 업으로 하는 것은 무등록중개업에 해당된다.
> ㉣ 무자격자가 "업"이 아닌 우연히 1회 거래를 중개하면서 한 중개보수 약정은 무효가 아니다.

05 등록의 결격사유 등

1 결격사유의 효과

① 결격사유 자도 공인중개사 **시험에 응시**할 수 있다.
  주의 자격취소 처분을 받은 자는 3년간 자격 취득이 불가하다.
② 공인중개사 자격을 취득 했더라도 결격사유에 해당하면 **등록이 불가**하다.
③ 개업공인중개사가 결격사유에 해당하면 **절대적 등록취소 사유**에 해당된다.
④ 법인의 사원·임원 중 **1인만 결격**에 해당되어도 **절대적 등록취소 사유**이다.
  (※ 단, 해당 사원·임원을 **2개월 이내** 그 사유를 해소하면 그렇지 않다)
⑤ 고용인이 결격에 해당하면 고용해서는 아니된다.
⑥ 고용한 후에 결격사유 발생 ⇨ 사유 발생일로부터 **2개월 이내 해소**하여야 한다.
  ⇨ **위반시 업무정지처분 사유에 해당된다.**

② 개업공인중개사 등의 결격 사유와 기간

구 별	결격 사원, 임원, 고용인 포함	특 징
1. 제한 능력자	① 미성년자 ⇨ 만 19세 미만 ② 피성년후견인, 피한정후견인 ⇨ 후견개시 심판부터 ~ 법원의 **후견 종료심판까지** ◆주의 피특정후견인 - 결격(×)	※ 성년의제나 법정대리인의 동의를 받아도 결격이다.
2. 파산자	파산선고 : **복권결정시 - 즉시 벗어남.** ◆주의 신용불량, 개인회생신청 및 인가 결정 - 결격(×)	※ **복권신청**만 한 경우는 결격이다.
3. 징역형·금고선고 : ⇑ 형법 등 모든 법 위반	① 집행종료 • 만기출소 ⇨ 3년간 결격 • **가석방** ⇨ 잔형기 + 3년간 결격 ② 집행면제 사유 : (법률변경, 특별사면 등) ⇨ 면제일부터 3년간 결격 ③ 집행유예 : **집행유예 기간 + 2년** ⇨ **결격** ◆주의 징역, 금고, 벌금형의 선고유예 : 결격(×)	※ 일반사면 : **즉시 벗어남.** ※ 원칙 : 형기, 연령 등의 계산은 **초일 산입함.** ※ 무기형 = 10년 + 3년
4. 이 법 =「공인중개사법」의 위반	① 자격취소 된 후 : 3년간 결격 ② 자격정지 된 자 : **자격정지 기간만 결격** ③ 원칙 : 등록취소 된 후 - 3년간 결격 〈예외 1〉 3년 결격기간이 적용되지 않는 경우 ㉠ 사망 또는 해산 : **등록이 취소된 경우** ㉡ 결격사유(예 파산자) : **등록이 취소된 경우** ㉢ 등록기준 미달(예 자본금 5천 미만) : **등록이 취소된 경우** 〈예외 2〉 재등록개업공인중개사가 승계로 등록 취소된 경우 ⇨ 3년에서 **폐업기간을 공제한 나머지 기간이 결격임.** ④ 업무정지 처분받고 폐업한 자 : **업무정지 기간만 결격** ⑤ 업무정지 처분받은 법인의 사유 발생 당시의 사원·임원이었던 자 : **업무정지 기간만** ◆주의 처분 당시의 사원·임원이 아니다. ⑥ 이 법 + 300만원 이상 벌금형 선고 : 3년간 결격	• **다른 법 위반의 벌금형 300만원 이상 선고** - 결격(×) • 과태료 - 결격(×)
5. 중개 법인	• 사원·임원이 위의 어느 하나의 사유에 해당하는 자가 **1인이라도** 있는 법인은 결격이다.	• 단, 2개월 이내 해소 : **결격(×)**

≪ 보충 : 핵심 정리

1. 피특정후견인은 결격이 아니다.
2. **파산자가** 복권신청만 한 상태는 결격이다.
3. 다른 **법 위반**으로 금고 또는 징역형의 실형의 선고를 받으면 결격이다.
4. 300만원 이상 벌금형은 「**공인중개사법 위반**」만이 결격사유에 해당된다.

> ① 다른 법 위반 300만원 이상 벌금 ⇨ 결격이 아니다.
> ② 과태료 300만원 이상 ⇨ 결격이 아니다.
> ③ 양벌규정으로 300만원 이상 벌금 ⇨ 결격이 아니다.

5. 금고 또는 징역형의 집행유예는 그 유예기간이 **종료 된 후 2년간** 결격이다.
6. **자격이 취소**된 자는 3년간 결격임과 동시에 **3년간 시험응시도 할 수 없다**.
7. 소속공인중개사가 **자격정지 처분**받으면 자격정지 기간 동안만 결격이다.
8. 개업공인중개사가 **사망** 또는 중개법인이 **해산** 사유로 등록취소된 경우에는 결격기간 **3년이 적용되지 않는다**.
9. **업무정지 처분**을 받고 폐업한 자는 업무정지 기간(폐업시도 진행) 동안만 결격이다.
10. **법인이 업무정지처분**을 받은 경우는 업무정지 **사유가 발생한 당시의 사원·임원**이었던 자는 업무정지 기간 동안 결격이다.

> ① **업무정지 처분 당시의 사원·임원이 아니다.**
> ② 사원·임원이 결격이지 **고용인은 아니다.**

11. 결격사유의 효과는 등록취소 사유이다. ❗주의 자격취소 사유가 아니다.
12. 징역, 금고, 벌금형의 **선고유예는 결격사유도 아니며 자격취소 사유도 아니다.**
13. 결격기간 계산

> ① 원칙적으로 **초일을 산입한다.**
> ② 징역, 금고형의 선고시부터 ⇨ 선고기간 + 3년

14. 결격사유 발생만으로는 등록의 효력이 당연히 소멸되는 것은 아니고, **등록취소 처분이 내려져야 한다.**
15. 재등록개업공인중개사는 '**3년에서 폐업기간을 공제**'한 나머지 기간이 결격이다.

01 | 중개사무소 설치 및 이전

01 중개사무소 설치

1 개업공인중개사의 설치

(1) 2중사무소 설치 금지(1등록 1사무소 원칙)

개업공인중개사는 그 등록관청의 관할 구역 안에 중개사무소를 두되, 1개의 중개사무소만을 둘 수 있다.

(2) 임시 중개시설물을 설치금지

개업공인중개사는 천막 그 밖에 이동이 용이한 임시 중개시설물을 설치하여서는 아니된다.

(3) 제 재

(1) 및 (2)는 임의적 등록취소와 1년 이하의 징역 또는 1천만원 이하의 벌금형에 해당된다.

2 법인의 분사무소 설치

(1) 특 징

① 중개법인(특수법인 포함)만이 설치 가능하다. ⇨ 개인개업공인중개사는 설치 불가
② 주된 사무소는 등록주의 ⇨ 분사무소는 신고주의다.
③ 주된 사무소는 대표자 ⇨ 분사무소는 책임자가 독자적으로 중개업무를 수행한다.

(2) 분사무소 설치요건

① 주된 사무소 소재지가 속한 시·군·구를 제외한 시·군·구별로 설치하여야 한다.
② 시·군·구별로 1개소를 초과하여 설치할 수 없다.
③ 공인중개사를 책임자로 두어야 한다.
   다만, 특수법인의 경우에는 그러하지 아니하다(재량사항).
④ 책임자는 시·도지사가 실시하는 실무교육을 받아야 한다.
⑤ 분사무소마다 업무**보증을 2억원 이상 추가로 설정**하여야 한다.

(3) 분사무소 설치 절차

주된 사무소의 소재지를 관할하는 등록관청에 제출하여야 한다.

① 신고 서류 〈사. 실. 보〉

> ㉠ 중개사무소 확보 서류(**예** 임대차계약서 등)
> ㉡ 분사무소 책임자의 실무교육 이수증 사본
> ㉢ 업무보증의 설정을 증명할 수 있는 서류

주의 자격증, 건축물대장, 부동산등기사항증명서는 제출서류가 아니다.

② 주된 사무소의 업무처리

> ㉠ 신고확인서를 교부(처리기간 7일)
> ㉡ 분사무소설치 **예정지 관할 시·군·구청장**에 지체 없이 통보한다.
> ㉢ 다음달 10일까지 공인중개사협회 통보

③ **신고확인서 재교부 신청 : 주사무소 등록관청**에 신청한다.

④ 수수료 납부

참고 다음의 경우는 조례에 따른 수수료 납부하여야 한다.

> ㉠ 등록증 재교부 : 등록관청
> ㉡ 공인중개사 자격증 재교부 : 교부한 시·도지사
> ㉢ 분사무소 신고확인서 재교부 : 주된 사무소 등록관청

3 공동사무소 설치

(1) 공동사무소 설치

① **설치목적** : 업무의 효율적인 수행을 위하여 **다른 개업공인중개사와** 중개사무소를 공동으로 사용 가능하다.

② **설치요건** : 개업공인중개사 종별 불문하고 설치 가능하다.

③ **설치 방법**
  ㉠ 중개사무소의 **개설등록 또는** 중개사무소의 **이전신고**로 가능하다.
  ㉡ 등록 또는 이전신고시에 중개사무소를 사용할 권리가 있는 **다른 개업공인중개사의 승낙서**를 첨부하여야 한다. ※ 임대인의 승낙서가 아니다.

④ **공동사무소의 특징**(개·공간에 독립적 운영)

> ㉠ 개별등록 주의
> ㉡ 업무수행의 독립성, 고용인의 고용 및 책임도 각각
> ㉢ 등록증 등 게시의무, 업무보증 설정 등 각각
> ㉣ 다양한 종별·유형의 설치 가능, 사무소 면적제한 없음.

⑤ **공동사무소 설치 제한**: 업무의 정지기간 중에 있는 개업공인중개사는 다른 개업공인중개사와 중개사무소를 공동으로 사용할 수 없다.

⑥ 업무정지 개업공인중개사가 업무**정지 처분을 받기 '전부터'** 중개사무소를 공동사용 중인 다른 개업공인중개사는 중개업무를 계속할 수 있다.

≫ **중개사무소 요건**: 법인, 개인, 분사무소, 공동사무소 − 모두 공통!

> ㉠ 건축물대장이 있으면, **미등기 건물**도 가능하다. ※ 무허가 건물 ×
> ㉡ 사무소를 등록신청인 외 다른 사람의 명의로 임차한 경우에는 **사용동의서**로 가능하다.
> ㉢ 「건축법」상으로도 **적법한 것**이어야 한다. 면적제한 없고, 겸용이 가능하다.
> ㉣ 「건축법」상 용도[(1종($30m^2$ 미만), 2종근린생활시설, 일반업무시설]가 적합해야 한다.
> ㉤ 가설건축물대장은 불가하다. **예** 농막, 조립식 구조물, 컨테이너 등은 불가함.
> ㉥ 임대차, 사용대차 등 **사용권만 취득하면 가능** 〔주의〕 소유권 확보가 아님.
> ㉦ **휴업 중인** 사무소도 가능하다. ※ 단, 업무정지 기간 중인 사무소는 불가하다.

---

02 중개사무소 이전

1 개업공인중개사의 사무소 이전

⑴ **관할구역 '내' 이전 신고** ⟨이 ⇨ 사.등⟩

① **이전 신고**: 등록관청에 **이전 후 10일 이내**에 신고한다.

② 이전신고 받은 등록관청(분사무소는 주된 사무소)은 등록증과 신고서류를 검토한 후 **변경사항을 기재하여 교부할 수 있다**(선택).

⑵ **관할구역 '외'로 이전** ⟨이 ⇨ 사.등⟩

① 등록증과 사무소확보 서류를 첨부하여 **이전한 후**에 **이전 후**의 중개사무소를 관할하는 등록관청에 10일 **이내**에 신고하여야 한다.

② 중개사무소의 이전신고를 받은 등록관청은 그 내용이 적합한 경우에는 중개사무소 **등록증을** 재교부하여야 한다.

③ **서류 송부**: 이전 후 등록관청은 종전의 등록관청에 관련서류를 송부하여 줄 것을 요청하여야 한다. 종전의 등록관청은 지체 없이 관련서류를 이전 후 등록관청에 송부한다.

④ **송부할 서류**

> ㉠ 이전신고를 한 중개사무소의 부동산중개사무소**등록대장**
> ㉡ 부동산중개사무소 개설등록 **신청서류**
> ㉢ 최근 **1년**간의 행정처분 및 행정처분절차가 진행 중인 경우 그 관련서류

※ 중개사무소의 이전신고 서류와 이전 후의 등록관청에 **송부할 서류는 같지 않다.**
※ **등록증은 이전 신고시 첨부할 서류이다.** 즉, 송부서류가 아니다.

⑤ 이전신고 후 등록관청은 다음달 10일까지 협회 통보하여야 한다.

(3) **위법행위 처분관청**

중개사무소 신고 전에 발생한 사유로 인한 개업공인중개사에 대한 행정처분은 **이전 후 등록관청이 이를 행한다.**

2 **법인의 분사무소 이전**

(1) **이전 신고서류**

> ① 사무소 확보증명서류
> ② 분사무소 신고확인서

(2) **신고관청**

이전 후 10일 **이내 주된 사무소** 관할 등록관청에 신고한다.

(3) **신고확인서 교부**

① **관할 내 이전**: 개업공인중개사가 등록관청의 관할지역 내로 이전한 경우에는 등록관청은 분사무소설치 신고확인서에 변경사항을 적어 교부할 수 있다.

② **관할 외 이전**: 등록관청은 그 내용이 적합한 경우에는 분사무소설치 **신고확인서를 재교부하여야 한다.**

(4) **통보의무**: 등록관청은 지체 없이 그 분사무소의 **이전 전 및 이전 후**의 시장·군수 또는 구청장에게 이를 통보하여야 한다.

(5) **송부서류 유·무**: 주된 사무소의 이전은 서류 송부를 하나 분사무소의 이전의 경우는 서류를 **송부하지 않는다.**

⑹ 설치 및 이전신고 후 등록관청은 다음 달 10일까지 **협회 통보**하여야 한다.

※ 분사무소 기준 : 주택에 대한 중개보수 조례는 분사무소가 기준이다.

⑺ **제재** : 이전신고 위반 – 100만원 이하의 과태료

③ 간판철거 의무 〈이.등.폐〉!

① 개업공인중개사는 다음의 경우에는 지체 없이 사무소의 간판을 철거하여야 한다.

> 1. 등록관청에 중개사무소의 **이전**사실을 신고한 경우
> 2. 중개사무소의 개설**등록** 취소처분을 받은 경우
> 3. 등록관청에 **폐업** 사실을 신고한 경우

🖐주의 휴업 기간 중이나 업무정지 기간 중인 경우는 간판 철거의무가 없다.

② **등록관청**은 간판의 철거를 개업공인중개사가 이행하지 아니하는 경우에는 「행정대집행법」에 따라 대집행을 할 수 있다.

≪ 보충내용

> ① **보증설정증명서류**는 등록 신청시는 미제출하나, 분사무소설치 신고시는 제출한다.
> ② 분사무소는 반드시 공인중개사를 책임자를 두어야 하나, 고용인을 고용할 의무는 없다.
> ③ **중개사무소를 기준으로 결정되는 사항**
> ㉠ 등록관청이 결정
> ㉡ 중개인의 업무지역범위 결정
> ㉢ 중개보수 요율 등 결정
> ㉣ 입찰신청대리 등록법원이 결정된다.
> ④ 개업공인중개사는 **종별구분 없이** 관할구역 내·외를 불문하고 **전국 이전 가능하다.**
> ※ 중개인도 사무소 이전은 전국으로 가능하다. 단, 특·광·도를 벗어난 이전은 업무지역 범위가 변경된다.

OX 등록관청은 분사무소의 이전신고를 받은 때에는 지체 없이 그 분사무소의 이전 전 또는 이전 후의 소재지를 관할하는 시장·군수 또는 구청장에게 이를 통보하여야 한다. (×)

OX 분사무소 이전의 경우는 관할 시·군·구 이외의 지역으로 이전한 경우에도 관련서류의 송부가 없으며 사무소 이전사실의 통보만 하면 된다. (○)

OX 중개사무소의 이전신고 서류와 종전 등록관청이 이전 후의 등록관청에 송부할 서류는 같다. (×)

OX 개업공인중개사는 사무소를 이전한 경우에는 10일 내에 사무소의 간판을 철거하여야 한다. (×)
※ 휴업이나 업무정지처분은 간판 철거의무가 없다.

■ 공인중개사법 시행규칙 [별지 제12호 서식] 〈개정 2021. 1. 12.〉

중개사무소 이전신고서

※ [ ]에는 해당하는 곳에 √표를 합니다.

접수번호		접수일		처리기간	7일
신청인	성명(대표자)			생년월일	
	주소(체류지) 　(전화번호:　　　　휴대전화:　　　　　　　)				

개업공인중개사 종별	[ ] 법인　　　[ ] 공인중개사 [ ] 법률 제7638호 부동산중개업법 전부개정법률 부칙 제6조 제2항에 따른 개업공인중개사

중개사무소	명칭	등록번호
	변경 전 소재지 　　　　　　　　　　　　(전화번호:　　　　　　　)	
	변경 후 명칭	전화번호 (휴대전화)
	변경 후 소재지 　(전화번호:　　　　　　　)	

「공인중개사법」 제20조 제1항에 따라 위와 같이 신고합니다.

년　　　월　　　일

신청인　　　　　　　　　　　　　　　　　　(서명 또는 인)

시장 · 군수 · 구청장　귀하

신청인 제출서류	1. 중개사무소등록증(분사무소의 경우에는 분사무소설치신고확인서를 말합니다) 2. 건축물대장(「건축법」 제20조 제5항에 따른 가설건축물대장은 제외합니다)에 기재된 건물(준공검사, 준공인가, 사용승인, 사용검사 등을 받은 건물로서 건축물대장에 기재되기 전의 건물을 포함합니다)에 중개사무소를 확보(소유 · 전세 · 임대차 또는 사용대차 등의 방법에 의하여 사용권을 확보해야 합니다)했음을 증명하는 서류(건축물대장에 기재되지 않은 건물에 중개사무소를 확보했을 경우에는 건축물대장 기재가 지연되는 사유를 적은 서류도 함께 내야 합니다).	수수료 시 · 군 · 구 조례로 정하는 금액
담당 공무원 확인사항	건축물대장(「건축법」 제20조 제5항에 따른 가설건축물대장은 제외합니다)	

처리절차								
이전 신고	⇨	접 수	⇨	제출서류 확인	⇨	신고기준 검토 및 결재	⇨	중개업사무소 등록증 재교부
신고인		시 · 군 · 구 (부동산중개업 담당 부서)		시 · 군 · 구 (부동산중개업 담당 부서)		시 · 군 · 구 (부동산중개업 담당 부서)		시 · 군 · 구 (부동산중개업 담당 부서)

02 │ 개업공인중개사의 업무 관련 범위

1 개업공인중개사 업무의 지역적 범위

① 법인(특수법인) 및 분사무소와 공인중개사인 개업공인중개사의 업무활동 범위는 **전국**이다.

② **부칙 제6조 제2항의 자**(중개인)

> ㉠ 원칙적으로 중개사무소 기준으로 **특·광·도 관할 내만**이다.
> ㉡ 예외 : 거래정보망에 가입·이용시는 **공개된 중개대상물**은 관할구역 외의 것도 가능하다.
> ※ 중개인이 소속공인중개사를 고용하거나, 중개법인과 공동사무소를 구성한다 하더라도 업무지역이 전국으로 확대되는 것은 아니다(위반 : 업무정지 사유).

2 개업공인중개사별 중개대상물의 취급 범위

중개대상물의 취급 범위에는 종별에 따른 **차이가 없다.** 즉, **동일하게** 중개대상물을 중개할 수 있다.

3 종별에 따른 중개업무 및 겸업의 범위

(1) **중개법인의 중개업 외 겸업범위** 〈관.상.경 − 분양.알선〉!

> **제14조** : 법인인 개업공인중개사는 '**중개업 및 다음 6가지 업무만**' 할 수 있다.
> 즉, **기타 업무는 일체 할 수 없다.**
>
> ① 상업용 건축물 및 주택의 임대관리 등 부동산의 **관리대행**
> ② 부동산의 이용 및 개발, 거래에 관한 **상담**
> ③ 개업공인중개사를 대상으로 한 중개업의 **경영기법 및 경영정보의 제공**
> ④ 상업용 건축물 및 주택의 **분양대행**
> ⑤ 기타 중개업에 부수되는 업무로서 주거이전에 부수(도배, 이사)한 용역 **알선**
> ⑥ 개업공인중개사가 '**경매**'대상 부동산의 매수신청 또는 입찰신청의 '**대리**'를 하고자 하는 때에는 '법원에 **등록**'을 하고 그 감독을 받아야 한다.
> ※ 단, 개업공인중개사는 '**공매**'대상 부동산에 대한 / 권리분석 / 취득의 알선과 / 매수신청 또는 입찰신청의 대리는 / 법원 **등록 없이** 할 수 있다.

① **핵심 정리!**

  ㉠ 농업용 및 공업용의 건축물 등은 부동산관리대행은 할 수 없다.

  ㉡ 부동산컨설팅업은 일반인, 개업공인중개사 등 모두를 대상으로 가능하다.

  ㉢ 프랜차이즈업은 **개업공인중개사만**을 대상으로 하여야 한다.

  ㉣ 주택 및 상가의 분양대행(규모에 상관없이 가능하다)

    ※ 토지 분양대행은 할 수 없다.

  ㉤ 도배·이사업체의 소개 등 주거이전에 부수되는 **용역의 알선**을 할 수 있다.

    ※ 단, 도배업이나 이사업을 직접 운영할 수는 없다.

  ㉥ **경매** 부동산의 매수신청 또는 입찰신청의 **대리**행위는 법원에 **등록**을 해야 한다.

    ※ 다만, 단순한 권리분석 및 취득알선은 등록할 필요가 없다.

  ㉦ **공매는** 부동산에 대한 권리분석 및 취득의 알선과 매수신청 또는 입찰신청의 대리는 등록할 필요가 없다.

② **특수법인**은 법 제14조의 6가지의 겸업을 할 수 없다(**예** 지역농협은 농지만 가능)

③ **제재 및 보수**

  ㉠ **법인인 개업공인중개사**는 위의 6가지의 겸업만 할 수 있다. 이에 위반한 경우에는 임의적 등록취소 사유에 해당된다.

  ㉡ 개업공인중개사의 겸업은 **법정 중개보수 규정을 적용하지 않는다.**

    ⇨ **해당 법규가 있으면 그 법규에 따라 받고, 없으면 당사자 합의로 받는다.**

  ≪ 보충 − 기출지문

  > 중개법인은 부동산 금융업, 부동산 펀드, 부동산임대업, 부동산매매업, 부동산개발업, 거래정보망사업, 일반인대상 프랜차이즈업, 용역업, 직업소개업 등은 할 수 없다.

(2) **개인인 개업공인중개사의 겸업의 범위**

  ① 개인인 개업공인중개사는 **법률에서 제한이 없는 한 어떤 겸업이든 가능하다.**

  ② 개인인 개업공인중개사는 중개법인이 할 수 있는 겸업(6가지)을 할 수 있다.

    ※ 부칙 제6조 제2항의 자는 경·공매의 권리분석 및 취득의 알선, 대리행위는 할 수 없고, 나머지 5가지 겸업을 할 수 있다.

  ③ **겸업**은 법정 중개보수 요율이 적용되지 않으면 당해 업무와 관련된 법규 또는 당사자 합의에 따라 받는다.

03 개업공인중개사와 고용인

1 고용인의 신고 및 등록관청의 업무

① 개업공인중개사는 이들을 **고용한 경우에는 업무개시 전**까지, 종료한 때에는 **종료일부터 10일 이내**에 등록관청에 신고하여야 한다(위반 : 업무정지 사유).

② 소속공인중개사는 실무교육 또는 중개보조원은 직무교육을 **받도록 한 후 업무개시 전**까지 등록관청에 신고(전자문서에 의한 신고를 포함)하여야 한다.

③ 외국인을 고용하는 경우에는 **결격사유**에 해당되지 아니함을 증명하는 서류를 첨부하여야 한다.

④ **등록관청**은 자격증을 발급한 시·도지사에게 그 소속공인중개사의 자격 확인을 요청하여야 하며, 결격사유 해당 여부와 교육수료 여부를 확인하여야 한다.

⑤ **중개보조원 고용인원 제한** : 중개보조원의 수는 개업공인중개사와 소속공인중개사를 **합한 수의 5배를** 초과하여서는 아니 된다.

⑥ **중개보조원의 신분(직위) 고지의무** : 중개보조원은 중개의뢰인에게 중개보조원이라는 사실을 미리 고지한다. ⇨ 위반 : 500만원 이하의 과태료 사유 해당한다.
다만, 개업공인중개사가 상당한 주의와 감독을 다 했으면 면책된다.

2 사원·임원, 고용인의 불법행위에 대한 개업공인중개사의 책임

소속공인중개사 또는 중개보조원의 **업무상 행위**는 그를 고용한 개업공인중개사의 행위로 **본다.**

구 분	고용인 책임	개업공인중개사책임	특 징
민 사	불법행위(고의, 과실)	(~ 본다)**무과실 책임**	연대책임
행 정	소속공인중개사 자격정지 처분	(~ 본다) 임·취 또는 업무정지 사유에 해당	※ 중개보조원 행정처분 대상(×) 행정형벌 대상(○)
형 벌	고용인 (3 - 3) / (1 - 1) 징역형 또는 벌금형	양벌규정에 따라 **개·공은 벌금형으로 처벌될 수 있다.** 단, 고의·과실 없으면 처벌(×)	개업공인중개사는 징역형은 받지 않는다.

OX 중개보조원의 업무상 과실로 인한 불법행위로 의뢰인에게 손해를 입힌 경우, 개업공인중개사가 손해배상책임을 지고 중개보조원은 그 책임을 지지 않는다. (×)

OX 개업공인중개사는 양벌규정에 따라 300만원 이상의 벌금형을 선고 받았더라도 등록이 취소되지는 않는다. (○)

OX 소속공인중개사가 중개행위가 금지행위에 해당하여 징역형의 선고를 받았다는 이유로 개업공인중개사도 해당 법에 따라 규정된 징역형을 선고 받는다. (×)

OX 개업공인중개사 또는 고용인의 불법행위로 피해가 발생 한 경우에 피해자에게도 과실이 있다면 손해배상금을 산정함에는 과실상계한다. (○)

3 기타 주요 내용

① 고용인의 **업무상 행위만** 개업공인중개사 행위로 간주한다. ⇨ **모든 행위(×)**

　　※ **업무상 행위 판단 기준: 객관적 외형상으로 판단한다.** ⇨ **주관적(×)**

② **판례**: 고용인의 업무상 행위는 중개대상물의 거래에 관한 알선업무뿐만 아니라 위 업무와 **밀접한 관련이 있고, 외형상 객관적으로 중개업무와 관련된 것**까지 포함한다.

　　참고 | (판례) 고용인이 의뢰인이 맡긴 **계약금**을 **횡령**한 경우도 업무 관련 행위에 해당된다.

③ 고용인의 업무상 행위에 대하여 개업공인중개사는 민사·형사·행정책임을 질 수 있다.

④ 고용인의 업무상 위법행위로 개업공인중개사의 **자격증이 취소되는 경우는 없다.**

⑤ 개업공인중개사는 고용인의 불법에 대하여 대위배상을 한 경우에는 **구상권을 행사할 수 있다.**

⑥ 양벌규정(법 제50조)은 고용인이 **행정형벌 규정에 위반한 경우에 적용**되고, 행정처분과 과태료의 경우에는 적용되지 않는다.

⑦ **양벌규정**(법 제50조)에 따라 개업공인중개사는 **벌금형을 받을 수 있으나** 그 위반행위를 방지하기 위하여 **상당한 주의와 감독**을 다한 경우에는 그러하지 아니하다.

⑧ 개업공인중개사가 **양벌규정에 따라 300만원 이상의 벌금형**을 선고 받았더라도, 이로 인하여 결격사유자가 되거나 **등록이 취소되지는 않는다.**

■ 공인중개사법 시행규칙 [별지 제11호 서식] 〈개정 2016. 12. 30.〉

소속공인중개사 또는 중개보조원	[ ] 고용	
	[ ] 고용관계 종료	신고서
소속공인중개사	[ ] 인장등록	

※ [ ]에는 해당되는 곳에 ✓표를 합니다.

접수번호		접수일		처리기간	즉시
신고인	성명(대표자)			주민등록번호(외국인등록번호)	
	주소(체류지)				
	(전화번호 :)			휴대전화번호 :)	

개업공인중개사 종별	[ ] 법인 [ ] 공인중개사 [ ] 법 제7638호 부칙 제6조 제2항에 따른 개업공인중개사

중개사무소	명칭		등록번호	
	소재지			
	(전화번호 :)		휴대전화번호 :)	

고용인 인적 사항	구 분	고용일 또는 고용관계 종료일	성 명	주민등록번호 (외국인등록번호)	주소 및 전화번호	자격증 발급 시 · 도 (공인중개사)	자격증번호 (공인중개사)

「공인중개사법」 제15조 · 제16조 및 같은 법 시행규칙 제8조 · 제9조에 따라 위와 같이 신고합니다.

년   월   일

신고인

(서명 또는 인)

시장 · 군수 · 구청장   귀하

유의사항	
1. 시장 · 군수 · 구청장은 개업공인중개사가 소속공인중개사의 고용 신고를 하는 경우 「공인중개사법」 제5조 제2항에 따라 공인중개사자격증을 발급한 시 · 도지사에게 그 소속공인중개사의 공인중개사 자격 확인을 요청하여야 합니다. 2. 시장 · 군수 · 구청장은 소속공인중개사 또는 중개보조원의 「공인중개사법」 제10조 제2항에 따른 결격사유 해당 여부와 같은 법 제34조 제2항 또는 제3항에 따른 교육 수료 여부를 확인하여야 합니다.	(소속공인중개사 등록인장 인)

처리절차	

신고서 작성	⇨	접 수	⇨	검 토	⇨	결 재	⇨	완 료
신청인		시 · 군 · 구 (부동산중개업 담당 부서)		시 · 군 · 구 (부동산중개업 담당 부서)		시 · 군 · 구 (부동산중개업 담당 부서)		시 · 군 · 구 (부동산중개업 담당 부서)

04 인장등록 제도

1 인장등록의무자

개업공인중개사와 소속공인중개사이다.

※ 법인의 사원·임원 중 공인중개사 아닌 자와 중개보조원은 인장등록의무가 없다.

2 인장등록 시기

개업공인중개사는 **등록신청시부터 업무개시 전**까지, 소속공인중개사는 **고용신고시부터 업무를 개시 전**까지 중개행위에 사용할 인장을 등록관청에 등록(전자문서에 의한 등록을 포함)하여야 한다.

3 등록할 인장

구 분		등록할 인장	등록 장소
중개 법인	주사무소	상업등기 규칙에 의해 신고한 **법인의 인장** ※ 법인의 인감도장이다. **⚠주의** 대표자(×)	등록관청
	분사무소	법인의 대표자가 보증하는 인장을 **등록할 수 있다**(선택).	**주사무소 등록관청**
개인 개·공과 소·공		가족관계등록부 또는 주민등록표에 기재되어 있는 **성명**이 나타난 인장으로서 그 크기가 가로·세로 각각 7mm **이상** ~ 30mm **이내인 인장**	등록관청

4 인장등록 방법

① 법인인 개업공인중개사는 **인감증명서 제출**로 갈음한다.

② 개인인 개업공인중개사 및 소속공인중개사는 **인장등록신고서**(별지 제11호의2 서식)에 날인하여 제출한다. 이때 등록증 원본을 첨부한다.

또 다른 방법으로는 **중개사무소등록신청시 또는 고용신고서 날인하여** 제출하는 방법으로도 가능하다.

5 인장변경 등록

① 등록한 인장을 변경한 경우에는 개업공인중개사 및 소속공인중개사는 **변경일부터 7일 이내**에 그 변경된 인장을 등록관청에 등록(전자문서에 의한 등록을 포함)하여야 한다.

② 등록인장 변경신고서에 의한다. 이때 **등록증 원본을 첨부한다**(별지 제11호의2).

6 기타 보충내용

① 거래계약서, 중개대상물 확인·설명서, 일반·전속중개계약서 등이나 등록관청에 제출하는 주요문서 등은 **등록한 인장을 사용**하여야 한다.

② 개업공인중개사 및 소속공인중개사는 등록된 인장을 **직접 사용**하여야 한다.

> **주의** 본질적인 중개행위에 중개보조원 등이 **임의로 등록한 인장을 사용**하여 문서를 작성·교부하였다면 이는 **등록증 대여에 해당된다**(판례).

③ 개업공인중개사가 미등록 인장을 사용했다 하더라도 처벌은 별론으로 하고, 거래당사자 간의 거래**계약의 효력에는 영향이 없다.**

④ **인장 미등록, 등록한 인장 미사용, 변경한 인장 미등록 등은 업무정지 사유에 해당**한다.

OX 분사무소는 「상업등기규칙」에 따른 법인의 대표자가 보증하는 인장을 등록하여야 한다. (×)

OX 중개법인은 **인감증명서 제출**로 갈음하며, 개인개업공인중개사 및 소속공인중개사는 **인장등록신고서에 날인**하여 제출한다. (○)

OX 법인의 소속공인중개사가 등록하지 아니한 인장을 사용한 경우, 6개월의 범위 안에서 자격정지처분을 받을 수 있다. (○)

OX 개업공인중개사가 미등록 인장을 사용한 거래계약은 무효이다. (×)

■ 공인중개사법 시행규칙 [별지 제11호의2 서식] 〈개정 2014. 7. 29.〉

[　] 개업공인중개사　　　　[　] 인장등록　　　　신고서
[　] 소속공인중개사　　　　[　] 등록인장 변경

※ 해당하는 곳의 [　]란에 ✔표를 하시기 바랍니다.

접수번호		접수일	처리기간	즉시
신고인	성명(대표자)		주민등록번호(외국인등록번호)	
	주소(체류지)			
	전화번호			

개업공인중개사종별	[　] 법인　　[　] 공인중개사　　[　] 법 제7638호 부칙 제6조 제2항에 따른 개업공인중개사

중개사무소	명 칭	등록번호
	소재지	
	전화번호	

등록(변경) 사유	[　] 개설등록　　[　] 등록인장 변경　　[　] 등록인장 분실　　[　] 등록인장 훼손 [　] 그 밖의 사유(　　　　　　　　　　　　　　　　　　　)

「공인중개사법」 제16조 제1항에 따라 위와 같이 신고합니다.

　　　　　　　　　　　　　　　　　　　　　　　　　　　　년　　　　월　　　　일

　　　　　　　　　　　　　　　　　　　　신고인 :　　　　　　　　(서명 또는 인)

시장·군수·구청장　　　귀하

첨부서류	중개사무소 등록증 원본	(등록인장 인)

처리절차

신고서 작성	⇨	접 수	⇨	검 토	⇨	결 재	⇨	인장등록(변경)
신청인		시·군·구 (부동산중개업 담당 부서)		시·군·구 (부동산중개업 담당 부서)		시·군·구 (부동산중개업 담당 부서)		시·군·구 (부동산중개업 담당 부서)

05 | 휴업 및 폐업

1 개업공인중개사의 휴업 및 폐업신고

① **3개월 초과 휴업·폐업**은 반드시 **등록증을 첨부**하여 사전에 **방문**하여 신고한다.
   ※ 전자신고는 불가능하다.

② 개업공인중개사가 **3개월 이하** 휴업할 경우에는 신고 의무가 없다.

③ 중개사무소의 개설 **등록 후** 업무를 개시하지 아니하는 경우도 휴업으로 간주된다. 따라서, 3개월 초과시는 신고의무가 발생한다.

④ 3개월을 초과하는 **휴업, 폐업, 휴업한 중개업의 재개, 휴업기간의 변경**은 모두 "사전신고"사항이다.

⑤ **재개·변경신고**의 경우에는 **등록증·신고확인서를 첨부하지 않는다.**
   ※ 전자신고나 방문신고 모두 가능하다.

⑥ 신고시 법정서식은 동일 서식으로 되어 있으며, 수수료는 없고, 처리기간은 "즉시"이다.

⑦ **중개업 휴·폐업 등의 신고와 사업자등록 휴업·폐업신고 병행처리!**

> ㉠ 부동산 중개업 휴·폐업 등의 신고시에 사업자등록을 한 사업자가 휴업 또는 폐업신고서를 함께 제출하여 신고할 수 있다. 이 경우 각 신고서를 함께 제출하여야 한다.
>   ※ 처리: 등록관청은 함께 제출받은 신고서를 지체 없이 관할 세무서장에게 송부한다.
> ㉡ **관할 세무서장**에 중개업 휴·폐업 등의 신고를 할 수 있다. 이때 세무서장은 등록관청에 신고서를 송부한다.

⑧ **부득이한 사유**가 없는 휴업은 **6개월을 초과할 수 없다.**

> ㉠ 질병으로 인한 요양   ㉡ 징집으로 인한 입영
> ㉢ 취학   ㉣ 임신 또는 출산
> ㉤ 그 밖에 국토교통부장관이 정하여 고시하는 사유

⑨ **변경신고**는 변경신고서에 의해 등록관청에 미리 신고하여야 한다.
   ㉠ 방문, 전자신고 모두 가능하다.
   ㉡ 부득이한 사유가 없으면 6개월 범위 내에서 가능하고, 부득이한 사유가 있다면 6개월을 초과해서 가능하다.

⑩ **재개신고**: 등록관청은 반납받은 중개사무소 등록증 또는 신고확인서를 **즉시 반환해야 한다.** ※ 방문, 전자신고 모두 가능하다.

OX 3개월 초과 휴업·폐업은 반드시 등록증을 첨부하여 사전에 방문하여 신고한다. (○) ※ 전자신고는 불가능하다.

OX 중개사무소의 등록 후 업무를 개시하지 아니하는 경우도 휴업으로 간주된다. (○)

OX 중개업재개·휴업기간 변경신고의 경우에는 등록증·신고확인서를 첨부하지 않는다. (○) ※ 전자신고나 방문신고 모두 가능하다.

OX 부득이한 사유(요양, 취학, 입영, 임신 또는 출산 등)가 없는 휴업은 3개월을 초과할 수 없다. (×)

OX 3개월을 초과하는 휴업, 폐업, 휴업한 중개업의 재개, 휴업기간의 변경은 모두 "사후신고" 사항이다. (×)

OX 법령상 부득이한 사유가 없는 한 휴업은 3개월을 초과할 수 없다. (×)

② 분사무소 휴·폐업 신고

① **주된 사무소 등록관청**에 사전에 신고하여야 한다.
② 3개월을 초과하여 "휴업"과 "폐업"하려는 경우는 **신고확인서를 첨부**하여 **방문신고**하여야 한다.
③ "재개" 또는 "변경"하려는 경우는 **방문·전자신고**가 모두 가능하다.
④ 분사무소 설치, 이전, 휴업, 폐업은 모두 주된 사무소에 신고한다.
⑤ 재개 및 변경신고는 신고확인서를 첨부를 첨부하지 않는다.

③ 폐업신고

① 개업공인중개사는 폐업을 하고자 하는 때에는 부동산중개업 폐업신고서에 등록증 또는 **신고확인서**를 첨부하여 등록관청에 이를 미리 신고하여야 한다.
② 폐업신고는 사전에 **방문신고만 인정된다.** ※ 전자문서에 의한 신고(×)
③ 개업공인중개사는 휴업기간 중이나 업무정지기간 중에도 **폐업신고** 할 수 있다.
④ **업무정지기간 중**에 폐업을 하더라도 그 기간 중에는 등록은 물론 다른 개업공인중개사의 소속공인중개사나 중개보조원은 될 수 없다.

④ 제 재

① 3개월 초과 휴업, 폐업, 휴업한 중개업의 재개 또는 휴업기간의 변경신고 위반 : 100만원 이하의 과태료
② **6개월을 초과하여 무단휴업한 경우** : 등록을 취소할 수 있다(임의적 취소).

≪ 보충내용

㉠ 주된 사무소의 폐업으로 분사무소는 폐업으로 간주된다.
㉡ 휴업기간 중에도 중개사무소는 유지하여야 하며, 중개사무소를 이전할 수 있다.
㉢ 휴업기간 중인 개업공인중개사는 이중등록 및 이중소속을 하여서는 아니 된다.

■ 공인중개사법 시행규칙 [별지 제13호 서식] 〈개정 2021. 12. 31.〉

[　] **부동산중개업** [　] **분사무소**	[　] **휴업** [　] **폐업** [　] **재개** [　] **휴업기간 변경**	**신고서**

※ 해당하는 곳의 [　]란에 ✓표를 하시기 바랍니다.

접수번호		접수일		처리기간	즉시

신고인	성명(대표자)			생년월일	
	주소(체류지)				
	전화번호				

개업공인중개사 종별	[　] 법인　　[　] 공인중개사　　[　] 법 제7638호 부칙 제6조 제2항에 따른 개업공인중개사

중개사무소	명 칭		등록번호	
	소재지			
	전화번호			

신고사항	휴 업	휴업기간	～	(　　　　일간)
	폐 업	폐업일		
	재 개	재개일		
	휴업기간 변경	원래 휴업기간	～	(　　　　일간)
		변경 휴업기간	～	(　　　　일간)

「공인중개사법」 제21조 제1항 및 같은 법 시행령 제18조 제1항 및 제2항에 따라 위와 같이 신고합니다.

년　　　　월　　　　일
신고인 :　　　　　　(서명 또는 인)

시장·군수·구청장　　　귀하

첨부서류	중개사무소등록증(휴업신고 또는 폐업신고의 경우에만 첨부하며, 법인의 분사무소인 경우에는 분사무소설치 신고확인서를 첨부합니다)

처리절차

신고서 작성	⇨	접 수	⇨	검 토	⇨	결 재	⇨	완 료
신고인		시·군·구 (부동산중개업 담당 부서)		시·군·구 (부동산중개업 담당 부서)		시·군·구 (부동산중개업 담당 부서)		시·군·구 (부동산중개업 담당 부서)

중개계약 및 부동산거래정보사업자

---

01 **일반중개계약**

> **법 제22조**: 중개의뢰인은 중개의뢰내용을 명확하게 하기 위하여 필요한 경우에는 개업공인중개사에게 '일반중개계약서'의 **작성을 요청할 수 있다**(임의규정).

(1) **의 의**

① 중개의뢰인이 다수의 개업공인중개사에게 매매, 임대차 등을 청약을 하고, 이에 개업공인중개사가 이를 승낙함으로써 성립되는 **중개계약**(법률행위)을 말한다.

② **국민이 가장 많이 이용**하는 계약 형태이며, 중개실무의 **출발점**이다.

(2) **법적 성격**: 임의규정이다.

① 일반중개계약서인 법정표준서식이 **현재 제정되어 있다.**

② 개업공인중개사는 법정표준서식을 **사용할 의무는 없다**(재량).

③ 개업공인중개사는 법정표준서식을 2부를 작성하여 중개의뢰인 일방에 교부한다. 개업공인중개사는 이를 보관하여야 한다. ⇨ **다만, 주의 할 것은 보관기간에 대한 명확한 법 규정이 없다.**

④ 개업공인중개사는 중개의뢰인의 일반중개계약서 작성요청을 수락할 의무는 없다.

⑤ 개업공인중개사가 일반중개계약을 체결하고 거래정보망 등에 중개대상물 정보를 **공개할 의무는 없다**. 다만, 거래정보망 등에 공개한 후에 거래계약이 체결된 경우, 이를 거래정보사업자에 **통보(삭제)하여야 한다.**

⑥ **중개의뢰인의 기재요청시 기재해야 할 법정사항** 〈물.가.수.준〉

> ㉠ 중개대상물의 위치 및 규모
> ㉡ 거래예정가격
> ㉢ 거래예정가격에 대하여 중개보수
> ㉣ 그 밖에 개업공인중개사와 중개의뢰인이 준수하여야 할 사항

⑦ **유효기간**: 약정이 우선이고 약정이 없으면 **3개월을 원칙**으로 한다.

⑧ **개업공인중개사만** 서명 또는 날인 의무가 있다. 다만, 소속공인중개사는 서명 또는 날인할 의무가 없다.

02 전속중개계약

(1) 의 의

특정한 개업공인중개사와 중개의뢰인 간에 체결한 중개계약 형태이다.

(2) 특 징

① 중개의뢰인은 **특정한 개업공인중개사**를 정하여 그 개업공인중개사에 한하여 당해 중개대상물을 중개하도록 하는 전속중개계약을 **체결할 수 있다**(임의 규정).

② 개업공인중개사는 전속중개계약을 체결하고자 하는 때에는 **"표준계약서"를 사용하여야 한다.** 또한 이를 3년 동안 보존하여야 한다(위반: 업무정지).

③ **부동산거래정보망 또는 일간신문**에 당해 중개대상물에 관한 정보를 공개하여야 한다. 다만, 중개의뢰인이 **비공개를 요청**한 경우에는 이를 공개하여서는 아니 된다.

> ㉠ **부동산거래정보망이나 일간신문** 중에 선택하여 공개하면 되고, **둘 다에 공개할 의무는 없다.**
> ㉡ **7일 이내**에 공개하여야 한다. 다만, 중개의뢰인이 **비공개를 요청**한 경우에는 이를 공개하여서는 아니 된다(위반: 임의적 등록취소).

④ 매도 등 권리이전의뢰인 또는 매수 등 권리취득의뢰인과도 각각 체결할 수 있다.

(3) 당사자의 법적 의무

① 개업공인중개사 의무

> ㉠ **법정표준서식을 반드시 사용하여 한다. 2부 작성하여 일방에 교부, 3년간 보존**
> ※ 법정표준서식에 **정해진 사항에 대해서는 달리 약정할 수 없다.**
> ㉡ **2주일에 1회 이상** 업무처리상황을 의뢰인에게 **서면(문서)으로 통지**
> ㉢ 중개대상물 정보를 **7일 이내**에 일간신문 **또는** 부동산거래정보망에 공개
> ㉣ 정보공개 후 지체 없이 의뢰인에 **서면(문서) 통지**
> ㉤ 개업공인중개사는 **성명, 상호, 생년월일,** 주소(체류지), 등록번호, 전화번호 등을 기재하고 **서명 또는 날인**하여야 한다. ※ **소속공인중개사는 의무가 없다.**

② **공개하여야 할 중개대상물의 내용**

〈물.벽.수.도 - 공.공 - 소.금〉

1. 중개대상물의 종류, 소재지, 지목 및 면적, 건축물의 용도·구조 및 건축연도 등 중개대상(물)을 특정하기 위하여 필요한 사항
2. (벽)면 및 도배의 상태
3. (수)도·전기·가스·소방·열공급·승강기 설비, 오수·폐수·쓰레기 처리시설 등의 상태
4. (도)로 및 대중교통수단과의 연계성, 시장·학교 등과의 근접성, 지형 등 입지조건, 일조·소음·진동 등 환경조건
5. (공)법상의 이용제한 및 거래규제에 관한 사항
6. 중개대상물의 (공)시지가
   ※ 다만, 임대차의 경우에는 공시지가를 공개하지 아니할 수 있다.
7. (소)유권·전세권·저당권·임차권 등 중개대상물의 권리관계에 관한 사항
   ※ 다만, 각 권리자의 주소·성명 등 인적 사항은 공개하여서는 아니 된다.
8. 중개대상물의 거래예정(금)액

③ **중개의뢰인의 의무**

1. 위약금지급 의무(※ **중개보수의 전액**)
   ① 유효기간 내에 다른 개업공인중개사에 의뢰하여 거래계약 체결된 경우
   ② 유효기간 내에 전속 개업공인중개사가 소개한 상대방과 둘이서 직접거래 계약 체결한 경우
2. 비용지급 의무(※ **중개보수의** 50% **내**)
   ① 유효기간 내에 의뢰인 **스스로 발견**한 상대방과 거래한 경우
   ② 개업공인중개사가 지불한 비용 중에서 **중개보수의** 50% **금액의 범위에서 사회통념상의 상당한 비용**을 지불하여야 한다.

▪ **일반중개계약서와 전속중개계약서 내용 비교**

구 분	일반 중개계약서 (권장서식)	전속 중개계약서 (강제서식)
의뢰내용	매도·매수·임대·임차·기타	
1. 개·공의 권리의무	거래계약이 조속히 이루어지도록 성실·노력할 의무	① 7일 이내 정보공개 및 공개사항 서면통지 의무 단, 비공개요청시 공개(×) ② 2주일에 1회 이상 업무처리상황 문서 통지의무 ③ 중개대상물에 관한 확인·설명의무를 성실하게 이행하여야 한다.

2. 의뢰인의 권리의무	다른 개업공인중개사에게도 중개를 의뢰할 수 있음.	① 위약금(중개보수전액)지불 – 다른 개·공과 거래, 또는 소개한 상대방과 직거래 ② 비용 지불(중개보수의 50% 범위 – 의뢰인 스스로 거래
※ 협조 의무	개업공인중개사가 중개대상물의 확인·설명의무를 이행하는 데 의뢰인은 협조 의무가 있다.	
3. 유효기간	3개월을 원칙으로 하되 별도의 약정이 있으면 **약정이 우선한다.**	
4. 중개 보수	거래가액의 ( )% 또는 (원)지급(단, 법정보수 범위 초과수수 금지, 실비는 별도 지급한다)	
5. 손해 배상	① 중개보수 또는 실비의 과다수령 ⇨ 차액환급(전액환급 ×) ② 확인·설명을 소홀히 하여 **재산상 피해발생** ⇨ 손해액 배상책임	
6. 기타 약정	이 계약에 정하지 아니한 사항에 대해서는 합의하여 별도로 정할 수 있다. **※ 이 계약에 정해진 사항에 대해서는 달리 약정할 수 없다.**	
7. 법적 성격	2통 작성 – 1통씩 보관(단, **일반중개계약서 – 보관기간 없다.** / 전속중개계약서 – 3년 보존한다.)	
8. 서명 또는 날인	– 중개의뢰인의 주소(체류지), 성명, 생년월일, 전화번호 – **개업공인중개사의 성명, 상호, 생년월일,** 주소(체류지), 등록번호, 전화번호 등	

OX 전속중개계약의 경우, 중개의뢰인이 비공개를 요청한 경우에는 이를 공개해서 아니 되며 이를 위반시에는 임의적 등록취소 사유에 해당된다. (○)

Ⅰ. 권리이전용(매도·임대 등)
1. 소유자 및 등기명의인 – 성명, 주민번호(외국번호), 주소
2. 중개대상물 표시
  (1) 건물: 소재지, 건축연도, 면적, 구조, 용도(방향 ×)
  (2) 토지: 소재지, 지목, 면적, 지구·지역, 현재 용도
  (3) 은행융자, 권리금, 제세공과금 등(또는 월임대료, 보증금, 관리비용)
3. 권리관계   4. 거래규제 및 공법상 제한사항
5. 중개의뢰가액   6. 기타

Ⅱ. 권리취득용(매수·임차 등)
1. 희망물건의 종류   2. 취득희망금액   3. 희망지역   4. 그 밖의 희망조건

첨부서류	중개보수 요율표 ※ 요율 내용을 요약 수록 또는 별지로 첨부

OX 일반중개계약서와 전속중개계약서에 개업공인중개사는 성명, 상호, 생년월일, 주소(체류지), 등록번호, 전화번호 등을 기재하고 서명 또는 날인하여야 한다. (○)
※ 소속공인중개사는 의무가 없다.

::**참고**| 보충

> ① 일반중개계약서와 전속중개계약서의 **공통 및 차이점**
> 법정서식의 **권리·의무부분**(1. 2)**만 차이**가 있고, 나머지 협조의무 부터는 내용이 동일하다.
> ② 권리이전용(매도, 임대)의 기재사항: ㉠ 소유자 및 등기명의인, ㉡ 중개대상물 표시, ㉢ 권리관계, ㉣ 거래규제 및 공법상 제한사항, ㉤ 중개의뢰가액, ㉥ 기타
> ③ 권리취득용(매수, 임차)의 기재사항: ㉠ 희망물건의 종류, ㉡ 취득희망금액, ㉢ 희망지역, ㉣ 그 밖의 희망조건
> ④ 소속공인중개사는 서명 또는 날인 의무가 없다.

---

03 | 부동산거래정보망

(1) 부동산거래정보망의 의의 및 특징

① 부동산거래정보망이라 함은 **개업공인중개사 상호 간**에 중개대상물의 중개에 관한 정보교환체계이다. ⇨ 일반인, 의뢰인, 무등록업자 등은 이용 불가

② 「공인중개사법」상 거래정보망은 **국토교부장관에 지정받은** 거래정보망사업자를 말한다. ※ 「공인중개사법」은 사설정보망 운영을 금지하는 규정이 없다.

③ **국토교통부장관: 지정권자, 지도·감독권자, 청문권자, 지정 취소권자, 과태료 부과·징수권자이다.**

④ 개인 개업공인중개사, 일반인, 법인사업자는 사업 운영이 모두 가능하다.
   ※ **단, 법인인 개업공인중개사는 겸업의 제한에 걸려서 사업이 불가하다.**

⑤ **거래정보망 가입**: 개업공인중개사는 다수의 거래정보망에 가입이 가능하고, 일반·전속중개계약을 체결한 개업공인중개사도 모두 이용이 가능하다.

> ㉠ 일반중개계약: 거래정보망에 정보의 공개 여부는 '재량'이나, 만약, 거래정보망에 정보를 공개한 경우는 정보사업자에게 '통보'는 의무이다.
> ㉡ 전속중개계약: 중개대상물 정보의 공개시에 일간신문 또는 해당 **거래정보망의 이용과 거래계약체결 후 정보사업자에게 통보는 모두 의무이다.**

⑥ **공인중개사협회**가 현재 국토교통부장관의 지정을 받아 운영 중이다.

⑵ **지정신청의 절차**

국토교통부장관은 **지정신청을 받은 날부터** 30일 **이내**에 지정기준에 적합하면 거래정보사업자로 **지정하고, 지정서**를 교부하여야 한다.

① **지정요건**

> ㉠ **부가통신사업자**로 신고한 자
> ㉡ 당해 부동산거래정보망의 가입·이용신청을 한 **개업공인중개사 수가** 500인 **이상**이고, 2개 **이상의 시·도**에서 **각** 30인 **이상**의 개업공인중개사가 가입·이용신청을 할 것
> ㉢ 정보처리기사 1인 **이상** 확보
> ㉣ **공인중개사** 1인 이상 확보
> ㉤ **국토교통부장관**이 정하는 용량 및 성능을 갖춘 **컴퓨터 설비**를 확보할 것

② **신청 구비서류**

> ㉠ 신청서
> ㉡ 500명 이상의 개업공인중개사로부터 받은 부동산거래정보망가입·이용신청서 및 그 개업공인중개사의 **중개사무소 등록증 사본**
> ㉢ 정보처리기사 자격증 **사본**
> ㉣ 공인중개사 **자격증 사본**
> ㉤ 주된 컴퓨터의 용량 및 성능 등을 확인할 수 있는 서류
> ㉥ 부가통신사업신고서를 제출하였음을 확인할 수 있는 서류

③ **지정 및 지정서 교부**: 다음의 사항을 거래정보사업자지정대장에 기재한 후에 거래정보사업자 지정서를 교부하여야 한다.

> ㉠ 지정번호 및 지정연월일
> ㉡ 상호 또는 명칭 및 대표자의 성명
> ㉢ 사무소의 소재지
> ㉣ 주된 컴퓨터설비의 내역
> ㉤ 전문자격자의 보유에 관한 사항

OX 지정을 받기 위해서는 개업공인중개사 수가 600인 이상이고, 2개 이상의 시·도에서 각 30인 이상의 개업공인중개사가 가입·이용신청을 하여야 한다. (×)

OX 국토교통부장관은 지정신청을 받은 날부터 **3개월** 이내에 지정기준에 적합하면 거래정보사업자로 지정하고, 지정서를 교부하여야 한다. (×)

OX 지정서류로는 개업공인중개사로부터 받은 부동산거래정보망가입·이용신청서 및 그 개업공인중개사의 중개사무소 등록증 원본을 제출하여야 한다. (×)

(3) 운영규정 승인 및 설치 운영

① 거래정보사업자는 **지정을 받은 날로부터 3개월 이내**에 운영규정을 정하여 국토부장관의 **승인**받아야 한다. ※ "변경"의 경우도 동일

참고 | 운영규정에 정할 내용

> ㉠ 부동산거래정보망에의 등록절차
> ㉡ 자료의 제공 및 이용방법에 관한 사항
> ㉢ 가입자에 대한 회비 및 그 징수에 관한 사항
> ㉣ 거래정보사업자 및 가입자의 권리·의무에 관한 사항
> ㉤ 그 밖에 부동산거래정보망의 이용에 관하여 필요한 사항

② 거래정보사업자는 **지정을 받은 날부터 1년 이내**에 **설치·운영**하여야 한다.

참고 | 지정 및 기간

> ※ 지정신청 ⇨ 검토 및 지정서 교부(30일)
> ※ 지정   ⇨ 3개월 이내 운영규정 제정, 승인
> ※ 지정   ⇨ 1년 이내 설치, 운영

(4) 거래정보망 이용과정

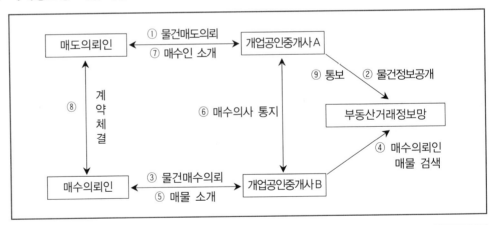

> ① 매도자와 (A)개·공이 중개계약 ⇨ ② (A)개·공은 정보망에 정보공개 ⇨
> ③ 매수자와 (B)개·공이 중개계약 ⇨ ④ (B)개·공은 정보망에서 매물검색 ⇨
> ⑤ (B)개·공은 매수자에 매물소개 ⇨ ⑥ (B)개·공은 (A)개·공에게 매수자 있음 통지 ⇨
> ⑦ (A)개·공은 매도자에 매수자 있음 통지 ⇨ ⑧ 매도자와 매수자 간에 거래계약체결 ⇨
> ⑨ (A)개·공은 지체 없이 정보사업자 통지

(5) 지정취소 사유 〈거.운.정.해.일(1년)〉

국토교통부장관은 거래정보사업자가 다음의 경우에는 그 지정을 **취소할 수 있다.**

※ **지정취소처분시에** ④는 청문을 생략한다.

① **거짓** 기타 부정한 방법으로 지정을 받은 때
② **운영**규정의 승인 또는 변경승인을 받지 아니하거나, 운영규정의 내용에 위반
   ※ 병과: 과태료 500만원 이하에도 해당된다.
③ **정보공개** 의무 위반한 때 ※ 병과: 1년 징 – 1천 벌금에도 해당된다.
④ 개인인 거래정보사업자의 사망 또는 법인사업자 **해산**
⑤ 지정을 받은 날부터 **1년** 이내에 설치·운영하지 아니한 때

(6) 거래정보사업자와 개업공인중개사에 대한 제재

구 분	의무 사항	위반제재
거래 정보사업자	① **개업공인중개사로부터** 의뢰받은 정보에 한해 공개할 것 ② 의뢰받은 내용과 **다르게** 공개하지 말 것 ③ 개업공인중개사에 따라 **차별적**으로 공개하지 말 것	지정취소와 1년 징역 – 1천만원 벌금
개업 공인중개사	① 정보를 거짓으로 공개하지 말 것 ② 거래완성시 지체 없이 거래사실을 거래정보사업자에게 통보할 것	업무정지

개업공인중개사 등의 업무상 의무

01 개업공인중개사 등의 기본윤리 의무

1 공정한 업무처리 등

> **제29조【개업공인중개사 등의 기본윤리】** ① 개업공인중개사 및 소속공인중개사는 / 전문직업인으로서의 / 품위를 유지하고 / 신의와 성실로써 / 공정하게 중개관련 업무를 수행 / 하여야 한다.

① **개업공인중개사 및 소속공인중개사는** 품위를 유지의무, 신의와 성실로써 공정하게 중개관련 업무를 수행하여야 할 의무가 있다.

② 중개보조원은 ①의 의무가 없다.

③ **선량한 관리자의 주의의무** ⇨ 「공인중개사법」에 **규정이 없다**(판례가 민법 준용함).

> ㉠ 개업공인중개사는 매도자가 진정한 처분권자인지 선량한 관리자의 주의와 신의·성실로서 **부동산등기부와 주민등록증, 등기권리증** 등으로 확인·조사할 의무가 있다.
> ㉡ 개업공인중개사는 **전대차에 대하여 원임대인이 승낙이나 동의를 하였는지** 여부와 전대차 기간 등 하자가 없는지 여부를 **선량한 관리자의 주의로서** 확인 및 설명하여야 한다.
> ㉢ 개업공인중개사가 **실제의 피담보채무액에** 관한 그릇된 정보를 제대로 확인하지도 않은 채 **의뢰인에게 그대로 전달**하여 피해가 발생하였다면, **선량한 관리자의 주의로** 신의를 지켜 성실하게 중개행위를 하여야 할 의무에 위반된다.
> ㉣ **중개계약은 「민법」상 위임유사 계약**으로서 개업공인중개사는 중개의뢰계약의 본 취지에 따라 중개업무를 처리할 **선량한 관리자의 주의** 의무가 있다.

② 개업공인중개사 등의 비밀 준수의무

(1) 비밀준수의무의 의의

① 개업공인중개사 등이라 함은 개업공인중개사의 소속공인중개사, 중개보조원, 법인의 사원, 임원 **모두는 직무상 지득한 비밀**을 누설해서는 안 된다.

② 현직 **종사 및 퇴직 후**에도 지켜야 한다.

(2) 예외(사익보다는 공익이 클 때)

① **다른 법률에서 규정**: 법정에서 증언을 해야 하는 경우, 수사기관에서 심문(참고인조사)을 받는 경우, 의뢰인의 승낙이 있는 경우

② **「공인중개사법」**: 중개대상물을 조사·확인하여 **설명할 의무나 공정중개 의무**는 의뢰인에 대한 **비밀준수의무보다 법익이 더 큼으로** 비밀을 말해도 법 위반이 아니다.

(3) 의무 위반에 대한 제재

> ① 피해자가 그 처벌을 원하지 않는다는 의사표시를 한 경우에 가해자를 처벌할 수 없는 **반의사불벌죄이다.**
> ② 제재: 1년 이하의 징역 또는 1천만원 이하의 벌금형이다.

---

02 | 개업공인중개사 등의 법 제33조의 금지의무

① 적용대상

(1) 법 제33조 제1항

'개업공인중개사 등'으로서 개업공인중개사, 소속공인중개사 및 중개보조원, 법인의 사원·임원 등 중개업무에 종사자하는 자가 대상이다. ※ 일반인 등은 적용되지 않는다.

> **참고** | 일반인이 "입주자저축증서 등"의 매매를 알선한 행위를 한 경우는 공인중개사법이 아닌 **「주택법」**에 의하여 처벌을 받게 된다.

(2) 법 제33조 제2항(누구나 ~)

원칙적으로 개업공인중개사 등의 중개업무를 방해하는 무등록업자나 일반인들을 단속·규제하기 위한 것이나 개업공인중개사나 소속공인중개사가 다른 개업공인중개사 등의 업무를 방해하는 경우도 포함된다.

2 금지행위의 내용

(1) 법 제33조 제1항의 금지행위 〈기.수.매.력 - 관.직.쌍.투.시.체〉

"개업공인중개사 등은 다음의 행위를 하여서는 아니 된다."

1) **(기)망(欺罔) 금지** : 중개대상물의 거래상의 중요사항에 관하여 거짓된 언행 기타의 방법으로 판단을 그르치게 하는 행위는 금지된다.

① **중개대상물의 중요사항** : 중대한 중개대상물의 법적·물리적 하자 등을 말한다.

② **기타 기망행위**로는 다음과 같다.

> ㉠ 매도인의 의뢰가격을 숨기고 상당히 **높은 가격으로 매도하고 차액 취득**
> ㉡ **개발제한 구역**으로 편입된 임야라서 매매가 어려움에도 곧바로 비싼 가격에 전매 할 수 있다고 기망한 경우
> ㉢ **미확정개발계획**을 확정된 것처럼 유포한 경우
> ㉣ 매도인과 개업공인중개사가 **담합**하여 매수인을 착오에 **빠뜨려** 비싼 가격에 매수하게 한 경우
> ㉤ 매도의뢰를 받지 않은 부동산을 매수하라고 기망(欺罔)하여 소유자에게 매매대금을 전달한다는 명목으로 **거래금액을 편취**한 행위(판례)
> ㉥ **소송사실 은닉, 도로 맹지, 공법상 규제, 권리관계, 물건의 중대 하자** 등을 속이는 경우
>> **참고** 기망의 성립에 반드시 중개의뢰인의 손해가 현실적으로 발생하여야 하는 것은 아니다.

2) **중개보(수) 초과 금지** : 법정보수 또는 실비를 사례, 증여, **기타 어떤 명목으로도 초과하여 금품**을 받는 행위는 금지된다.

> ① "금품"이므로 중개보수 또는 실비 외에 **고가의 골동품 등도** 수령해서는 안 된다.
> ② 중개보수를 **할인, 면제, 무상**은 금지행위가 아니다.
> ③ 순가중개계약 자체는 법상 금지행위는 아니나, **초과 수수한 경우에만** 금지행위에 해당된다.
> ④ 개업공인중개사가 중개의뢰인과 **합의 또는 사례, 수고비** 등의 명목으로 초과수수한 경우도 금지행위에 해당한다.
> ⑤ 중개의뢰인 간에 **쌍방 합의**로 일방이 중개보수 전액을 지급하더라도 법정보수 내이면 위반이 아니다.
> ⑥ 중개의뢰인으로부터 보수 등의 명목으로 **한도를 초과하는 액면금액의 당좌수표**를 교부 받았다가 사후에 **부도 또는** 중개의뢰인에게 **반환**된 경우에도 금지행위에 해당된다.
> ⑦ 중개보수 규정은 강행법규에 속하는 것으로서 최고액을 **초과하는 약정 부분은 무효**이며, 초과하여 수령한 것은 **부당이득이므로 반환**해야 한다.

OX 금지행위 제2항은 "누구나 처벌 대상"이므로 일반인을 비롯하여 개업공인중개사나 소속공인중개사가 다른 개업공인중개사 등의 업무를 방해하는 경우에도 포함된다. (○)

OX 개업공인중개사 등이 입주자저축증서를 중개 또는 매매를 업으로 하는 것은 금지된다. (○)

3) (매)매업 금지 : '중개대상물의 매매를 업'으로 하여서는 아니 된다.

> ① **중개대상물**(토지, 건축물, 입목, 공장 및 광업재단)의 **매매업이 금지된다.**
> ② **임대업**은 가능하다. ※ 단, 법인인 개업공인중개사는 불가하다.
> ③ 거주목적이나 중개사무소 활용 목적으로 **1회성 건물 매매**는 가능하다.
>   ※ 단, 중개의뢰인과 직접거래 형태로 매매는 불가하다.
> ④ 단지 내 구분소유 상가를 **통매입하여** 개별적으로 분양, 판매는 매매업에 해당된다.
> ⑤ 건물을 신축한지 불과 3개월 여 만에 그 건물의 각 층 전부를 다른 사람에게 양도하고 자신은 일부도 사용하지 않은 경우에도 **매매업**으로 인정하고 있다.
> ⑥ 약 8년 사이에 12회에 걸쳐 부동산을 취득하고, 약 4개월 내지 1년 5개월로서 비교적 단기간만 보유하다가 5회에 걸쳐 양도한 경우는 **매매업**에 해당된다.

※ 매매를 '업'으로 하였는지는 매매행위가 그 태양이나 규모, 횟수, 보유기간 등에 비추어 사회통념상 사업활동으로 볼 수 있을 정도의 계속성·반복성·영리성이 있을 경우에 해당한다.

4) 협(력)행위 금지 : 등록을 하지 아니하고 중개업을 영위하는 자(**무등록업자**)인 사실을 **알면서** 그를 통하여 **중개를 의뢰**받거나 그에게 **자기의 명의**를 이용하게 하는 행위는 금지된다.

> ① 무등록업자라는 사실을 **모르고(과실)**한 협력행위는 금지행위가 아니다.
> ② 제 재
>   ㉠ 개업공인중개사는 1년 이하의 징역 또는 1천만원 이하의 벌금
>   ㉡ 무등록업자는 3년 이하의 징역 또는 3천만원 이하의 벌금형에 해당된다.

※ 1호~4호(기.수.매.력) : 1년 이하의 징역 또는 1천만원 이하의 벌금형에 해당한다.

5) (관)련증서의 중개 등 금지 : 부동산의 분양·임대 등과 관련 있는 증서 등의 매매·교환 등을 중개 또는 매매를 업으로 해서는 아니 된다.

① 분양·임대 등과 관련 있는 증서(「주택법」 제65조)
   ㉠ 입주자저축증서(주택청약예금, 청약저축통장, 주택상환사채, 시장·군수·구청장이 발행한 무허가건물 확인서, 건물철거예정증명서 또는 건물철거확인서, 이주대책 대상자확인서) 등이 있다.
   ㉡ 개업공인중개사 등은 ㉠의 증서를 **중개 또는 매매를 업**으로 하는 것은 금지된다.

② 분양·임대 등과 관련 있는 증서가 아닌 것 ⇨ 따라서 중개대상물이다.

> ㉠ **아파트당첨권(분양권)**은 관련증서에 해당하지 않는다.
> ㉡ **상가분양계약서**는 상가의 매매계약서일 뿐 "관련증서"에 해당하지 않는다.
> ㉢ 「도시 및 주거환경정비법」상에 관리처분계획의 인가로 인하여 취득한 "**입주자로 선정된 지위**"인 입주권은 관련증서에 해당하지 않는다.

주의 아파트의 "분양예정자로 선정될 수 있는 지위"를 가리키는 데에 불과한 입주권은 **관련증서에 해당되어 중개할 수 없다.**

6) (직)접거래 · (쌍)방대리 금지 : 중개의뢰인과 **직접거래**를 하거나 거래당사자 **쌍방 대리** 금지된다.

① **직접거래**(중개의뢰인과 개업공인중개 등이 거래계약체결)

ㄱ 해당되는 경우

> ⓐ 직접거래는 「민법」과는 달리 본인의 **동의**를 얻어도 할 수 없다.
>
> ⓑ 직접거래의 중개의뢰인에는 **대리인**, 사무처리를 위탁받은 **수임인** 등도 포함된다.
>
> ⓒ 직접거래는 **단, 1회도 허용되지 않는다.**
>
> ⓓ 매매 등 **모든 거래**를 허용되지 않는다.
>
> ⓔ 개업공인중개사가 중개의뢰인의 부동산을 타인과 **공동매입**한 경우도 포함

ㄴ 해당되지 않는 경우

> ⓐ 개업공인중개사가 매도인으로부터 매도 중개 의뢰를 받은 **다른 개업공인중개사의 중개로 부동산**을 매수하여 매수중개 의뢰를 받은 또 다른 개업공인중개사의 중개로 매도한 경우는 해당하지 아니한다.
>
> ⓑ 개업공인중개사가 자기 이름으로 분양을 받아 **다른 개업공인중개사의 중개**를 통하여 다른 사람에게 매매 한다면 직접거래에 해당되지 않는다.
>
> ⓒ 개업공인중개사가 **자신의 소유가 아닌 배우자나 친척 소유 부동산**의 매각을 중개한 경우에도 직접거래에 포함되지 않는다.
>
> **주의** 부부 공동소유가 아닌 부부 간 별개의 재산의 경우
>
> ⓓ 중개의뢰인의 직접의뢰가 아닌 **생활정보지, 일간신문** 등에 게재된 공개매각 정보를 우연히 알고 1회성으로 매입한 경우는 **직접거래로 볼 수 없다.**

판례

1. 전세계약서상 명의자는 남편이지만, 이들은 **부부관계로서 경제적 공동체 관계**이고, 개업공인중개사가 해당 아파트에 실제로 거주했으며, 자신이 직접 시세보다 저렴한 금액으로 임차하는 이익을 얻었기에 직접거래에 해당된다(판례).

2. 개업공인중개사 **자신의 비용으로 토지를 택지로 조성하여 분할**한 다음 **타에 매도**하되 토지의 소유자에게는 확정적인 금원을 지급하고 그로 인한 손익은 개업공인중개사에게 귀속시키기로 하는 약정을 한 경우 — 이는 중개계약의 상대방으로 볼 수 없다(**위임 및 도급계약 복합 성질**). 따라서, 직접거래의 상대방인 의뢰인으로도, 수익이 과다한 경우에 이는 중개보수 초과(중개업이 아님)로도 볼 수 없다(판례). ※ 즉, 중개계약이 아니므로 **직접거래도 중개보수 초과수로도 볼 수 없으므로** 금지행위 위반이 아니다.

② **쌍방대리 금지**

> ㉠ 「민법」(본인 동의 있으면 가능)과는 달리, 쌍방의 **동의가 있어도** 금지행위가 된다.
> ㉡ 중개의뢰인의 일방만을 대리하는 **일방대리**는 가능하다.
> ㉢ **거래계약체결 영역**은 금지행위에 포함되나, **이행행위(중도금, 잔금 등) 영역**은 쌍방대리 가능하다.

7) **(투)기조장 행위 금지** : 탈세를 **목적**으로 소유권 보존등기 또는 이전등기를 하지 아니한 부동산이나 관계법에서 전매금지를 중개하는 등의 **투기를 조장하는 행위는 금지된다.**

① **투기조장 행위의 2가지 유형**

㉠ 탈세 등 관계법 위반을 목적으로 미등기 전매 중개행위 : 탈세를 목적으로 미등기 전매, 즉 중간생략등기 절차에 의한 전매 중개행위는 금지된다.

> 개업공인중개사가 단기전매 차익을 얻을 목적으로 중개의뢰인의 미등기 전매를 중개한 경우 결과적으로 중개의뢰인이 **전매차익을 얻지 못했다 하더라도** 이는 투기조장행위에 해당된다.

㉡ 관련 법상 전매제한 등 권리변동을 중개하는 행위 : 주택법 및 기타 관련 법령에 의해 양도 등이 제한된 부동산의 매매행위 등을 의미하는 행위(예 **「주택법」상 투기과열지구**에서의 분양권 전매 금지기간 중에 중개를 하거나 임대주택법의 적용을 받는 임대주택을 다른 사람에게 양도 또는 전대를 중개하는 행위)는 금지된다.

8) **(시)세조작 행위금지** : 가장계약, 즉 부당한 이익 또는 제3자에게 부당한 이익을 얻게 할 목적으로 거짓으로 거래가 완료된 것처럼 꾸미는 등 **시세에 부당한 영향을 주거나 줄 우려 행위는 금지된다.**

9) **불법단(체) 금지** : 단체를 **구성**하여 특정 중개대상물에 대하여 중개를 **제한**하거나 단체 구성원 이외의 자와 **공동중개를 제한하는 행위는 금지된다.**

참고 | 5호~9호(**관.직.쌍.투.시.체**) : 3년 이하의 징역 또는 3천만원 이하의 벌금에 해당된다.

(2) **법 제33조 제2항의 금지행위(방)**

"**누구든지** 시세에 부당한 영향을 줄 목적으로 다음 어느 하나의 방법으로 **개업공인중개사 등의 업무를 방해**해서는 아니 된다." ※ **일반인과 개업공인중개사 등 포함**

1. 안내문, 온라인 커뮤니티 등을 이용하여 **특정 개업공인중개사 등에 대한 중개의뢰를 제한하거나 제한**을 유도하는 행위
2. 안내문, 온라인 커뮤니티 등을 이용하여 중개대상물에 대하여 시세보다 현저하게 높게 표시·광고 또는 중개하는 **특정 개업공인중개사 등에게만 중개의뢰**를 하도록 유도함(다른 개·공 등을 차별하는 행위).

OX 거래계약체결 영역은 금지행위에 포함되나, 이행행위(중도금, 잔금 등) 영역은 쌍방대리 가능하다. (○)

주의 중개의뢰인이 부동산을 단기 전매하여 세금을 포탈하려는 것을 알고도 개업공인중개사가 이에 동조하여 그 전매를 중개한 행위는 금지행위이다.
※ 전매차익을 얻지 못했다 하더라도 이는 투기조장행위에 해당하여 금지행위 위반이 된다.

OX 제3자에게 부당한 이익을 얻게 할 목적으로 거짓으로 거래가 완료된 것처럼 꾸미는 등 중개대상물의 시세에 부당한 영향을 줄 우려가 있는 행위는 금지행위이다. (○)

OX 단체를 구성하여 단체 구성원 이외의 자와 공동중개를 제한하는 행위는 금지행위이다. (○)

OX 금지행위에 위반하여도 거래당사자 간의 계약의 효력이 당연히 무효로 되는 것은 아니다. (○)

OX 탈세 등 관계 법령을 위반할 목적으로 미등기 부동산의 매매를 중개하여 부동산투기를 조장하는 행위는 금지행위에 해당한다. (○)

OX 금지행위를 위반 한 경우에 개업공인중개사는 등록이 취소될 수 있으며, 소속공인중개사는 자격이 정지될 수 있다. (○)

3. 안내문, 온라인 커뮤니티 등을 이용하여 **특정 가격 이하로 중개를 의뢰**하지 아니하도록 유도하는 행위(최저가격 통제)
4. 중개대상물에 대한 **정당한 표시·광고 행위를 방해**하는 행위
5. 중개대상물을 **시세보다 현저하게 높게 표시·광고하도록 강요하거나 대가를 약속**하고 시세보다 현저하게 높게 표시·광고하도록 유도하는 행위

⇨ 제재 : 3년 이하의 징역 또는 3천만원 이하의 벌금형에 해당된다.

참고 〈시.체.방〉: 위반행위를 신고한 경우는 포상금 지급사유에 해당된다.

3 위반의 효과

(1) 거래계약이 무효, 취소, 해제되지 않는 한 당연히 **보수청구권이 소멸되지 않는다.**

(2) 거래당사자 간의 거래**계약의 효력이 당연히 무효로 되는 것은 아니다.**

OX 개업공인중개사가 중개를 의뢰받은 경우 중개대상물에 대한 확인·설명은 중개가 완성된 후에 하여야 한다. (×)

4 제재

금지행위(법 제33조)	행정처분	행정형벌
〈기.수.매.력〉 1호: 기망 – 중요한 사항 속임 2호: 보수 또는 실비 초과수수 3호: 매매를 업 4호: 무등록업자와 협력 행위	※ 임의적 등록취소 또는 업무정지 ※ 소속공인중개사: 자격정지	1년 이하의 징역 또는 1천만원 이하의 벌금
〈관.직.쌍.투.시.체〉 5호: 관련증서(분양·임대) 등 6호: 직거래 또는 쌍방대리 7호: 투기조장행위 등 8호: 시세에 조작행위 9호: 단체를 구성(불법단체)	※ 임의적 등록취소 또는 업무정지 ※ 소속공인중개사: 자격정지	3년 이하의 징역 또는 3천만원 이하의 벌금
〈방〉 법 제2항: 개업공인중개사 등의 업무방해 행위~	※ 개·공 및 소·공: 행정처분(×) ※ 일반인: 행정처분(×)	3년 이하의 징역 또는 3천만원 이하의 벌금

OX 일반인이 안내문, 온라인 커뮤니티 등을 이용하여 특정 개업공인중개사 등에 대한 중개의뢰를 제한하거나 제한을 유도하는 행위는 금지행위에 위반하여 3년 이하의 징역 또는 3천만원 이하의 벌금형에 해당된다. (○)

03 개업공인중개사의 행위의무(작위의무)

1 중개대상물 확인·설명의무

> **법 제25조**: 개업공인중개사는 중개를 의뢰받은 경우에는 **중개가 완성되기 전에** 당해 중개대상물에 관한 **권리를 취득하고자 하는 중개의뢰인**에게 성실·정확하게 **설명**하고, 토지대장·등기사항증명서 등 설명의 근거자료를 제시하여야 한다.

(1) 확인·설명의무 내용

① **법적 의무자**: 개업공인중개사이다.

② **소속공인중개사도 중개대상물의 확인·설명 업무를 수행할 수 있다**(재량).

  ※ 다만, 법인인 개업공인중개사에 소속된 공인중개사가 아닌 사원 또는 임원이나 중개보조원은 확인·설명을 할 수 없다.

③ **상대방**: 권리취득의뢰인(매수인, 임차인 등)이다.

④ **시기**: 중개의뢰를 받은 때부터 ~ 거래계약체결까지(즉, 중개완성 전까지)

⑤ **제시할 서면**: 등기사항증명서(토지, 건물), 건축물관리대장, 토지이용계획·확인서, 지적도 등이다.

⑥ **설명 방법**: 개업공인중개사는 **성실·정확하게 구두로 설명**하고, 근거 서면을 제시하여야 한다.

  ※ 공적 서면만을 주거나, 서면 제시 없이 구두(×) ⇨ 과태료 500만원 이하

구 분	내 용	제 재
1. 확인·설명시(제시 서면)	등기사항증명서, 토지대장, 건축물대장, 토지이용계획확인서 등	과태료 500만원 이하
2. 중개사무소(게시 서면)	자격증, 등록증, 중개보수 및 실비표, 업무보증증서, 사업자등록증	과태료 100만원 이하

(2) 중개대상물 확인·설명할 사항 〈물.벽.수.도 - 공.소.금 - 실.세,주- 관.전.보〉

  ⇨ 다만, 제10호부터 제13호까지는 (주택임대차) 중개의 경우에만 적용한다.

1. 중개대상물의 종류·소재지·지번·지목·면적·용도·구조 및 건축연도 등 중개대상물에 관한 기본적인 사항
2. **벽면**·바닥면 및 도배의 상태
3. **수도**·전기·가스·소방·열공급·승강기 및 배수 등 시설물의 상태

4. **도로** 및 대중교통수단과의 연계성, 시장·학교와의 근접성 등 입지조건 일조·소음·진동 등 환경조건

5. 토지이용계획, **공법**상의 거래규제 및 이용제한에 관한 사항

6. **소유권**·전세권·저당권·지상권 및 임차권 등 중개대상물의 권리관계에 관한 사항

7. 거래예정**금액**

8. **중개보수 및** 실비의 금액과 그 산출내역

9. 권리를 **취득함에 따라 부담하여야 할 조세**의 종류 및 세율

주택 임대차 중개에만 해당	10. **주임법** – 임대인의 정보제시의무 및 보증금 중 일정액 보호사항
	11. **관리비** 금액과 그 산출 내역
	12. 주민법 – **전입**세대확인서의 열람 또는 교부에 관한 사항
	13. 민간임대주택인 경우에 임대보증금에 대한 **보증**에 관한 사항

▣ 〈보충〉 확인·설명 사항할 사항과 전속중개계약체결시 정보공개 사항 비교!

구분	중개대상물 확인·설명사항	전속중개시 공개할 사항 〈물.벽.수.도 / 공.공.소.금〉
①	중개대상물의 종류·소재지·지목·면적·구조·건축연도·등 당해 중개대상물에 관한 기본적인사항	중개대상물의 종류 소재지·지목·면적·구조·건축연도·등 당해 중개대상물을 특정하기 위하여 필요한 사항
②	벽면·바닥면 및 도배의 상태	**벽면** 및 도배의 상태
③	수도·전기·가스·소방·열공급·승강기 및 배수 등 시설물의 상태	수도·전기·가스·소방·열공급·승강기 설비·오수·폐수·쓰레기처리시설 등의 상태
④	도로 및 대중교통수단과의 연계성, 시장·학교 등과의 근접성 등 입지조건, 일조·소음·진동 등 환경조건	**도로** 및 대중교통수단과의 연계성, 시장·학교 등과의 근접성, 지형 등 입지조건, 일조·소음·진동 등 환경조건
⑤	토지이용계획, 공법상 이용제한 및 거래규제에 관한 사항	**공법상** 이용제한 및 거래규제에 관한 사항
⑥	×	공시지가(매매, 교환 등) 다만, **임대차의 공시지가(재량)**
⑦	소유권·전세권·저당권·지상권·임차권 등 당해 중개대상물에 대한 권리관계에 관한 사항	소유권·전세권·저당권·지상권·임차권 등 당해 중개대상물에 대한 권리관계에 관한 사항. **다만, 각 권리자의 주소·성명 등 인적사항에 관한 정보는 공개하여서는 아니 된다.**

⑧	거래예정금액	거래예정금액	
⑨	**중개보수 및 실비**의 금액과 그 산출내역		×
⑩	중개대상물에 대한 권리를 **취득함에 따른 조세의 종류 및 세율**		×
※	⑪ ~ ⑭는 주택임대차 중개만 해당함		×
⑪	**주임법**에 임대인의 정보제시 의무 및 보증금 중 일정액의 보호에 관한 사항		×
⑫	**관리비** 금액과 그 산출 내역		×
⑬	주민법에 따른 **전입**세대확인서의 열람 또는 교부에 관한 사항		×
⑭	임대보증금에 대한 **보증**에 관한 사항(민간 임대주택만)		×

∷참고┃ 전속중개계약의 특징(매번 출제)!

> ㉠ 각 권리자의 인적 사항을 공개해서는 안 된다.
> ㉡ **중개보수 및 실비**와 취득 관련 조세와 세율은 공개할 의무가 없다.
> ㉢ 중개의뢰인이 정보 비공개를 요청한 경우에는 공개해서는 아니 된다.
>   또한 계약체결 후 7일 이내 비공개한 경우 ⇨ 임의적 등록취소

※ 확인 · 설명할 사항 : **공시지가**를 설명할 의무는 없다.

┎판례┃

개업공인중개사의 확인 · 설명의무

① 개업공인중개사가 의뢰인에게 선순위의 확정일자를 갖춘 선순위 임차인의 존재를 확인 · 설명하지 아니한 채, 전세권만 설정하면 보증금을 확보할 수 있다고 잘못 설명하였는데, 해당 주택의 **경매로 선순위에 밀려 보증금을 전혀 배당받지 못한 경우** 손해배상책임이 있다.
② 임차목적물의 근저당권 설정 사실을 고지하지 아니한 개업공인중개사의 손해배상금액을 정함에 있어서 등기부를 열람하지 아니한 임차인에게도 과실이 인정되어 **과실상계를** 한다.
③ 개업공인중개사는 근저당이 설정된 경우에는 그 **채권최고액을 조사 · 확인하여 의뢰인에게 설명하면 족하고**, 실제의 피담보채무액까지 조사 · 확인하여 설명할 의무는 없다.
④ 개업공인중개사가 **현황을 측량**까지 하여 중개의뢰인에게 확인 · 설명할 의무는 없다.
⑤ 개업공인중개사의 확인 · 설명할 의무는 의뢰인이 **보수를 지급하지 아니하였다 하여** 소멸되는 것은 아니다.

[주의] 중개업무를 수행하는 소속공인중개사가 성실 · 정확하게 중개대상물의 확인 · 설명을 하지 않은 것은 소속공인중개사의 자격정지사유에 해당한다.

OX 개업공인중개사는 중개대상물건에 근저당이 설정된 경우에는 그 채권최고액을 조사 · 확인하여 의뢰인에게 설명하면 족하고, 실제의 피담보채무액까지 조사 · 확인하여 설명할 의무는 없다. (○)

OX 확인 · 설명서는 거래당사자 쌍방에 각 1부씩 교부하고, 개업공인중개사는 3년 동안 원본 · 사본 · 전자문서를 보관한다. 다만, 공인전자문서센터에 보관된 경우에는 그러하지 아니하다. (○)

OX 근저당권 설정 사실을 고지하지 아니한 개업공인중개사의 손해배상책임에 있어, 등기부를 열람하지 아니한 임차인의 과실에 대하여 배상금액을 정함에 있어서 과실상계한다. (○)

(3) 중개대상물 확인·설명서 작성 등

::참고| 중개대상물 확인·설명서 법정서식(자세한 내용은 제3편에서 후술한다)

> 1. 중개대상물 확인·설명서 [Ⅰ](주거용 건축물)
> 2. 중개대상물 확인·설명서 [Ⅱ](비주거용 건축물)
> 3. 중개대상물 확인·설명서 [Ⅲ](토지)
> 4. 중개대상물 확인·설명서 [Ⅳ](입목·광업재단·공장재단)

① 개업공인중개사는 중개가 완성되어 **거래계약을 작성하는 때**에는 확인·설명서 3부를 작성한다.

② 거래당사자 쌍방에 각 1부씩 교부하고, 개업공인중개사는 **3년 동안 원본·사본·전자문서**를 보관한다. ⇨ 다만, 확인·설명사항이 「전자문서 및 전자거래 기본법」에 따른 공인전자문서센터에 보관된 경우에는 그러하지 아니하다.

③ 확인·설명서에는 개업공인중개사(**법인은 대표자, 분사무소는 책임자)와 당해 업무를 수행한 소속공인중개사**가 함께 서명 및 날인해야 한다.

> ※ 기명 및 날인이 아니다.
> ※ 서명만 하고 날인을 안 했거나 날인만 하고 서명을 안 하면 위법(업무정지)

④ **공동중개**에 관여한 개업공인중개사 **모두가** 중개대상물 확인·설명서에 함께 서명 및 날인하여야 한다.

┌**판례**┐

공동중개한 개업공인중개사는 확인·설명서 및 거래계약서를 공동으로 작성하여 **함께 서명 및 날인**하여야 하며, 불법행위로 인한 손해배상책임은 해당 계약서에 함께 서명 및 날인한 개업공인중개사 **모두가 책임을 지게 된다.**

⑤ **중개보조원**은 서명 및 날인 의무가 없으나 반면에 금지사항도 아니다.

⑥ 권리이전의뢰인과 권리취득의뢰인에게는 **서명 또는 날인하면 된다.**

(4) 관련 판례

> ① 확인·설명의무 불성실 또는 소홀히 하여 재산상 손해가 발생한 경우에는 손해배상책임이 있으며, 거래계약이 무효, 취소, 해제된 경우에는 **보수 청구권은 소멸**된다.
> ② 중개대상물 확인·설명서를 작성하여 교부하지 않았더라도 중개대상물에 대하여 **구두로 정확하게 확인·설명**을 한 경우에는 개업공인중개사에게 **민사상의 손해배상책임이 없다.**

(5) 중개대상물 상태에 관한 자료요구

> 법 제25조 제2항 : 개업공인중개사는 확인·설명을 위하여 필요한 경우에는 중개대상물의 **매도의뢰인·임대의뢰인 등**에게 당해 중개대상물의 상태에 관한 자료를 **요구할 수 있다.**

① 개업공인중개사가 반드시 자료를 요구해야 하는 것은 아니다(임의적 사항).

② **권리이전의뢰인**(매도자·임대인)에게 요구할 수 있다.

③ 권리이전 의뢰인이 불응한 경우에는 개업공인중개사는 이 사실을 **권리취득 의뢰인**에게 **설명**하고, 중개대상물 **확인·설명서**에 **기재**하여야 한다.

(6) 소유자 등의 확인

① **개업공인중개사**는 중개업무의 수행을 위하여 필요한 경우에는 중개의뢰인에게 **주민등록증 등 신분을 확인할 수 있는 증표를 제시할 것을 요구**할 수 있다(제25조의2).

② 개업공인중개사는 **주택의 임대차계약을 체결하려는 중개의뢰인**에게 다음의 사항을 설명하여야 한다(제25조의3).

> 1. **확정일자**부여기관에 정보제공을 요청할 수 있다는 사항
> 2. 임대인이 납부하지 아니한 **국세 및 지방세**의 열람을 신청할 수 있다는 사항

04 거래계약서 작성 등에 관한 의무

1 거래계약서 작성 및 보존

국토교부장관은 개업공인중개사가 작성하는 거래계약서에 관하여 표준이 되는 서식을 정하여 이의 사용을 **권장할 수 있다.**

➡ 현재 법정표준서식이 제정되어 있지 않다. 또한 권장서식이다.

① 개업공인중개사는 중개대상물에 관하여 **중개가 완성된 때**에는 거래계약서를 작성하여야 한다.

② **개업공인중개사**는 거래계약서 3부를 작성하여 거래당사자에게 교부하고, **5년 동안** 그 원본, 사본 또는 전자문서를 보존하여야 한다.

※ 다만, 거래계약서가 공인전자문서센터에 보관된 경우에는 그러하지 아니하다.

OX 거래당사자에게 교부하고 5년 동안 그 원본, 사본 또는 전자문서를 보존하여야 한다. 단, 공인전자문서센터에 보관된 경우는 그러하지 아니하다. (○)

③ 거래계약서를 작성한 개업공인중개사가(법인인은 대표자 또는 분사무소의 책임자) 서명 및 날인하되, 당해 업무를 수행한 소속공인중개사가 함께 서명 및 날인하여야 한다. ※ 확인·설명서와 동일하다.

> **┃판례┃**
>
> 개업공인중개사가 자신의 중개로 전세계약이 체결되지 않았음에도 실제 계약당사자가 아닌 자에게 전세계약서와 중개대상물 확인설명서 등을 작성·교부해 줌으로써 이를 담보로 제공받아 금전을 대여한 **대부업자**가 대여금을 회수하지 못하는 손해를 입은 것에 대해서 **주의의무 위반**에 따른 손해배상책임이 인정된다.

OX 거래계약서에는 조건 또는 기한과 중개대상물 확인·설명서 교부일자를 반드시 기재하여야 한다. (○)

2 거래계약서 필수적 기재사항 ⇨ 〈당.물.계.대 − 이.도.조 − 확.특〉!

① 거래**당사자**의 인적 사항
② **물건**의 표시
③ **계약**일
④ 거래**금액(대금)**과 계약금액 및 그 지급일자 등 지급에 관한 사항
⑤ 물건의 **인도**일시
⑥ 권리**이전**의 내용
⑦ 계약의 **조건**이나 기한이 있는 경우에는 그 조건 또는 기한
⑧ 중개대상물 **확인**·설명서 교부일자
⑨ 그 밖의 약정내용(**특약**)

OX 거래계약서에는 당사자 간에 합의한 합의해제 사유 및 담보책임배제 특약 등을 반드시 기재하여야 한다. (○)

OX 거래계약서를 작성하는 때에는 거래금액 등 거래내용을 거짓으로 기재하거나 서로 다른 2 이상의 거래계약서를 작성하여서는 아니 된다. 위반시 1징 − 1벌에 해당된다. (×)

3 2중계약서 작성 금지

개업공인중개사는 거래계약서를 작성하는 때에는 거래금액 등 거래내용을 거짓으로 기재하거나 **서로 다른 2 이상의 거래계약서**를 작성하여서는 아니 된다.

※ 의뢰인의 요청으로 동일한 내용의 계약서를 재작성 또는 4부를 작성하는 것은 위법이 아니다.

① **개업공인중개사**는 행정처분으로 **임의적 등록취소**이다. ※ 행정형벌 대상(×)
② 소속공인중개사 6개월의 범위 안에서 기간을 정하여 그 **자격을 정지할 수 있다.**

주의 의뢰인의 요청으로 동일한 내용의 계약서를 재작성 또는 4부를 작성하는 것은 위법이 아니다.

▉ 각종 서식의 교부 및 보관의무 비교표

구 분	교부의무		보관의무		비 고
쌍방 교부	거래계약서(3부 작성) 서명 및 날인	5년	거래계약서 원본·사본 (전자문서 보관)		**법정서식 없다.**
	중개대상물 확인설명서 (3부 작성), 서명 및 날인	3년	중개대상물 확인·설명서 원본·사본(전자문서 보관)		법정서식 사용
	업무보증 증서 사본		게시사항		위반: 과태료 100만
일방 교부	전속중개계약서(2부 작성) – 3년 보존 – 법정서식 사용의무(**서명 또는 날인**)				
	일반중개계약서(2부 작성) – **보존기간 없음** – 법정서식 사용의무 없다(**서명 또는 날인**).				

---

05 **손해배상책임과 업무보증제도**

1 손해배상책임 성립(3가지 유형)

(1) 개업공인중개사의 불법행위

> 개업공인중개사는 **중개행위**를 함에 있어서 고의 또는 과실로 인하여 거래당사자에게 **재산상의 손해**를 발생하게 한 때에는 그 손해를 배상할 책임이 있다(**제30조**).

① 개업공인중개사의 중개행위 + 고의 또는 과실(**중과실, 경과실**)이 있어야 한다.

② 중개의뢰인에 **재산상의 손해가 발생**하여야 한다.

> **주의** 정신적 손해(위자료)는 「민법」상 불법행위를 근거로 배상받을 수 있다.

≪ 관련 판례

> ㉠ 중개행위 판단 기준: 개업공인중개사의 주관적인 의사로 판단하는 것이 아니라 **외형상·객관적으로 보아 업무와 밀접한 관련**이 있고, 사회통념상 거래의 알선·중개를 위한 행위라고 인정되는지 여부로 결정한다.
>
> ㉡ 개업공인중개사가 **인척으로부터** 중개의뢰를 받고 목적 부동산의 하자, 권리자의 진위, 대리관계 등을 조사·확인하지 않아 피해를 준 경우는 손해배상책임이 있다.
>
> ㉢ 매매계약체결 후 계약금, 중도금 지급에 관여한 개업공인중개사가 **잔금의 일부를 횡령한 경우**는 중개행위에 해당된다. 따라서, 보증기관은 배상책임이 있다.

OX 개업공인중개사가 중개업무 수행 중에 고의로 당사자에게 손해를 입힌 경우에는 이 법에 따라 재산상의 손해뿐만 아니라 비재산적 손해에 대해서도 손해배상책임이 있다. (×)

OX 중개행위에 해당하는지 판단은 개업공인중개사의 외형상·객관적으로 보아 업무와 밀접한 관련성과 사회통념상으로 결정되는 것이 아니라 주관적인 의사로 판단한다. (×)

OX 개업공인중개사는 자기의 중개사무소를 다른 사람의 중개행위의 장소로 제공함으로써 거래당사자에게 재산상의 손해를 발생하게 한 때에는 그 손해를 배상할 책임이 있다. (○)

ⓔ 임대차계약: 목적부동산에 관한 피담보채무의 이자액 및 주차장 부지의 임대차 상황에 관하여 제대로 확인하지 않은 채 의뢰인에게 그릇된 정보를 제공하여 계약금과 중도금에 손해를 입게 한 경우에 손해금을 지급할 의무가 있다.

ⓜ 2중매매: "개업공인중개사의 중개로 거래당사자 쌍방 간의 매매계약이 체결되고 중도금까지 지급된 상태에서, 소유자가 제3자에게 소유권이전등기를 해 주고 행방불명이 되어 매수자에게 계약금과 중도금 상당의 손해가 발생한 경우"에는 개업공인중개사에게 손해배상책임을 물을 수 없다.

ⓗ 동업관계자: 공동으로 처리하여야 할 업무를 동업자 중 1인에게 맡겨 그로 하여금 처리하도록 한 경우, 다른 동업자도 업무집행 과정에서 발생한 사고에 대하여 손해배상책임이 있다.

(2) 중개사무소를 중개행위 장소로 제공

> 개업공인중개사는 자기의 중개사무소를 다른 사람의 **중개행위의 장소로 제공**함으로써 거래당사자에게 **재산상의 손해**를 발생하게 한 때에는 그 손해를 배상할 책임이 있다.

① 의뢰인에게 **재산상 손해**가 발생하여야 한다.

② 개업공인중개사는 **무과실책임을 진다.**

> ┏ **판례** ┓
>
> "개업공인중개사인 갑이 자신의 사무소를 을의 중개행위의 장소로 제공하여 을이 그 사무소에서 임대차계약을 중개하면서 거래당사자로부터 종전 임차인에게 **임대차보증금 반환금을** 전달 부탁 받고 이를 **횡령한 경우**, 갑은 당사자가 입은 손해를 배상할 책임이 있다."

(3) **고용인의 불법행위 성립** ⇨ 개업공인중개사는 **무과실 책임을 진다.**

고용인의 업무상행위는 개업공인중개사의 **행위로 본다.**

> ① 고용인의 불법행위로 피해가 발생한 경우에 **피해자인 의뢰인에게도 과실이** 있다면 손해배상금을 산정함에는 **과실상계한다.**
>
> ② 거래관계를 조사·확인할 책임을 게을리 한 부주의가 중개의뢰인에게 인정되고 그 손해 발생 및 확대의 원인이 되었다면, **피해자인 중개의뢰인의** 손해배상금을 산정함에는 **과실상계를 할 수 있다.**

2 업무보증의 설정(손해배상책임에 대한 제도적 장치)

> 법 제30조: 개업공인중개사는 **업무를 개시하기 전에** 손해배상책임을 보장하기 위하여 ① **보증보험** 또는 ② **공제**에 가입하거나 ③ **공탁**을 하여야 한다.

(1) 업무보증 설정시기 및 신고

① **시기**: **개설 등록 후 업무개시 전**에 보증을 설정하여야 한다.

② 증빙서류(공제증서, 공탁, 보증보험증서 사본)를 첨부하여 등록관청에 신고해야 한다. 다만, **보증기관**이 등록관청에 직접 통보한 경우에는 신고를 생략할 수 있다.

　※ 분사무소: 설치신고 전에 보증을 설정하여야 한다. ⇨ 신고시 증명서류 첨부함.

(2) 업무보증 설정방법 및 금액

종별	보증금액	설정시기	업무보증 설정방법
개인 개업공인중개사	• 2억원 이상	업무개시 전	① 보증보험(서울보증) ② 공제가입(협회) ③ 공탁(현금 등) – 법원 ⇨ **셋 중에 선택**
중개법인	• 4억원 이상(분사무소 마다 2억원 이상)	분사무소는 설치**신고 전**	
특수법인	• 2천만원 이상	업무개시 전	

　참고 | ① **매수신청대리**: 보증설정 방법 및 설정금액 동일함. 단, 설정시기는 등록신청 전이다.
　　　② **3개의 분사무소 설치**: 중개법인의 총 보증금액은 최소 10억 이상 설정해야 한다.

(3) 업무보증 변경과 보증 재설정

① **변경설정**: 기존 보증의 효력이 있는 **기간 중에 설정** ⇨ 등록관청에 신고한다.

② **재설정**: 보증보험 또는 공제는 보증기간 **만료일까지 설정** ⇨ 등록관청에 신고하여야 한다. **주의** 공탁은 기간 만료가 없어 재설정제도가 없다.

③ **재설정과 변경의 공통**: 개업공인중개사는 보증설정을 하고 이를 등록관청에 신고하여야 하지만, 보증기관이 직접 통보한 경우에는 신고를 생략할 수 있다.

(4) 공탁금의 회수제한

공탁한 공탁금은 개업공인중개사가 **폐업 또는 사망한 날부터 3년 이내**에는 이를 회수할 수 없다.

(5) **보증 설명 및 교부의무**

개업공인중개사는 '**중개가 완성된 때**'에는 **거래당사자**에게 손해배상책임의 보장에 관한 다음 사항을 '**설명하고**', 관계 증서의 **사본**을 교부하거나 관계 증서에 관한 **전자문서**를 제공하여야 한다.

> 1. 보장금액
> 2. 보장기간
> 3. 보증보험회사, 공제사업을 행하는 자, 공탁기관 및 그 소재지

(6) **보증금 지급절차**

① **중개의뢰인이 확정서류**(개업공인중개사와 중개의뢰인 간의 **손해배상 합의서, 화해조서, 조정조서, 판결문, 기타 준하는 서류 등**)를 첨부하여 **보증기관에 직접 청구**한다.

② **업무보증기관**은 개업공인중개사가 **보증 설정한 한도 내**에서만 책임을 진다.
다만, **개업공인중개사는** 초과된 손해액에 대해서도 별도 **전액 책임**을 진다.

(7) **업무보증금의 보전** ⇨ 손해배상금을 지급한 때

> ① 보증보험·공제가입: 15일 이내에 **다시 가입**해야 한다.
> ② 공탁: 15일 이내에 **부족한 금액을 보전**해야 한다.

::**참고**| 보증기관이 개업공인중개사를 대위해 손해배상금을 지급한 경우에는 업무보증기관은 개업공인중개사에게 **구상권을 행사**할 수 있다.

(8) **제 재**

① 보증을 설정하지 않고 업무개시한 경우: 임의적 등록취소 또는 업무정지 사유이다.

② 보증설정에 관한 내용을 설명하지 않았거나 관계증서 사본 또는 전자문서를 교부하지 않은 경우: 과태료 100만원 이하

06 계약금 등의 반환채무이행의 보장(예치제도)

1 임의규정

개업공인중개사는 거래계약의 **이행이 완료**될 때까지 계약금·중도금 또는 **잔금**을 예치하도록 거래당사자에게 **권고할 수 있다.**

참고 | 미국 등에서 시행되는 에스크로우(Escrow)와 유사한 제도이다.

2 예치기간 및 대상금액

① **기간**: 거래계약이 체결시부터 — **이행이 완료까지**

② **대상금액**: **계약금·중도금·잔금까지**

3 예치명의자 ⇨ 〈개업공인중개사 또는 은.공.신.보.전.체〉!

개업공인중개사 또는 **은행, 공제**사업자, **신탁**업자, **보험**회사, 계약금 등 및 계약 관련 서류를 관리하는 업무를 수행하는 **전문회사, 체신관서만 가능하다.**
※ 따라서, 소속공인중개사, 중개보조원, 당사자는 예치명의자가 될 수 없다.

4 예치기관(장소) ⇨ 〈금.공.신(등)〉

금융기관, 공제사업자, 신탁업자 등이다.
※ 즉, 예치기관은 **예시적 규정**으로 기타 체신관서 등도 될 수 있다.

5 보증서 발급기관 ⇨ 〈금.보〉

금융기관, 보증보험회사

6 계약금 등 사전수령

① 계약금 등을 사전회수할 수 있는 자는 **매도인·임대인등(권리이전 의뢰인)**이다. 그러므로 상대방인 매수인 등(권리취득 의뢰인)에게는 사전수령권이 없다.

② 매도인·임대인 등 계약금 등을 수령할 수 있는 권리가 있는 자는 **보증서**를 계약금 등의 **예치명의자에게 교부**하고 계약금 등을 미리 수령할 수 있다.

7 개업공인중개사의 의무(강행규정)

① 계약금 등의 **인출에 대한 거래당사자의 동의 방법**, 반환 채무이행 보장에 소요되는 **실비** 그 밖에 거래안전을 위하여 필요한 사항을 약정하여야 한다.
② 자기 예치금과 분리 관리하고, 거래당사자의 동의 없이 인출하여서는 아니 된다.
③ 당사자에게 **예치된 금액**을 보장하는 보증보험 또는 공제, 공탁하고, 관계증서의 사본이나 전자문서를 제공하여야 한다.

≪ 보충내용

① 무단인출 금지: 거래당사자 동의 없이 인출해서는 안 된다(위반: 업무정지 사유).
② 계약금 등이 개업공인중개사 등의 명의로 예치되었다 하여도 당사자는 매매 등 거래계약을 **해제할 수 있다.**
③ 반환채무이행 보장에 소요되는 실비는 **권리취득 의뢰인에게 청구한다.**

≪ 보충 정리

예치대상	예치명의자 〈은.공.신.보.전.체〉	예치기관 〈금.공.신(등)〉	보증서 발급처 〈금.보〉
이행완료 ⇩ 계약금 + 중도금 **잔금**	* **개업공인중개사** • 은행 • 공제사업자 • 신탁업자 • 보험회사 • 전문회사 • 체신관서 🔴주의 위 열거된 기관만 가능하다.	• 금융기관 • 공제사업자 • 신탁업자 등 🔴주의 예시이다.	• 금융기관 • 보증보험회사 ⇩ **예치명의자에 교부**

Chapter 07 개업공인중개사의 보수

> 제32조【중개보수 등】① 개업공인중개사는 **중개업무**에 관하여 중개의뢰인으로부터 소정의 보수를 받는다. 다만, **개업공인중개사의 고의 또는 과실**로 인하여 중개의뢰인 간의 거래행위가 무효·취소 또는 해제된 경우에는 그러하지 아니하다.
>
> 영 27조의2【중개보수의 지급시기】개업공인중개사와 중개의뢰인 간의 **약정**에 따르되, 약정이 없을 때에는 중개대상물의 **거래대금 지급이 완료된 날**로 한다.

01 중개보수

1 의 의

중개업무의 대가 ⇨ **겸업에는 적용되지 않는다.**

2 발생시기

중개보수청구권은 **중개계약체결**시에 발생하며, **거래계약체결**시에 행사할 수 있다.

3 중개보수의 구체적 행사요건

① 중개계약이 존재하여야 한다.

② 개업공인중개사의 **중개행위로 인하여 거래계약이 체결**되어야 한다.

┌ 판례 ┐

㉠ 거래계약체결 이전에 **중개계약이 해지된 경우**, 특별한 사정이 없는 한 그 동안의 알선을 위한 노력의 대가로서 중개보수를 청구할 수 없다.

㉡ 개업공인중개사의 **알선으로 만난 상대방**과 소유자가 직접 거래계약을 체결한 경우에 개업공인중개사의 알선이 원인이 된 것으로 중개보수 청구권이 인정된다.

㉢ 매매계약 성립에 **결정적 기여를 한** 개업공인중개사가 그의 귀책사유 없이 매매계약서 작성에 관여하지 못하였다 하더라도 상당한 보수를 청구할 권리가 있다.

㉣ 개업공인중개사가 많은 시간과 비용을 소요하여 중개행위를 했더라도 **거래계약이 체결되지 않는 한** 중개보수를 청구할 수 없다.

㉤ 개업공인중개사의 중개활동이 **쌍방의 제시가격 차이로 일시 중단된 상태**에서 중개의뢰자들이 직접 만나 절충 끝에 매매계약을 체결하였더라도 상응한 보수를 청구할 수 있다.

㉥ 개업공인중개사의 중개행위와 부동산소유자와 **제3의 인물과의 거래계약**과는 인과관계가 인정되지 않으므로 중개보수청구권이 인정되지 않는다.

OX 중개보수청구권은 중개계약체결시에 발생하며, 거래계약체결시에 행사할 수 있다. (○)

OX 중개법인의 겸업(예 컨설팅, 프랜차이즈 등)은 보수규정이 적용되지 않고 당사자 합의로 정한다. (○)

OX 거래계약체결 이전에 중개계약이 해지된 경우, 특별한 사정이 없는 한 그 동안의 알선을 위한 노력의 대가로서 중개보수를 청구할 수 없다. (○)

4 중개보수청구권의 소멸

(1) 개업공인중개사의 고의 또는 과실로 계약 해제

개업공인중개사의 고의 또는 과실로 인하여(귀책사유) 중개의뢰인 간의 **거래계약이 무효·취소 또는 해제된 경우**에는 중개보수를 받을 수 없다.

> **판례**
>
> 개업공인중개사의 중개대상물의 **확인·설명의무를 게을리한 과실**로 인하여 매매가 해제된 경우, 보수를 받을 수 없다. 나아가 수령한 보수를 반환하여야 하고 또 매수인에게 발생한 재산상의 **손해를 배상하여야 한다.**

(2) 거래당사자의 고의 또는 과실로 계약이 해제

개업공인중개사의 고의·과실 없이 **중개의뢰인의 사정으로 계약이 해제된 경우** – 개업공인중개사는 쌍방으로부터 중개보수를 받을 수 있다.

※ 예컨대, 당사자 간에 합의해제, 잔금 등 이행지체 등

5 중개보수 부담자와 지불시기

① 중개의뢰인 쌍방으로부터 각각 받는다.
② 보수 **지급시기** – 원칙적으로 당사자가 약정한 때이다. 약정이 없을 때에는 중개대상물의 **거래대금 지급이 완료된 날**이다.

6 중개보수의 범위

(1) 주택의 중개보수

① 주택(부속토지를 포함한다)의 보수는 **국토교통부령**으로 정하는 범위 안에서 특별시·광역시·도 또는 특별자치도(시·도)**의 조례**로 정한다.
② 중개의뢰인 쌍방으로부터 각각 받되, 그 일방으로부터 받을 수 있는 **한도는 규칙이 정한 범위 내에서 시·도의 조례**로 정하는 요율한도 이내에서 중개의뢰인과 개업공인중개사가 서로 **협의**하여 결정한다.

■ **[별표 1] 주택 중개보수 상한요율(규칙 제20조 제1항)**

거래내용	거래금액	상한요율	한도액
1. 매매·교환	5천만원 미만	1천분의 6	25만원
	5천만원 이상 2억원 미만	1천분의 5	80만원
	2억원 이상 9억원 미만	**1천분의 4**	
	9억원 이상 12억원 미만	1천분의 5	
	12억원 이상 15억원 미만	1천분의 6	
	15억원 이상	**1천분의 7**	
2. 임대차 등	5천만원 미만	1천분의 5	20만원
	5천만원 이상 1억원 미만	1천분의 4	30만원
	1억원 이상 6억원 미만	**1천분의 3**	
	6억원 이상 12억원 미만	1천분의 4	
	12억원 이상 15억원 미만	1천분의 5	
	15억원 이상	**1천분의 6**	

※ 계약의 종류, 거래가액에 따라 요율과 한도액이 다르게 규정되어 있다.

③ **중개대상물의 소재지와 중개사무소의 소재지가 다른 경우**: 개업공인중개사는 **중개
사무소의 소재지**를 관할하는 시·도의 조례에서 정한 기준에 따라 보수 및 실비를
받아야 한다.

> 예 중개사무소를 동작구에 설치한 개업공인중개사가 경기도 분당구에 있는 6억 원의 아
> 파트 매매를 중개했다면, 보수는 서울특별시 조례에 따라 받는다.

④ **분사무소의 경우**: 법인의 주된 사무소와 분사무소가 각각 다른 시·도에 속한 경우 –
중개보수는 분사무소 소재지의 조례가 적용된다.

(2) 주택 외 중개보수

① **원칙**: 주택 외(예 토지, 상가, 임야, 사무소 등)의 중개대상물에 대한 중개보수는 중
개의뢰인 쌍방으로부터 각각 받되, **매매, 교환, 임대차 등을 불문하고, 거래금액의
0.9% 이내에서 중개의뢰인과 개업공인중개사가 서로 협의**하여 결정한다.
※ 주택 외의 중개보수는 시·도 조례가 적용되지 않는다.

② **예외**: **주거용 오피스텔**(다음 요건을 **모두 갖춘 경우에 한정**) ⇨ 중개의뢰인 쌍방으
로부터 각각 아래의 요율 범위에서 중개보수를 받을 수 있다.

가. 전용면적이 $85m^2$ **이하**일 것
나. 상·하수도 시설이 갖추어진 전용입식 **부엌**, 전용수세식 **화장실 및 목욕시설**(전용수세식 화장실에 목욕시설을 갖춘 경우를 포함한다)을 갖출 것

〈상한 요율〉

㉠ 매매·교환: 1천분의 5 (0.5%)　　㉡ 임대차 등: 1천분의 4 (0.4%)

③ **주택 외의 중개대상물**: 중개보수 요율의 범위 안에서 실제로 개업공인중개사가 받고자 하는 중개보수의 **상한요율**을 "중개보수·실비의 요율 및 한도액표"에 **명시하여야** 하며, 이를 초과하여 중개보수를 받아서는 아니 된다.

7 중개보수의 계산

(1) 중개보수 산정 방법

① **보수계산**: 거래금액 × 요율 = 산출액이 된다.

　※ 다만, 산출액과 법정 한도액을 비교하여 **적은 쪽**을 받는다.

　㉠ **산출액 > 한도액 ⇨ 한도액(중개보수임)**
　㉡ **산출액 < 한도액 ⇨ 산출액(중개보수임)**

② **매매**: 매매금액(거래금액) × 요율 = 보수금액

③ **전세**: 보증금액(거래금액) × 요율 = 보수금액

④ **임대차**: 보증금 + (월세 × 100) ⇨ 거래금액이 된다.

　※ 단, 거래금액이 5,000만원 미만일 경우, **보증금 + (월세 × 70) = 거래금액이 된다.**

　㉠ 보증금 3천만원에 월세 20만원인 주택의 보수: 3천만원 + (20만원 × 100).
　　따라서, 3천만원 + 2천만원 = 5천만원이 거래금액이 된다.
　㉡ 보증금 1천만원에 월세 30만원인 상가건물의 보수: 1천만원 + (30만 × 70)
　　따라서, 1천만 + 2,100만원 = 3,100만원이 거래금액이 된다.

　※ 임대차의 중개보수 공식은 주택 및 주택 외에 모두 공통 적용됨.

⑤ **교환**: **큰 가액**의 중개대상물 가액이 거래금액이 된다.

⑥ **분양권**: 분양권자가 **불입한 금액(기 납입금) + 프리미엄 =** 거래금액이 된다.

　주의 총 분양가가 아님.

⑦ **중첩계약**: 동일 당사자 간 중첩 계약 − '**동일한 중개대상물**'에 대하여 '**동일 당사자 간**'에 매매를 포함한 둘 이상의 거래가 '**동일 기회**'에 이루어지는 경우에는 '**매매계약**'에 관한 거래금액만을 적용한다.

⑧ **겸용 건물**: 중개대상물인 건축물 중 **주택의 면적이 2분의 1 이상인 경우**에는 **주택**의 계산규정을 적용하고, **주택의 면적이 2분의 1 미만**인 경우에는 주택 외의 계산 방식인 서로 협의하여 결정한다.

8 관련 판례

① 공인중개사법령에서 정한 한도를 초과하는 **중개보수 약정**은 그 한도를 초과하는 범위 내에서 **무효**이다.

② 법정 한도를 **초과하여 받은 금액**은 부당이득으로써 **반환**하여야 한다.

③ 개업공인중개사가 중개보수 산정에 관하여 지방자치단체 **조례를 잘못 해석하여** 보수를 초과하여 수수한 경우에는 법 제33조의 **금지행위에 해당**하여 처벌된다.

④ **권리금**은 보수 계산에 포함되지 아니한다.

⑤ 겸업(예 부동산컨설팅업, 주택·상가분양대행 등)은 보수 규정이 적용되지 않고 **당사자 합의**로 정한다.

02 실 비

1 실비의 법정한도

▌예 서울특별시 조례(실비의 한도 [별표 2])

> 실비의 한도 등에 관하여 필요한 사항은 **국토부령이 정하는** 범위 안에서 특별시·광역시 또는 도의 **조례로 정한다.**

구 분	산출내역
1. 중개대상물의 권리관계 실비	가. 제 증명서·공부의 발급·열람 수수료 나. 교통비·숙박비 등의 여비 다. 제증명서·공부의 발급·열람 대행비: 발급·열람 건당 1천원
2. 계약금 등의 반환채무이행 보장에 소요되는 실비	가. 계약금 등의 금융기관 등에의 예치수수료 나. 계약금 등의 지급 또는 반환의 보증을 위한 보험·공제가입비 다. 제증명서·공부의 발급·열람 수수료 라. 교통비·숙박비 등의 여비

OX 공인중개사법령상 중개보수제한 규정들은 공매대상 부동산 취득의 알선에 대해서도 적용된다. (○)

OX 개업공인중개사는 중개대상물에 대한 거래계약이 완료되지 않을 경우에도 중개의뢰인과 중개행위에 상응하는 보수를 지급하기로 약정할 수 있고, 이 경우 공인중개사법령상 중개보수 제한 규정들이 적용된다. (○)

OX 개업공인중개사는 법정 한도를 초과하여 받은 금액은 부당이득으로서 반환하여야 한다. (○)

OX 중개대상물의 권리관계 등의 확인 실비는 매수·임차 그 밖의 권리를 취득하는 중개의뢰인이 부담한다. (○)

2 주요 내용

① 실비는 의뢰인과 약정에 의해 **거래계약체결과 무관**하게 받을 수 있다.

② **중개대상물의 권리관계 등의 확인 실비**: 매도·임대 등 권리를 이전하고자 하는 중 **개의뢰인**이 부담한다.

③ **계약금 등의 반환채무이행 보장에 소요되는 실비**: 매수·임차 그 밖의 권리를 취득 **하는 중개의뢰인**이 부담한다.

④ 개업공인중개사 등은 보수 또는 실비를 초과하여 금품을 받거나 그 외에 사례·증여 기타 **어떠한 명목**으로라도 금품을 받아서는 아니 된다.

공인중개사협회 및 보칙

01　공인중개사 협회

1　법적 성격

① 협회는 **비영리 사단법인**이다. 〔주의〕 부동산중개업은 불가
② 국토교통부장관의 **인가** 〔주의〕 허가주의(×)
③ 주된 사무소에서 설립등기하여야 성립
④ 협회 설립자유(임의 설립주의)
⑤ **협회의 회원 가입 재량주의** 〔주의〕 강제가입주의가 아니다.
⑥ 공인중개사는 회원이 될 수 없다.
⑦ **「민법」 중 사단법인에 관한 규정을 준용한다.**

〔주의〕 비영리 사단법인이다.
⇨「민법」상 사단법인 규정이 준용된다.

OX 공인중개사협회를 설립하고자 하는 때에는 발기인(300인 이상)이 작성하여 서명·날인한 정관에 대하여 회원 600인 이상이 출석한 창립총회에서 출석한 회원 과반수의 동의를 얻어 국토교통부장관의 설립인가를 받아야 한다. (○)

2　협회의 설립절차

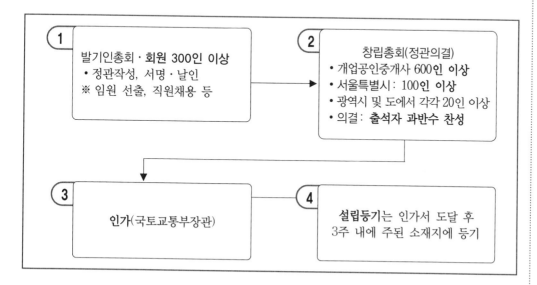

1 발기인총회·회원 300인 이상
・정관작성, 서명·날인
※ 임원 선출, 직원채용 등

2 창립총회(정관의결)
・개업공인중개사 600인 이상
・서울특별시: 100인 이상
・광역시 및 도에서 각각 20인 이상
・의결: **출석자 과반수 찬성**

3 인가(국토교통부장관)

4 **설립등기**는 인가서 도달 후 3주 내에 주된 소재지에 등기

OX 창립총회에는 서울특별시에서는 100인 이상, 광역시·도 및 특별자치도에서는 각각 20인 이상의 회원이 참여하여야 한다. (○)

3 협회의 구성 및 기관

> 법 제41조 【협회의 구성】 협회는 정관으로 정하는 바에 따라 시·도에 지부를, 시(구가 없는 시와 행정시)·군·구에 지회를 둘 수 있다.

(1) 사원총회

협회는 사단법인으로 회원 전원으로 구성된 **총회를 두어야 한다.**

※ 협회는 **총회의 의결내용을** 지체 없이 국토교통부장관에게 **보고하여야 한다.**

(2) 주된 사무소 설치

① 협회의 주된 사무소는 반드시 두어야 한다.

　주의 주된 사무소는 **전국 어디에든 설치할 수** 있다.

② 설립등기는 주된 사무소 소재지에서 하여야 한다.

　주의 협회는 인가시에 성립하는 것이 아니라 법인이므로 등기시에 성립한다.

(3) 지부 또는 지회

① 정관으로 정하는 바에 따라 시·도에 **지부를,** 시(구가 설치되지 아니한 시와 특별자치도의 행정시를 말한다)·군·구에 **지회를 둘 수** 있다.

※ 지부 및 지회의 설치 여부는 협회의 **재량사항이다.**

② 협회가 "지부"를 설치한 때에는 **시·도지사에게,** "지회"를 설치한 때에는 **등록관청에 신고하여야** 한다.

4 협회의 업무

(1) 고유 업무(본래업무)

① 회원의 품위유지를 위한 업무
② 부동산 중개제도의 연구·개선에 관한 업무
③ 회원의 자질향상을 위한 지도와 교육 및 연수에 관한 업무
④ 회원의 윤리헌장 제정 및 그 실천에 관한 업무
⑤ **부동산정보제공에 관한 업무(예 부동산거래정보망 사업)**
　※ 단, 비회원도 해당 부동산거래정보망에 가입이 가능하다.
⑥ 공제사업: **비영리사업으로서 회원 간의 상호부조를 목적으로 한다.**
　※ 단, 비회원도 해당 공제에 가입이 가능하다.

(2) 협회의 수탁업무

국토부장관·시·도지사 또는 등록관청은 협회에 다음의 업무를 위탁할 수 있다.

> ㉠ 교육업무: 실무교육, 연수교육, 직무교육이 있다.
> ㉡ 자격시험의 시행: 시험시행기관장은 업무를 **공기업, 준정부기관 또는 협회**에 위탁할 수 있다.

5 공제사업

> **법 제42조**: ① 협회는 개업공인중개사의 손해배상책임을 보장하기 위하여 **공제사업을 할 수 있다.**
> ② 협회는 **공제규정을** 제정하여 **국토교통부장관의 승인**을 얻어야 한다. 공제규정을 **변경**하고자 하는 때에도 또한 같다.

(1) 공제사업 및 관리업무

> ① 공제사업은 **임의사업**이며, 고유 업무에 속한다.
> ② **공제규정을 제정 또는 변경은 국토교통부장관의 승인**을 얻어야 한다.
> ③ **책임준비금의 적립비율**(공제료 수입액의 100분의 10 **이상으로 한다**)을 정하여야 한다. **⚫주의** 총수입액의 100분의 10 이상(×)
> ④ 공제내용: 협회의 공제책임, 공제금, 공제료, 공제기간, 공제금의 청구와 지급절차, 구상 및 대위권, 공제계약의 실효 그 밖에 공제계약에 필요한 사항을 정한다.
> ⑤ 공제사업 범위: 손해배상책임을 위한 공제기금의 조성 및 공제금의 지급에 관한 사업과 공제규정으로 정하는 사업
> ⑥ 공제사업을 다른 회계와 구분하여 **별도의 회계로 관리**하여야 한다.
> ⑦ **책임준비금을 다른 용도로 사용할 경우**에는 국토교통부장관의 **승인**을 얻어야 한다.
> ⑧ 협회는 **매년도의 공제사업 운용실적을 일간신문·협회보 등을 통하여 공제계약자에게 매 회계연도 종료 후 3개월 이내에 공시**하여야 한다.

(2) 국토교통부장관의 공제업무 관리·감독

① **사전 승인권**: 책임준비금을 다른 용도로 사용할 경우에는 **국토부장관의 승인**을 얻어야 한다.

② **시정명령권**: 국토부장관은 공제규정을 준수하지 아니하여 공제사업의 건전성을 해할 우려가 있다고 인정되는 경우에는 이에 대한 **시정을 명할 수 있다**(위반: 과태료 500만 이하).

③ **검사요청권**: 금융감독원의 원장은 **국토교통부장관으로부터 요청**이 있는 경우에는 협회의 공제사업에 관하여 검사를 할 수 있다.

④ **개선명령권**: 국토교통부장관은 공제사업 운영 부적절, 자산상황이 불량, 공제 가입자 등의 권익을 해칠 우려의 경우에 조치를 명할 수 있다. ⇨ ⟨**장.예.집 - 적.손**⟩!

> ㉠ 자산의 **장부**가격의 변경　　　　㉡ 자산**예탁**기관의 변경
> ㉢ 업무**집행** 방법의 변경　　　　㉣ 불건전한 자산 **적립**금의 보유
> ㉤ 가치 없는 자산 **손실** 처리

⑤ **임원에 대한 징계·해임**: 국토교통부장관은 다음 사항을 위반하여 임원이 공제사업을 불건전하게 운영할 우려가 있는 경우 그 임원에 대한 **징계·해임을 요구**와 위반행위에 대한 **시정명령권** 있다(위반: 과태료 500만원 이하).

> ㉠ 공제규정 위반 업무 처리　　　　㉡ 개선명령 불이행
> ㉢ 재무건전성 기준 미달

(3) 재무건전성 기준

① 지급여력비율은 **100분의 100 이상**을 유지할 것
② 구상채권 등 정기적 분류, 대손충당금을 적립할 것
③ 국토교통부장관은 재무건전성 기준에 관하여 필요한 세부기준을 정할 수 있다.

6 공제사업 운영위원회 제도

> 법 제42조의2: **공제사업**에 관한 사항을 심의하고 그 업무집행을 감독하기 위하여 **협회에 운영위원회를 둔다.**

(1) 운영위원회 설치: 반드시 협회에 설치하여야 한다(**필수 설치**).

(2) 위원회의 위원 및 자격

① 위원은 **19명 이내**로 구성한다.
② 위원은 협회의 임원, 중개업·법률·회계·금융·보험·부동산 분야 전문가, 관계 공무원 및 그 밖에 중개업 관련 이해관계자로 구성한다.
③ 협회의 회장 및 협회 이사회가 협회의 임원 중에서 선임하는 사람이 **전체 위원 수의 3분의 1 미만**으로 한다.

(3) 운영위원회 구성

① 담당공무원과 협회의 회장을 제외한 **위원의 임기는 2년으로 하되 1회에 한하여 연임**할 수 있으며, 보궐위원의 임기는 전임자 임기의 남은 기간으로 한다.
② 운영위원회에는 **위원장과 부위원장 각각 1명을 두되, 위원장 및 부위원장은 위원 중에서 각각 호선한다.**
③ 운영위원회의 위원장은 운영위원회의 회의를 소집하며 그 의장이 된다.
④ **부위원장은** 위원장을 보좌하며, 위원장이 부득이한 사유로 그 직무를 수행할 수 없을 때에는 그 **직무를 대행한다.**
⑤ 운영위원회의 회의는 **재적위원 과반수의 출석으로** "개의"하고, **출석위원 과반수의 찬성**으로 심의사항을 "의결"한다.
⑥ 운영위원회의 사무를 처리하기 위하여 **간사 및 서기를 두되**, 간사 및 서기는 공제업무를 담당하는 **협회의 직원 중에서 위원장이 임명**한다.
⑦ 간사는 회의 때마다 회의록을 작성, 다음 회의에 보고 후 이를 보관한다.
⑧ 기타 운영위원회의 필요한 사항은 **운영위원회의 심의를 거쳐 위원장이 정한다.**

(4) 운영위원회의 업무사항

공제사업에 관하여 다음의 사항을 **심의**하며 그 업무집행을 **감독한다.**

① 사업계획·운영 및 관리에 관한 기본 방침
② 예산 및 결산에 관한 사항
③ 차입금에 관한 사항
④ 주요 예산집행에 관한 사항
⑤ 공제약관·공제규정의 변경과 공제 관련된 내부규정의 제정·개정 및 폐지
⑥ 공제금, 공제가입금, 공제료 및 그 요율에 관한 사항
⑦ 정관으로 정하는 사항
⑧ 그 밖에 위원장이 회의에 부치(상정)는 사항

7 협회에 대한 지도·감독 등

협회·지부·지회의 지도·감독권자 ⇨ 오직 국토교통부장관이다.
주의 시·도지사와 등록관청은 지도·감독권이 없다.

8 「민법」의 준용

이 법에 규정된 것 외에는 **「민법」 중 사단법인의 규정을 적용**한다.

02   개업공인중개사 등의 교육제도

1 실무교육(강행규정)

중개사무소의 개설등록을 하고자 하는 자 등은 **등록신청일 전 1년 이내**에 시, 도지사가 실시하는 실무교육을 받아야 한다.
⇨ 단, 폐업 후 1년 이내 재등록시에는 받지 않는다.

① **교육내용**: 개업공인중개사 및 소속공인중개사의 **직무수행에 필요한 법률**지식, 부동산 중개 및 경영 실무, 직업윤리 등

② **실시권자**: 시 · 도지사

③ **실무교육 대상자**

> ㉠ 중개사무소 개설등록을 하고자 하는 자
> ㉡ 법인의 사원 · 임원 **전원이 대상**
>   ※ 공인중개사가 아닌 임원 또는 사원도 실무교육을 받아야 한다.
> ㉢ 분사무소의 책임자
> ㉣ **소속공인중개사**
>   ※ 고용관계 **종료 신고 후**: **1년 이내**에 재취업하거나 개설등록을 신청하는 경우는 다시 교육을 받지 않아도 된다.

④ **교육시간**: 28시간 이상 ~ 32시간 이하

2 연수교육(강행규정) ⇨ 과태료 500만원 이하

① 교육내용: **부동산중개 관련 법 · 제도의 변경사항**, 부동산중개 및 경영실무, 직업윤리 등
② 실시권자: 시 · 도지사
③ 대상: **실무교육을 받은 개업공인중개사 및 소속공인중개사**
  ⚫주의 중개보조원은 대상(×)
④ 교육시간: 12시간 이상 ~ 16시간 이하
⑤ 연수교육 실시통지: 연수교육을 실시하려는 경우 실무교육 또는 연수교육을 받은 후 **2년이 되기 2개월 전까지** 연수교육의 일시 · 장소 · 내용 등을 **대상자에게 통지**하여야 한다.
  ⚫주의 교육공고(×)

3 직무교육(강행규정)

① 교육내용 : 중개보조원의 직무수행에 필요한 **직업윤리 등**
② 실시권자 : **시 · 도지사 또는 등록관청**
③ 대상 : 중개보조원
④ 교육시간 : 3시간 이상 ~ 4시간 이하
　※ 고용관계 종료 신고 후 : 1년 이내에 재취업으로 다시 고용 신고하려는 자는 교육(×)

4 예방교육(임의교육)

① 실시권자 : 국토교통부장관, 시 · 도지사 및 등록관청
② 대상 : **개업공인중개사 등** ⇨ **중개업 종사자 모두**
③ 통지 : 교육일 **10일 전까지** 교육일시 · 교육장소 및 교육내용, 그 밖에 교육에 필요한 사항을 **공고 또는 교육대상자에게 통지**한다.
④ 국토교통부장관, 시 · 도지사 및 등록관청은 개업공인중개사 등이 예방교육을 받는 경우에 필요한 **비용을 지원할 수 있다.**
（**예** 강사비, 연구비 시설 및 장비설치비 등）

5 교육지침

국토교통부장관은 시 · 도지사가 실시하는 **실무교육, 직무교육 및 연수교육**의 전국적인 균형유지를 위하여 필요하다고 인정하면 해당 **교육의 지침**을 마련하여 시행할 수 있다.

∷참고 | 개업공인중개사 등의 교육 총정리

구 분	실무교육	연수교육	직무교육	예방교육
법적 성격	강행교육 (등록 전 1년)	강행교육 (2년마다, 과태료 500만원 이하)	강행교육 (고용 전 1년)	임의교육 (필요시)
실시권자	시 · 도지사	시 · 도지사	시 · 도지사 + 등록관청	국토부장관, 시 · 도지사, 등록관청
교육 목적	법률 지식, 중개 및 경영실무, 직업윤리 등	법 · 제도의 변경, 중개 및 경영실무, 직업윤리 등	직업윤리 등	부동산거래사고 예방
시 간	28시간 ~ 32시간	12시간 ~ 16시간	3시간 ~ 4시간	※ 필요비용지원

OX 시 · 도지사는 연수교육을 실시하려는 경우 실무교육 또는 연수교육을 받은 후 2년이 되기 2개월 전까지 연수교육의 일시 · 장소 · 내용 등을 공고 또는 대상자에게 통지하여야 한다. (×)

OX 교육일 10일 전까지 교육일시 · 교육장소 및 교육내용, 그 밖에 교육에 필요한 사항을 공고 또는 교육대상자에게 통지한다. (○)

03   보 칙

1 업무의 위탁

(1) 위탁 교육

> 시·도지사는 **실무교육, 직무교육 및 연수교육**에 관한 업무를 위탁하는 때에는 일정한 인력 및 시설을 갖춘 기관 또는 단체를 지정하여 위탁하여야 한다.

≪ **수탁 기관**

> ① 부동산 관련 학과가 개설된 **학교**(**예** 대학, 전문대학)
> ② **협회**
> ③ 「공공기관의 운영에 관한 법률」 **공기업 또는 준정부기관**

(2) 위탁 시험

① **시험시행기관장은** 시험의 시행에 관한 업무를 「공공기관의 운영에 관한 법률」에 따른 **공기업, 준정부기관 또는 협회**에 위탁할 수 있다. **●주의** 학교(×)

② 시·도지사 또는 시험시행기관장은 업무를 위탁한 때에는 위탁받은 기관의 명칭·대표자 및 소재지와 위탁업무의 내용 등을 **관보에 고시하여야 한다.**

2 수수료 납부(지방자치단체의 조례에 따른 수수료)

수수료 납부(○)	수수료 납부(×)
1. 공인중개사자격시험에 응시하는 자 2. 공인중개사자격증의 재교부를 신청하는 자 3. 중개사무소의 개설등록을 신청하는 자 4. 중개사무소등록증의 재교부를 신청하는 자 5. 분사무소설치의 신고를 하는 자 6. 분사무소설치 신고확인서의 재교부를 신청	1. 공인중개사 자격증 첫 발급시 2. 휴업·폐업·재개·변경신고시 3. 고용인 고용, 종료 신고시 4. 포상금지급 신청시 5. 거래정보사업자 지정신청

●주의 사무소 이전신고 — 시·군·구 조례 수수료(○)

① 공인중개사자격시험을 국토교통부장관이 시행하는 경우는 **국토교통부장관이 결정·공고하는 수수료**를 납부하여야 한다. **●주의** 조례가 아님.

② 공인중개사자격시험 또는 공인중개사자격증 재교부업무를 위탁한 경우에는 해당 업무를 **위탁받은 자가 위탁한 자의 승인**을 얻어 결정·공고하는 수수료를 각각 납부하여야 한다.

3 포상금제도

> **제46조 【포상금】** 등록관청은 다음에 해당하는 자를 등록관청, 수사기관이나 부동산거래질서교란행위 신고센터(한국부동산원)에 신고 또는 고발한 자에 대하여 포상금을 지급할 수 있다.

(1) 신고 · 고발 대상자 ⇨ 〈부.양.무 – 시.체.방 – 표시〉!

> 1. 거짓이나 그 밖의 부정한 방법으로 중개사무소의 개설등록을 한 자 – (**부정등록자**)
> 2. 중개사무소등록증 또는 공인중개사자격증을 다른 사람에게 양도 · 대여하거나 다른 사람으로부터 양수 · 대여받은 자 – (**양 · 대**)
> 3. 중개사무소의 개설등록을 하지 아니하고 중개업을 한 자 – (**무등록업자**)
> 4. 법 제33조 제1항 제8호 : 부당한 이익을 얻거나 제3자에게 부당한 이익을 얻게 할 목적으로 거짓으로 거래가 완료된 것처럼 꾸미는 등 중개대상물의 시세에 부당한 영향을 주거나 줄 우려가 있는 행위 – (**시**)
> 5. 법 제33조 제1항 제9호 : 단체를 구성하여 특정 중개대상물에 대하여 중개를 제한하거나 단체 구성원 이외의 자와 공동중개를 제한하는 행위 – (**체**)
> 6. 법 제33조 제2항 : 누구든지 시세에 부당한 영향을 줄 목적으로 안내문 등을 이용하여 개업공인중개사 등의 업무를 방해한 자 – (**방**)
> 7. **개업공인중개사가 아닌 자가 표시 · 광고를 한 경우 – (표시)**

(2) 국고 보조

포상금의 지급에 소요되는 비용 중 **국고에서** 보조할 수 있는 비율은 **100분의 50 이내**로 한다.

(3) 지급금액

포상금은 1건당 **50만원**으로 한다.

(4) 지급요건

> ① 행정기관에 의하여 **발각되기 전**에 등록관청이나 수사기관 또는 신고센터(한국부동산원)에 신고 또는 고발할 것
> ② 검사가 **공소제기 또는 기소유예**의 결정을 한 경우에 한하여 지급한다.
> ③ 재판 결과의 **유죄 · 무죄 불문**하고 지급한다.

(5) 지급관청(등록관청)

① 포상금을 지급받으려는 자는 포상금 지급신청서를 등록관청에 제출해야 한다.

② **등록관청**은 그 사건에 관한 수사기관의 처분내용을 조회한 후 포상금의 지급을 결정하고, 그 **결정일부터 1개월 이내**에 포상금을 지급하여야 한다.

(6) 지급 방법

① 등록관청은 하나의 사건에 대하여 2인 **이상이 공동으로 신고 또는 고발**한 경우에는 포상금을 **균등하게 배분**하여 지급한다.

다만, 포상금을 지급받을 자가 배분방법에 관하여 미리 합의하여 포상금의 지급을 신청한 경우에는 그 **합의된 방법**에 따라 지급한다.

② 등록관청은 하나의 사건에 대하여 2건 **이상의 신고 또는 고발**이 접수된 경우에는 **최초로 신고 또는 고발**한 자에게 포상금을 지급한다.

4 부동산거래질서교란행위 신고센터의 설치 · 운영

> **법 제47조의2【부동산거래질서교란행위 신고센터의 설치 · 운영】** ① 국토교통부장관은 부동산 시장의 건전한 거래질서를 조성하기 위하여 부동산거래질서교란행위 신고센터(이하 이 조에서 "신고센터"라 한다)를 설치 · 운영할 수 있다.

누구든지 부동산중개업 및 부동산 시장의 건전한 거래질서를 해치는 다음 각 호의 어느 하나에 해당하는 행위(이하 "부동산거래질서교란행위"라 한다)를 발견하는 경우 그 사실을 신고센터에 신고할 수 있다.

(1) 부동산거래질서교란행위 해당 사항

> 1. 자격증 양도 · 대여금지, 유사명칭의 사용금지 , 중개사무소개설등록, 중개보조원의 고지의무, 제33조의 금지행위
> 2. 거짓, 부정하게 등록한 자에 해당하는 행위
> 3. 2중등록금지, 2중사무소설치금지, 임시중개시설물, 2중소속금지, 2중계약서 작성, 법인의 겸업제한 위반, 중개보조원 5배 초과 고용금지, 게시의무, 명칭-문자사용, 등록증 양도 · 대여금지), 중개대상물 확인 · 설명위반, 주택임대차 중개시 설명의무, 업무상 비밀준수
> 4. 부동산 거래신고 등에 관한 법률상 부동산거래신고 위반, 부동산거래의 해제등 신고 또는 제4조(금지행위: 거짓신고 요구, 거짓신고 조장 · 방조, 의무 아닌 자가 거짓신고, 가장매매 또는 해제신고를 위반하는 행위

(2) 신고센터는 다음 각 호의 업무를 수행한다(법 제47조의2 제3항).

> 1. 부동산거래질서교란행위 신고의 접수 및 상담
> 2. 신고사항에 대한 확인 또는 시 · 도지사 및 등록관청 등에 신고사항에 대한 조사 및 조치 요구
> 3. 신고인에 대한 신고사항 처리 결과 통보

(3) 국토교통부장관은 신고센터의 업무를 「한국부동산원법」에 따른 "한국부동산원"에 위탁한다(영 제37조 제7항).

(4) 한국부동산원은 신고센터의 업무 처리 방법, 절차 등에 관한 운영규정을 정하여 국토교통부장관의 승인을 받아야 한다. 이를 변경하려는 경우에도 또한 같다.

(5) 부동산거래질서교란행위를 신고하려는 자는 다음 각 호의 사항을 서면(전자문서를 포함한다)으로 제출해야 한다.

> 1. 신고인 및 피신고인의 인적 사항
> 2. 부동산거래질서교란행위의 발생일시·장소 및 그 내용
> 3. 신고 내용을 증명할 수 있는 증거자료 또는 참고인의 인적 사항
> 4. 그 밖에 신고 처리에 필요한 사항

(6) 신고센터는 보완이 필요한 경우 기간을 정하여 신고인에게 보완을 요청할 수 있다.

(7) 신고센터는 신고사항에 대해 시·도지사 및 등록관청 등에 조사 및 조치를 요구해야 한다. 다만, 다음 각 호의 어느 하나에 해당하는 경우에는 국토교통부장관의 승인을 받아 접수된 신고사항의 처리를 종결할 수 있다.

> 1. 신고내용이 명백히 거짓인 경우
> 2. 신고인이 제2항에 따른 보완을 하지 않은 경우
> 3. 제5항에 따라 신고사항의 처리결과를 통보받은 사항에 대하여 정당한 사유 없이 다시 신고한 경우로서 새로운 사실이나 증거자료가 없는 경우
> 4. 신고내용이 이미 수사기관에서 수사 중이거나 재판에 계류 중이거나 법원의 판결에 의해 확정된 경우

(8) 조사 및 조치를 요구를 받은 "시·도지사 및 등록관청" 등은 신속하게 조사 및 조치를 완료하고, 완료한 날부터 10일 이내에 그 결과를 "신고센터"에 통보해야 한다.

(9) 신고센터는 시·도지사 및 등록관청 등으로부터 처리 결과를 통보받은 경우 신고인에게 신고사항 처리 결과를 통보해야 한다.

(10) "신고센터"는 "매월 10일"까지 직전 달의 신고사항 접수 및 처리 결과 등을 "국토교통부장관"에게 제출해야 한다.

(11) 한국부동산원은 신고센터의 업무 처리 방법, 절차 등에 관한 운영규정을 정하여 국토교통부장관의 승인을 받아야 한다. 이를 변경하려는 경우에도 또한 같다.

지도 · 감독 및 행정처분

OX 국토교통부장관, 시 · 도지사, 등록관청 모두가 개업공인중개사에 대해 지도 · 감독권이 있다. (○)
※ 다만, 행정처분권은 등록관청만이 행사할 수 있다.

01 　지도 · 감독

> 법 제37조 : **국토교통부장관, 시 · 도지사 및 등록관청(분사무소의 시장 · 군수 또는 구청장을 포함)**은 개업공인중개사 또는 거래정보사업자에 대하여 그 업무에 관한 사항을 보고하게 하거나 자료의 제출 그 밖에 필요한 명령을 할 수 있으며, 소속공무원으로 하여금 **중개사무소(무등록업자의 사무소를 포함)에 출입**하여 장부 · 서류 등을 조사 또는 검사하게 할 수 있다. ※ 지도 · 감독의 목적

> 1. 부동산투기 등 거래동향의 파악을 위하여 필요한 경우
> 2. 이 법 위반행위의 확인, 공인중개사의 자격취소 · 정지 및 개업공인중개사에 대한 등록취소 · 업무정지 등 행정처분을 위하여 필요한 경우

1 감독관청

> ① 국토교통부장관
> ② 시 · 도지사(특별시장 · 광역시장 · 도지사)
> ③ 등록관청
> ④ **분사무소 관할 시장 · 군수 · 구청장** ◆주의 행정처분권은(×)

OX 공인중개사협회는 **국토교통부장관만이 감독권자**이다. (○)

2 기타 관련 내용

① 국토교통부장관, 시 · 도지사, 등록관청 모두가 개업공인중개사에 대해 지도 · 감독권이 있다. ※ 다만, **행정처분권은 등록관청만이** 행사할 수 있다.

② **공인중개사협회**는 국토교통부장관만이 감독권자로 규정되어 있다.

③ **거래정보사업자**는 국토교통부장관만이 지도 · 감독권이 있다(유권해석).

④ **제재** : 협회와 거래정보사업자(과태료 500만원 이하), 개업공인중개사(업무정지)이다.

OX 출입 · 검사 등을 하는 공무원은 공무원증 및 중개사무소조사 · 검사증명서를 지니고 상대방에게 이를 내보여야 한다. (○)

02 법령 위반에 대한 제재

01 제재 분류

① 행정처분	㉠ 개업공인중개사(등록취소와 업무정지) ㉡ 공인중개사(자격취소와 자격정지) ㉢ 거래정보사업자(지정취소)
② 행정형벌	㉠ 3년 이하의 징역 또는 3천만원 이하의 벌금 ㉡ 1년 이하의 징역 또는 1천만원 이하의 벌금
③ 질서벌(과태료)	㉠ 500만원 이하의 과태료 ㉡ 100만원 이하의 과태료

※ 행정처분과 행정형벌은 병과처분이 가능하다. 예 2중등록 위반(절·취와 1-1)

※ 행정형벌과 과태료는 병과할 수 없다.

OX 행정처분과 행정형벌은 병과처분이 가능하다. (○)

02 행정처분

1 행정처분의 종류별 총설

구 분	처분권자	처분내용	절 차	성 격	기 타
개업공인 중개사	등록관청	등록취소	청 문	- 절대적 등록취소 - 임의적 등록취소	~ 하여야 한다 ~ 할 수 있다
	등록관청	업무정지 (개·공만)	의견진술	재량, 6개월 이내	~ 할 수 있다
공인 중개사	시·도지사 (교부한)	자격취소	청 문	~ 한다 (절대적 취소) ※ 3년간 취득 금지	국토부장관에 보고. 다른 시·도지사에 통보(5일 이내)
	시·도지사 (교부한)	자격정지 (소·공만)	의견진술	재량, 6개월 이내 ~ 할 수 있다	등록관청이 사유를 안 때는 시·도지사 에게 지체 없이 통보
거래정보 사업자	국토부장관	지정취소	청 문	~ 할 수 있다	×

OX 공인중개사가 자격정지처분을 받은 기간 중에 다른 법인인 개업공인중개사의 사원이 되는 경우 자격취소 사유에 해당한다. (○)

2 행정처분의 개별적 내용

(1) 공인중개사의 자격취소

시·도지사는 공인중개사가 다음에 해당하는 경우에는 그 자격을 **취소하여야 한다.**
1. **부정한 방법**으로 공인중개사의 자격을 취득한 경우(**예** 부정시험)
2. 다른 사람에게 자기의 성명을 사용하여 중개 업무를 하게 하거나 공인중개사자격증을 **양도 또는 대여**한 경우
3. 소속공인중개사가 **그 자격정지 기간 중에 중개업무**를 하거나 기간 중에 **2중소속된 경우**
   ※ 개업공인중개사가 자격정지 기간 중인 소속공인중개사에게 중개업무를 하게 한 경우 ⇨ 등록취소사유이다.
4. 이법 또는 공인중개사의 직무와 관련하여 형법상 사기, 사문서 위조·변조 및 횡령·배임 등 금고 이상의 형(집행유예를 포함한다)을 선고받은 경우

≪ 핵심 정리

① **이 법 또는「형법」상 사기, 사문서 위조·변조 및 횡령·배임 등으로 징역 또는 금고형 이상 선고 받은 경우**에 자격이 취소된다.
   ㉠ 금고·징역형에 대한 **집행유예 선고**를 받은 경우는 자격취소된다.
   ㉡ 금고·징역형에 대한 **선고유예**를 받은 경우는 − 자격취소(×)
② 자격취소권자: **교부한 시·도지사**
③ 사전에 청문절차를 거치지 않고 한 자격취소 처분은 무효이다.
④ 자격취소의 효과

   ㉠ 자격이 취소되면 결격사유에 해당되어 **등록이 취소된다.**
   ㉡ 자격이 취소된 날부터 3년 이내에 공인중개사 **자격을 취득할 수 없다.**
   ㉢ 자격취소된 날로부터 3년이 경과되기 전에는 **중개업에 종사할 수 없다.**
   ㉣ **시·도지사**는 5일 이내에 국토부장관에게 보고, 다른 시·도지사에게 통보한다.
   ㉤ **7일 이내**에 자격증을 **교부한 시·도지사**에 자격증을 반납하여야 한다.

   ※ 분실 등의 사유로 인하여 격증을 반납할 수 없는 자는 그 이유를 기재한 사서류를 시·도지사에게 제출하여야 한다. ⇨ 위반시 과태료 100만원 이하
⑤ **자격증을 교부한 시·도지사와 공인중개사 사무소의 관할 시·도지사가 서로 다른 경우**에는 사무소의 소재지를 관할하는 시·도지사가 자격취소처분 또는 자격정지처분에 필요한 절차를 모두 이행한 후 자격증을 **교부한 시·도지사에게 통보**하여야 한다.
   ※ 청문 등은 사무소 관할 시·도지사가 하고 / 자격취소는 교부한 시·도지사가 한다.
⑥ 자격취소처분 및 자격정지처분은 **자격증을 교부한 시·도지사**가 한다.

≪ 보충 정리

> ① 이 법 위반으로 300만원 이상 벌금형 선고 : 결격으로 등록이 취소된다.
>   ⇨ 단, **자격은 취소되지 않는다.**
> ② 다른 법 위반으로 300만원 벌금형 선고 ⇨ 자격과 등록 모두 취소 안 됨
> ③ **개업공인중개사가 중개업무와** 관련하여 「형법」상 업무상의 횡령죄로 징역 1년에 대한 집행유예 2년을 선고받은 경우 ⇨ **자격이 취소된다.**

(2) 소속공인중개사의 자격정지

> **시·도지사**는 소속공인중개사로서 업무를 수행하는 기간 중에 다음에 해당하는 경우에는 **6개월의 범위 안에서** 기간을 정하여 그 **자격을 정지할 수 있다.**
> 1. 2 이상의 중개사무소에 소속된 경우
> 2. 인장등록을 하지 아니하거나 등록하지 아니한 인장을 사용한 경우
> 3. 성실·정확하게 중개대상물의 확인·설명을 하지 아니하거나 설명의 근거자료를 제시하지 아니한 경우
> 4. 중개대상물 확인·설명서에 서명·날인을 하지 아니한 경우
> 5. 거래계약서에 서명·날인을 하지 아니한 경우
> 6. 거래계약서에 거래금액 등 거래내용을 거짓으로 기재하거나 서로 다른 2 이상의 거래계약서를 작성한 경우
> 7. 금지행위를 한 경우 〈기.수.매.무.관.직.쌍.투.시.체〉
>   **등록관청**은 소속공인중개사가 위 자격정지 사유에 해당하는 사실을 알게 된 때에는 **지체 없이** 그 사실을 **시·도지사에게 통보**하여야 한다.

① 소속공인중개사가 2중소속된 경우는 자격정지 사유이다.
　※ 자격정지 기간 중에 2중소속된 경우는 자격취소 사유에 해당된다.

② 거래계약서 교부·보존은 개업공인중개사의 의무이므로 소속공인중개사의 **자격정지 사유가 아니다.**

③ 소속공인중개사의 자격정지 처분은 청문대상은 아니다.
　※ 의견제출 기회를 주어야 한다.

④ 자격정지 처분은 그 공인중개사 자격증을 **교부한 시·도지사가 한다.**

⑤ 개업공인중개사가 소속공인중개사에게 자격정지 기간 중에 중개업무를 하게 한 경우는 반드시 등록취소된다.

⑥ 소속공인중개사의 자격정지 처분을 받으면 그 자격정지 기간 동안 결격이다.

⑦ **자격정지의 기준** : 시·도지사는 위반행위의 동기·결과 및 횟수 등을 참작하여 **자격정지기간의 2분의 1의 범위 안에서 가중 또는 경감**할 수 있다. 이 경우 **가중하여 처분하는** 때에도 자격정지 기간은 **6개월을 초과할 수 없다.**

⑧ 자격정지의 기준은 다음과 같다(별표 3). ⇨ 〈**확.인.서**〉

위반 행위	정지 기준
1. 2 이상의 중개사무소에 소속된 경우	6개월
2. 거래계약서에 거래금액 등 거래내용을 거짓으로 기재하거나 서로 다른 2 이상의 거래계약서를 작성한 경우	6개월
3. 법 제33조 제1항 각(1호 ~ 9호)에 규정된 금지행위를 한 경우	6개월
4. 성실·정확하게 중개대상물의 **확인**·설명을 하지 아니하거나 설명의 근거자료를 제시하지 아니한 경우	3개월
5. 중개대상물 **확인**·설명서에 서명·날인을 하지 아니한 경우	3개월
6. **인장**등록을 하지 아니하거나 등록하지 아니한 인장을 사용한 경우	3개월
7. 거래계약서에 **서명**·날인을 하지 아니한 경우	3개월

::참고| 보충 〈자격취소와 자격정지 비교〉

구	자격 취소	자격 정지
처분권자	교부한 시·도지사	교부한 시·도지사
대	개공, 소공 등 - 자격자 모두	소속공인중개사만 대상
절	청	의견 제출
자격증 반납	7일 이내에 반납	반납(×)
결격 기간	3년	단, 그 기간만 결격
통 보	5일 내 - 국토장관과 다른 시·도지사	제도(×)
협회통보	통보(×)	통보(×)
가중처벌	(×)	정지기간 중 업무 ⇨ 자격취소

(3) 개업공인중개사에 대한 등록취소

① 절대적 등록취소 ⇨ 〈최근 - 양.이.사 - 업무. 5배 - 부.결〉!

> **등록관청**은 개업공인중개사가 다음에 해당하는 경우에는 중개사무소의 개설
> 등록을 **취소하여야 한다.**
>
> 1. **최근 1년** 이내에 이 법에 의하여 **2회 이상** 업무정지 처분을 받고, **다시 업무정지**처분
>   에 해당하는 행위를 한 경우
> 2. 다른 사람에게 자기의 성명 또는 상호를 사용하여 중개 업무를 하게 하거나 중개사
>   무소 등록증을 **양도 또는 대여**한 경우
> 3. 이중등록: 이중으로 중개사무소의 개설등록을 한 경우
> 4. 이중 소속: 다른 개업공인중개사의 소속공인중개사·중개보조원 또는 개업공인중
>   개사인 법인의 사원·임원이 된 경우
> 5. 개인인 개업공인중개사가 **사망하거나 중개법인이 해산**한 경우
>   ※ 청문절차 없이 등록효력이 즉시 상실한다.
> 6. **업무정지 기간 중**에 중개 업무를 하거나 자격정지처분을 받은 소속공인중개사로 하
>   여금 자격정지 기간 중에 중개 **업무를 하게 한 경우**
> 7. 5배수 초과하여 중개보조원 고용한 경우
> 8. 거짓 그 밖의 **부정한 방법**으로 중개사무소의 개설등록을 한 경우
> 9. **결격사유**에 해당하게 된 경우(※ 다만, 사원·임원이 결격사유인 경우, 그 사유가 발
>   생한 날부터 2개월 이내에 그 사유를 해소하면 등록이 취소되지 아니한다.

≪ 핵심 정리

> ① 등록 취소되면 **3년간 결격**이다.
> ② 등록취소: 등록증을 등록관청에 **7일 이내**에 반납하여야 한다.
>   ※ 자격증이 취소되면 자격증을 교부한 시·도지사에게 반납 ⇨ 위반: 과태료 100만원 이하
> ③ 중개법인의 사원·임원이 결격이면 등록취소 사유이다.
>   ⇨ 단, 해당 사원·임원 **2개월 이내** 해소할 경우는 그렇지 않다.
> ④ **고용인이 결격**이면 개업공인중개사는 **2개월 이내 해소**해야 한다. ⇨ 위반: 업무정지
> ⑤ **중개법인 해산 하면** 법인의 대표자이었던 자가 7일 이내 등록관청에 반납하여야 한다.

② 임의적 등록취소 ⇨ 〈임 = 금.겸업 - 미달. 이 - 6. 보. 전〉!

등록관청은 개업공인중개사가 다음의 경우 - 등록을 **취소할 수 있다.**

1. **금지행위**를 위반한 경우 〈기.수.매.력 - 관.직.쌍.투 - 시.체〉
2. **겸업**(법 제14조)을 위반한 경우 〈관.상.경 - 분양.알선〉
3. **등록기준에 미달**하게 된 경우 〈3. 4. 5. 6번 - (전원) 실.격〉
4. 2 **이상**의 중개사무소를 둔 경우
5. **임시** 중개시설물을 설치한 경우(가설물, 파라솔 및 의자 등)
6. 거래계약서에 거래금액 등 거래내용을 거짓으로 기재하거나 서로 다른 2 **이상**의 거래계약서를 작성한 경우
7. 무단 **6개월**을 초과하여 휴업한 경우
8. 손해배상책임을 보장하기 위한 **보증설정 조치**를 이행하지 아니하고 업무를 개시한 경우
9. **전속중개계약**체결 후 중개대상물에 관한 **정보를 공개**하지 아니하거나 중개의뢰인의 **비공개요청**에도 불구하고 정보를 공개한 경우
   ※ 전속중개계약서 **사용**하지 않은 경우나 3년간 **보존**하지 않은 경우 ⇨ 업무정지
10. 최근 1년 이내에 이 법에 의하여 **3회 이상 업무정지 또는 과태료**의 처분을 받고 **다시 업무정지 또는 과태료 처분에 해당**하는 행위를 한 경우
    ※ 다만, 절대적 등록취소 사유에 해당되면 제외한다.
11. 개업공인중개사가 조직한 사업자단체나 구성원이 독점규제 및 공정거래법 위반으로 행위중지, 시정명령, 과징금처분을 **최근 2년 이내에 2회 이상** 받은 경우

≪ **핵심 정리**

① 임의적 등록취소는 **업무정지 처분으로 대체**하여 처벌할 수 있다.
   ※ 그러나 업무정지처분 사유를 임의적 등록 취소로 대체하여 처벌할 수는 없다.
② 등록이 취소되면 3년간 결격이다. 또한 등록증을 7일 이내에 반납하여야 한다.
③ 등록관청은 다음달 10일까지 협회 통보사항이다.

⑷ 개업공인중개사에 대한 업무정지 ⇨ 〈서.인.교(존) − 임.기.중 − 2회. 망〉!

등록관청은 개업공인중개사가 다음에 해당하는 경우는 6개월의 범위 안에서 기간을 정하여 업무의 정지를 **명할 수 있다.** 또한 법인인 개업공인중개사에 대하여는 **법인 또는 분사무소별로** 업무의 정지를 명할 수 있다.

① 거래**계약서** − **서명** 및 날인, 거래계약서 **교부** 및 5년 **보존**
② 확인·**설명서** − **서명** 및 날인, 확인·설명서 **교부** 및 3년 **보존**
　※ 확인·설명 위반 − 과태료 500만원
③ 전속중개**계약서** − 미사용, 전속중개계약서 3년 **미보존**
④ 인장 미등록 또는 미등록 **인장** 사용, 변경등록(×)
⑤ **임의적 등록취소** 사유 ⇨ 업무정지로 대체 가능
⑥ **(기타)** 그 밖에 이 법 또는 이 법에 의한 명령에 위반한 경우
　(예 고용인 고용·종료 신고 위반, 개업공인중개사의 무단예치금 인출 등)
　※ 절대적 등록취소와 과태료는 절대로 업무정지 불가함.
⑦ **중개**인이 업무지역 위반
⑧ 최근 1년 내에 2**회 이상** 업·정 또는 과태료 ⇨ 다시 **과태료** 위반행위
⑨ 거래**정보망**에 거짓공개 또는 거래사실 미통보
⑩ **고용인**의 결격사유 발생(단, 2개월 내 해소 ×)
⑪ 개업공인중개사가 지도·감독상 **명령** 위반
⑫ 독점규제법위반으로 행위중지, 시정명령, 과징금을 받은 경우

1) 소멸시효

업무정지 사유가 발생한 날부터 3년이 경과한 때에는 이를 할 수 없다.

주의 등록취소, 자격취소, 자격정지에는 소멸시효 제도가 없다.

2) 관련 내용

① 업무정지처분은 재량사항이다. ⇨ **사전에 의견진술** 기회 부여 (청문이 ×)

② 등록관청은 위반행위의 동기·결과 및 횟수 등을 참작하여 업무정지 기간의 2**분의 1의 범위 안에서** 가중 또는 **경감할 수 있다.** 이 경우 **가중**하여 처분하는 때에도 업무정지 기간은 6개월을 초과할 수 없다.

③ 등록관청은 다음달 10일까지 협회 통보사항이다.

④ **업무정지의 사유가 발생한 당시의 사원 또는 임원이었던 자**는 업무정지 기간 동안은 **결격사유에 해당된다.**

　≪ 보충 − 등록증 반납(첨부)의 경우!

　㉠ 등록증 반납: 종별변경신청, 사무소 이전신고, 휴업·폐업신고, 등록취소처분 등
　㉡ 등록증 반납의무 없는 경우: 휴업 중 중개업 재개 및 변경신고, 업무정지 등

OX 자격정지 사유가 발생한 날부터 3년이 경과한 때에는 이를 할 수 없다. (×)

OX 등록관청은 위반행위의 동기·결과 및 횟수 등을 참작하여 업무정지 기간의 2분의 1의 범위 안에서 가중 또는 경감할 수 있다. 이 경우 가중하여 처분하는 경우에는 때에도 6개월을 초과하여 업무정지처분을 할 수 있다. (○)

OX 업무정지 기간 중인 사무소에 다른 개업공인중개사와 공동사무소를 설치하는 것은 불가하다. (○)

3) 개별기준(규칙 [별표 4])

위반행위	기 간
가. **최근 1년** 이내에 이 법에 따라 2회 이상 업무정지 또는 과태료의 처분을 받고 다시 과태료 처분에 해당하는 행위를 한 경우	6개월
나. **임의적 등록취소**의 각 호의 하나를 최근 1년 이내에 1회 위반한 경우	6개월
다. **결격**사유자인 소속공인중개사 또는 중개보조원으로 둔 경우 다만, 사유가 발생한 날부터 2개월 이내에 사유를 해소(×)	6개월
라. 중개대상물에 관한 **정보를** 거짓으로 공개한 경우	6개월
마. 거래정보사업자에게 공개를 의뢰한 중개대상물의 거래가 완성된 사실을 그 거래정보사업자에게 통보하지 않은 경우	3개월
바. 중개대상물 확인·설명서를 교부하지 않거나 보존하지 않은 경우	3개월
사. 중개대상물 확인·설명서에 서명·날인을 하지 않은 경우	3개월
아. 거래계약서를 작성·교부하지 않거나 보존하지 않은 경우	3개월
자. 거래계약서에 서명·날인을 하지 않은 경우	3개월
차. 지도감독 - 보고, 자료의 제출, 조사 또는 검사를 거부·방해 또는 기피하거나 그 밖의 명령을 불이행	3개월
카. 인장등록을 하지 않거나 등록하지 않은 인장을 사용한 경우	3개월
타. 전속중개계약서에 따르지 않고 전속중개계약을 체결하거나 계약서를 보존하지 않은 경우	3개월
파. 부칙 제6조 제6항의 자가 업무지역의 범위를 위반 한 경우	3개월
하. **그 밖에** 이 법 또는 이 법에 따른 명령이나 처분을 위반한 경우	1개월

OX 개업공인중개사가 중개보수를 초과 받은 경우 또는 중개의뢰인과 직접거래 한 경우에 업무정지처분을 할 수 있다. (○)

■ 자격정지와 업무정지의 비교

구별 항목	자격정지	업무정지
처분권자	교부한 시·도지사	등록관청(주된 사무소)
처분 대상	소속공인중개사	개업공인중개사
반납 여부	자격증 반납(×)	등록증 반납(×)
소멸시효	3년(×)	(○)
결격기간	처분기간만	처분기간만
협회 통보의무	통보(×)	통보(○)
상습 가중처벌	정지기간 중 업무 ⇨ 자격취소	정지기간 중 업무 ⇨ 절대적 등록취소

4) 거래정보사업자의 지정취소 처분 ⇨ 〈거.운.정.해.일(1년)〉

> **국토교통부장관**은 거래정보사업자가 다음에 해당하는 경우에는 그 **지정을 취소할 수 있다.**

① 지정취소 사유

> 1. **거짓** 그 밖의 부정한 방법으로 지정을 받은 경우
> 2. **운영**규정의 승인 또는 변경승인을 받지 아니하거나 운영규정에 위반 운영
> 3. **정보**공개의무 위반
>   ① 개업공인중개사로부터 받은 중개대상물의 **정보**에 한하여 공개
>   ② 의뢰받은 내용과 **다르게** 정보를 공개
>   ③ 개업공인중개사별 **차별 공개** 하여서는 아니 된다.
> 4. 거래정보사업자의 사망 또는 법인인 거래정보사업자의 **해산** 그 밖의 사유로 운영이 불가능
> 5. 정당한 사유 없이 지정받은 날부터 **1년** 이내에 설치·운영하지 아니한 경우

② **성격**: 임의적이다.

③ **취소권자**: 국토교통부장관

④ **사전 절차**: 청문 **주의** 단, 사망 또는 해산은 청문(×)

⑤ 제 재

> ㉠ 거래정보사업자가 운영규정 위반: **지정취소와 500만원 이하 과태료**
> ㉡ 정보공개 의무(※ 개업공인중개사로부터 의뢰받은 것만을 공개 – 위반: 정보를 다르게 공개한 경우, 개업공인중개사를 차별공개한 경우) – **지정취소와 1년 이하의 징역 또는 1천만원 이하의 벌금형이다.**

03 재등록개업공인중개사의 폐업 전의 처분 및 위법행위 승계

개업공인중개사가 폐업신고 후 다시 중개사무소의 개설등록을 한 때에는 폐업신고 전의 개업공인중개사의 지위를 승계한다.

(1) **행정처분 효과 승계**: 폐업신고 전의 **업무정지, 과태료**의 위반행위를 사유로 행한 행정처분의 **효과는 그 처분일부터 1년간** 다시 중개사무소의 개설등록을 한 자에게 승계된다.

> 甲개업공인중개사가 2025년 2월과 4월에 각 1회씩 업무정지 처분을 받고, **폐업한 후에 11월에 재등록**을 하였을 경우에 2회 받은 업무정지처분 효과는 승계된다. 따라서, **예** 甲이 다시 12월 7일에 업무정지 사유가 적발되었을 경우 처벌은?
> ⇨ 승계된 2회 업무정지 + 다시 업무정지 = 총 3회가 되어 등록이 취소된다.

(2) **위반행위 승계처분** : 폐업신고 전의 **등록취소, 업무정지**의 위반행위는 재등록 개업공인중개사에게 승계가 되므로 등록관청은 행정처분을 할 수 있다.

※ 다만, 다음에 해당하는 경우를 제외한다.

① **등록취소 사유** : **폐업기간이 3년을 초과**한 경우는 승계하지 않는다.

② **업무정지 사유** : **폐업기간이 1년을 초과**한 경우는 승계하지 않는다.

> **OX** 공인중개사법령 위반으로 2021. 2. 5. 등록취소처분에 해당하는 행위를 하였으나 2021. 3. 6. 폐업신고를 하였다가 2023. 10. 16. 다시 중개사무소 개설등록을 한 경우, 그에게 종전의 위반행위에 대한 등록취소처분을 할 수 없다. (×)

▌보충 – 승계기간 총 정리!

구 분	처분 내용	승계기간
1. 처분받은 효과 〈처.처 - 등〉	① 업무정지 처분	처분일로부터 - 1년 이내
	② 과태료 처분	처분일로부터 - 1년 이내
2. 위반행위 사유 〈위.폐 - 등〉	① 등록취소 사유	폐업기간 - 3년 이내
	② 업무정지 사유	폐업기간 - 1년 이내

> **주의** 소멸시효와 구별 : 업무정지사유가 발생한 날로부터 3년이 경과한 때에는 이를 할 수가 없다.

(3) 행정처분을 하는 경우에는 **폐업기간과 폐업의 사유 등을 고려**하여야 한다.

> **주의** 재등록개업공인중개사 결격기간 : 등록취소 3년 - 폐업기간 공제

(4) 중개법인의 대표자에 관하여 **개업공인중개사의 행정제재 처분효과의 승계규정을 준용**한다. 그리고 "**개업공인중개사**"는 "**법인의 대표자**"로 본다.

≪ 보충내용

재등록개업공인중개사 결격기간: **등록취소 3년 - 폐업기간 공제**

04   벌 칙

「공인중개사법」에서는 행정형벌과 과태료(질서벌)처분이 있다.

01 행정형벌

1 3년 이하의 징역 또는 3천만원 이하의 벌금 ⇨ 〈허.무. 관.직쌍.투. 시.체.방〉!

① 거짓(허위) 기타 **부정**한 방법으로 중개사무소 개설등록한 자
② 무등록업자: 중개사무소 개설등록을 하지 아니하고 중개업을 영위하는 자
③ **관련 있는 증서**(부동산의 분양 · 임대 등 받는) 중개 또는 매매를 업으로 한 자
④ 중개의뢰인과 **직접거래**
⑤ 거래당사자 **쌍방을 대리**하여 중개행위를 한 자
⑥ 탈세를 목적으로 미등기전매(중간생략등기)의 중개나 권리변동이 제한된 부동산의 매매를 중개하는 등 **투기를 조장**하는 행위를 한 자
⑦ 부당한 이익을 얻거나 제3자에게 부당한 이익을 얻게 할 목적으로 거짓으로 거래가 완료된 것처럼 조작하여 **시세**에 부당한 영향을 주거나 줄 우려가 있는 행위
⑧ **단체**를 구성하여 특정 중개대상물 중개를 제한 또는 단체회원 외의 자와 공동중개를 제한하는 행위
⑨ 누구든지 시세에 부당한 영향을 줄 목적으로 개업공인중개사 등의 업무를 **방해**해서는 아니 된다. 例 안내문, 온라인 커뮤니티 등을 이용하여 **특정 개업공인중개사 등에 대한 중개의뢰를 제한** 또는 **중개의뢰를 하도록** 유도 등 ~

> **주의** 3년 이하의 징역 또는 3천만원 이하의 벌금 ⇨ 〈허.무 − 관.직 − 쌍.투 − 시.체.방〉!

2 1년 이하의 징역 또는 1천만원 이하의 벌금
   ⇨ 〈양.아.이 − 5배.비.정 − 기.수.매.력〉!

① 공인중개사자격증을 **양도 · 대여**한 자 또는 양수 · 대여받은 자
② 중개사무소등록증을 다른 사람에게 **양도 · 대여**한 자 또는 양수 · 대여받은 자
③ 공인중개사 **아닌 자**가 "공인중개사 또는 이와 유사한 명칭을 사용한 자"
④ 개업공인중개사가 **아닌 자**가 "공인중개사사무소", "부동산중개" 또는 이와 유사 명칭사용
⑤ 개업공인중개사가 **아닌 자** 중개대상물에 대한 표시 · 광고를 한 자
⑥ **2중등록 한 자**
⑦ **2중소속 한 자** ⇨ 2중등록과 이중소속은 절 · 취사유도 된다.
⑧ **2중사무소를 설치한 자** ⇨ 임 · 취사유도 된다.
⑨ **임시 중개시설물을 설치한 자** ⇨ 임 · 취사유도 된다.
   ※ 2중계약서 작성: 행정형벌 제재가 없다. ⇨ 단, 임의적 등록취소 해당

> **주의** 1년 이하의 징역 또는 1천만원 이하의 벌금 ⇨ 〈양.아.이 − 5배.비.정 − 기.수.매.무〉

⑩ 5배수 초과하여 중개보조원 고용
⑪ **비밀**을 누설한 자
⑫ 거래**정보**사업자가 개·공 이외자의 **정보공개, 다르게, 차별적 공개**
⑬ 제33조(금지행위) : **기망, 보수 초과, 매매업, 무등록업자와 협력 〈기.수.매.력〉**

③ 양벌규정(법 제50조)

① 소속공인중개사·중개보조원 또는 개업공인중개사인 법인의 사원·임원이 **제48조** **(3징역 − 3천벌금) 또는 제49조(1징역 − 1천벌금)의** 위반행위를 한 때에는 개업공인중개사는 해당 조에 규정된 **벌금형을 받는다.** **◆주의** 징역형 ×

※ 다만, 그 개업공인중개사가 그 위반행위를 방지하기 위하여 해당 업무에 관하여 **상당한 주의와 감독을** 게을리하지 아니한 경우에는 그러하지 아니하다.

② **양벌규정**상에 따라 개업공인중개사가 벌금형으로 처벌될 경우에 고용인과 항상 동일한 벌금액으로 처벌되는 것은 아니다.

③ 개업공인중개사가 **양벌규정**에 따라 300만원 이상 벌금형을 선고 받더라도 **결격사유로 보지 않는다(판례). ⇨ 따라서, 이 경우 등록이 취소되지 않는다.**

④ 고용인의 위반행위가 과태료나 **행정처분**에 해당하는 경우는 **양벌규정**이 적용되지 않는다.

02 **과태료**(행정질서벌)

① 과태료 관련 내용

(1) 과태료 부과·징수권자

부과·징수권자	관련 내용
국토교통부장관 〈정.통.협〉	• 거래**정보**사업자 − 500만원 이하 • 정보**통신**서비스사업자 − 500만원 이하 • 공인중개사**협회** − 500만원 이하
시·도지사 〈연〉	• **연수교육** 미수료자 − 500만원 이하 ※ **자격증 미반납자** − 100만원 이하

등록관청	**개업공인중개사와 3.의 중개보조원의무**	
	〈설.부. 고지〉	1. 중개대상물을 **확인 · 설명 위반** – 500만원 이하 2. 개업공인중개사의 **부당 표시 · 광고** – 500만원 이하 3. 중개보조원의 신분 **고지**의무 위반 – 500만원 이하
	과태료 100만원 이하 사유 ⇨ 〈이.보.게 – 문.폐. – 반납.표시〉!	
	1. 중개사무소의 **이전**신고 위반 2. 관계증서(**보증**서)의 사본 등 미교부 3. 등록증 등을 **게시** 위반 4. 사무소에 "공인중개사사무소", "부동산중개"라는 **문자**사용 위반 5. 중개인이 "공인중개사사무소" **문자**를 사용한 경우 6. 휴업, **폐업**, 재개, 변경 신고 위반 7. 등록증을 **반납**하지 아니한 자(7일 내 반납) 8. 중개대상물 **표시**, 광고 규정을 위반한 자 (圆 전단지, 인터넷표시)	

주의 과태료 100만원 이하 ⇨ **이.보.게 – 문.폐. – 반납. 표시!**

(2) 과태료 사유 및 금액

1) 500만원 이하 과태료 사유

① 부동산거래정보사업자

> ㉠ **운영규정** – 승인 또는 변경승인을 얻지 아니하거나 운영규정의 내용에 위반(이는 국토교통부장관의 지정취소 사유도 된다)
> ㉡ **지도 · 감독상명령 위반** – 업무보고, 자료의 제출, 조사 또는 검사를 거부 · 방해 또는 기피/그 밖의 명령을 이행하지 아니하거나 거짓으로 보고 또는 자료제출을 한 경우

② 공인중개사 협회

> ㉠ 공제사업 운용실적을 공시(일간신문 · 협회보 등 회계연도 종료 후 3개월 이내)하지 아니한 자
> ㉡ 공제업무 개선명령을 불이행
> ㉢ 임원에 대한 징계, 해임요구 불이행 또는 시정명령을 이행하지 아니한 자
> ㉣ 감독상 명령 위반, 즉 업무보고, 자료의 제출, 조사 또는 검사를 거부 · 방해 또는 기피하거나 그 밖의 명령을 이행하지 아니하거나 거짓으로 보고 또는 자료제출을 한 자

참고 | 개업공인중개사가 지도 · 감독상 명령을 위반하면 업무정지 사유이다.

③ **정보통신서비스**

> ㉠ 국토교통부장관 요구: 정보통신서비스 제공자가 **관련 자료 제출 요구**에 따르지 아니한 경우
>
> ㉡ 국토교통부장관 요구: 정보통신서비스 제공자가 이 법 위반이 의심되는 표시·광고에 대한 확인 또는 추가정보의 게재 등 **필요한 조치를 요구**에 따르지 아니한 경우

④ **연수교육**을 정당한 사유 없이 받지 아니한 자 ⇨ 시·도지사가 부과·징수

⑤ 성실·정확하게 **중개대상물을 확인·설명**을 하지 않거나 근거자료를 제시하지 아니한 자 ⇨ 등록관청이 부과·징수

⑥ **개업공인중개사의 부당 표시·광고** ⇨ 등록관청 부과·징수

> ㉠ **허위매물광고** - 중개대상물의 부존재로 거래가 불능인 중개대상물 표시·광고
>
> ㉡ **허위 가격조작·과장 광고** - 가격 등 내용을 거짓 또는 과장 표시·광고
>
> ㉢ **부동산거래질서 교란** - 그 밖에 표시·광고의 내용이 부동산거래질서를 해치거나 중개의뢰인에게 피해를 줄 우려가 있는 경우

⑦ **중개보조원의 직위 고지의무 위반**

> 중개의뢰인에게 중개보조원이라는 사실을 미리 고지 아니한 사람 및 개업공인중개사 다만, 개업공인중개사가 이를 방지 하려고 상당한 주의와 감독을 다한 경우(×)

※ 과태료처분청은 위반행위의 동기·결과 및 횟수 등을 고려하여 과태료부과 기준금액의 **2분의 1의 범위**에서 가중 또는 감경할 수 있다. 다만, 가중하는 경우에도 과태료의 총액 **500만원을 초과할 수 없다.**

⑧ **과태료의 부과기준**

　㉠ 부과권자는 개별기준에 따른 과태료 금액의 **2분의 1 범위**에서 그 금액을 줄일 수 있다. 다만, 과태료를 체납하고 있는 위반행위자의 경우에는 그렇지 않다.

　㉡ 부과권자는 개별기준에 따른 **과태료의 2분의 1 범위**에서 그 금액을 늘릴 수 있다. 다만, 법 제51조 제2항(500만원 이하)·제3항(100만원 이하) 과태료 금액의 **상한을 넘을 수 없다.**

　㉢ **과태료의 개별기준(영 제38조 [별표 2])**

위반행위	과태료 금액
가. 부당한 표시·광고를 한 경우	
1) 중개대상물이 존재하지 않아서 실제로 거래를 할 수 없는 중개대상물에 대한 표시·광고를 한 경우	500만원
2) 중개대상물의 가격 등 내용을 사실과 다르게 거짓으로 표시·광고하거나 사실을 과장되게 하는 표시·광고를 한 경우	300만원

[주의] 국토교통부장관, 시·도지사, 등록관청은 위반행위의 동기·결과 및 횟수 등을 고려하여 500만원 이하 사유는 과태료부과 기준금액의 2분의 1의 범위에서 가중 또는 감경할 수 있다.

3) 중개대상물이 존재하지만 실제로 중개의 대상이 될 수 없는 중개대상물에 대한 표시 · 광고를 한 경우	400만원
4) 중개대상물이 존재하지만 실제로 중개할 의사가 없는 중개대상물에 대한 표시 · 광고를 한 경우	250만원
5) 중개대상물의 입지조건, 생활여건, 가격 및 거래조건 등 중개대상물 선택에 중요한 영향을 은폐 · 축소하는 등의 방법으로 소비자를 속이는 표시 · 광고를 한 경우	300만원
나. 정당한 사유 없이 정보통신서비스 제공자가 요구에 따르지 않아 관련 자료를 제출하지 않은 경우	500만원
다. 정당한 사유 없이 정보통신서비스 제공자가 요구에 따르지 않아 필요한 조치를 하지 않은 경우	500만원
라. 중개의뢰인에게 본인이 중개보조원이라는 사실을 미리 알리지 않은 사람 및 그가 소속된 개업공인중개사. 다만, 개업공인중개사가 상당한 주의와 감독을 한 경우는 제외한다.	500만원
마. 운영규정의 승인 또는 변경승인을 얻지 않거나 운영규정의 내용을 위반하여 부동산거래정보망을 운영한 경우	400만원
바. 성실 · 정확하게 중개대상물의 확인 · 설명을 하지 않거나 설명의 근거 자료를 제시하지 않은 경우	
1) 성실 · 정확하게 중개대상물의 확인 · 설명은 했으나 설명의 근거자료를 제시하지 않은 경우	250만원
2) 중개대상물 설명의 근거자료는 제시했으나 성실 · 정확하게 중개대상물의 확인 · 설명을 하지 않은 경우	250만원
3) 성실 · 정확하게 중개대상물의 확인 · 설명을 하지 않고, 설명의 근거자료를 제시하지 않은 경우	500만원
사. 연수교육을 정당한 사유 없이 받지 않은 경우	
1) 법 위반상태의 기간이 1개월 이내인 경우	20만원
2) 법 위반상태의 기간이 1개월 초과 3개월 이내	30만원
3) 법 위반상태의 기간이 3개월 초과 6개월 이내	50만원
4) 법 위반상태의 기간이 6개월 초과인 경우	100만원
아. 거래정보사업자가 보고, 자료의 제출, 조사 또는 검사를 거부 · 방해 또는 기피하거나 그 밖의 명령을 이행(×), 거짓으로 보고 또는 자료제출을 한 경우	200만원
자. 공제사업 운용실적을 공시하지 않은 경우	300만원
차. 공제업무의 개선명령을 이행하지 않은 경우	400만원
카. 임원에 대한 징계 · 해임의 요구를 이행하지 않거나 시정명령을 이행하지 않은 경우	400만원
타. 협회가 보고, 자료의 제출, 조사 또는 검사를 거부 · 방해 또는 기피하거나 명령을 불이행 또는 거짓으로 보고, 거짓 자료제출을 한 경우	200만원

2) 100만원 이하 과태료 ⇨ 〈이.보.게 − 문.폐 − 반납 − 표시〉!

① 사 유

> 1. 중개사무소의 **이**전신고를 하지 아니한 자(사후 10일)
> 2. 손해배상책임에 관한 사항을 설명하지 아니하거나 관계증서(**보**증서)의 사본 또는 관계증서에 관한 전자문서를 교부하지 아니한 자
> 3. 중개사무소등록증 등을 **게**시하지 아니한 자
> 4. 사무소의 명칭에 "공인중개사사무소", "부동산중개"라는 **문**자를 사용하지 아니한 자, 옥외광고물에 성명표기 − ×, 허위로 표기 한 자
> 5. 중개인이 사무소명칭에 "공인중개사사무소" **문**자를 사용한 경우
> 6. 휴업, **폐**업, 휴업한 중개업의 재개 또는 휴업기간의 변경신고를 하지 아니한 자
> 7. 공인중개사 자격증을 **반납** ×, 사유서 ×, 사유서를 거짓 제출
> 8. 중개사무소등록증을 **반납**하지 아니한 자(등록취소자 7일 내 반납)
> 9. 중개대상물의 명시 의무를 위반한 **표시**, 광고 위반한 자(✉ 전단지 또는 인터넷 광고시에 명시의무)
> ※ 간판철거 의무위반은 과태료사유가 아니다. ※ 주의 : 행정대집행한다.

⊕주의 과태료부과 기준금액의 2분의 1의 범위에서 가중 또는 감경할 수 있다. 다만, 가중하는 경우에도 과태료의 총액은 100만원을 초과할 수 없다.

② 과태료의 개별기준(영 제38조 [별표 2])

1. 중개사무소의 이전신고를 하지 않은 경우	30만원
2. 손해배상책임에 관한 사항을 설명하지 않거나 관계 증서의 사본 또는 관계 증서에 관한 전자문서를 교부하지 않은 경우	30만원
3. 중개사무소등록증 등을 게시하지 않은 경우	30만원
4. "공인중개사사무소", "부동산중개"라는 문자를 사용하지 않은 경우 또는 옥외 광고물에 성명을 표기하지 않거나 거짓으로 표기한 경우	50만원
5. 부칙 제6조 제2항의 자가 "공인중개사사무소"의 문자를 사용	50만원
6. 휴업, 폐업, 휴업한 중개업의 재개 또는 휴업기간의 변경 신고 않은 경우	20만원
7. 공인중개사자격증을 반납 또는 사유서를 제출하지 않은 경우	30만원
8. 중개사무소등록증을 반납하지 않은 경우	50만원
9. 중개대상물의 중개에 관한 표시·광고를 한 경우	50만원

> ※ 과태료부과 기준금액의 **2분**의 **1**의 범위에서 가중 또는 감경할 수 있다. 다만, 가중하는 경우에도 과태료의 총액은 100만원을 초과할 수 없다.

(3) **과태료 부과 · 징수 절차**

"질서위반행위규제법"에 따라 부과 · 징수한다.

MEMO

박문각 공인중개사

PART

02

부동산 거래신고
등에 관한 법령

총 칙

01 부동산 거래신고 제도

1 용어의 정의

> 제2조【정의】이 법에서 사용하는 용어의 뜻은 다음과 같다.
> 1. "부동산"이란 **토지 또는 건축물**을 말한다.
> 2. "부동산 등"이란 부동산 또는 부동산을 취득할 수 있는 **권리**를 말한다.
> 3. "거래당사자"란 부동산 등의 **매수인과 매도인**을 말하며(**외국인 등을 포함**),
> 3의2. "임대차계약당사자"란 부동산 등의 **임대인과 임차인**을 말하며(외국인 등을 포함)

OX 국토교통부장관은 부동산거래 및 주택 임대차의 계약·신고·허가·관리 등의 업무와 관련된 **정보체계를 구축·운영**할 수 있다. (○)

2 정보체계를 구축·운영

① **국토교통부장관**은 부동산거래 및 주택 임대차의 계약·신고·허가·관리 등의 업무와 관련된 **정보체계를 구축·운영**할 수 있다(법 제25조).

② **국토교통부장관**은 부동산거래가격 **검증체계 구축·운영, 신고내용조사 및 부동산정보체계의 구축·운영 업무**를 공공기관에 위탁할 수 있다(법 제25조의3).

Chapter 02

부동산거래신고제도

01 부동산 거래신고 대상

1 부동산과 권리

1. **토지, 건축물**
2. 다음 관련 법상의 최초의 공급계약
   ① 「건축물의 분양에 관한 법률」   ② 「택지개발촉진법」
   ③ 「빈집 및 소규모주택 정비에 관한 특례법」   ④ 「공공주택 특별법」
   ⑤ 「산업입지 및 개발에 관한 법률」   ⑥ 「도시 및 주거환경정비법」
   ⑦ 「도시개발법」   ⑧ 「주택법」
3. 권리(분양권, 입주권 전매)
   ① 부동산을 공급받는 자로 **"선정된 지위"** - 📵 토지, 주택, 상가 등의 **분양권 전매**
   ② 「도시 및 주거환경정비법」상 관리처분계획인가로 취득한 입주자로 **"선정된 지위"** - **입주권 전매**
   ③ 「빈집 및 소규모주택 정비에 관한 특례법」상 사업시행계획인가로 취득한 입주자로 **"선정된 지위"** - **입주권 전매**

2 보충내용

① **토지, 상가, 아파트, 오피스텔 등에 대한 공급계약과 분양권 전매**: 모두 실거래신고를 하여야 한다.
② 「주택법」상의 **"입주예정자로 선정될 수 있는 지위"**에 불과한 **입주권은** 신고대상이 아니다.
③ 토지는 면적이나 지목을 불문하고 신고 대상이다.
④ 건축물은 용도제한 없이 주택이나 공장, 상가 건축물도 신고하여야 한다. 또한 무허가 건물과 미등기건물도 신고 대상이다.
⑤ 토지나 건축물의 지분 매매계약도 신고 대상이다.
⑥ 입목, 공장재단, 광업재단은 신고 대상이 아니다.
   ⇨ 따라서, **중개대상물 범위와 신고 대상은 다르다.**

OX 부동산이란 토지 또는 건축물, 부동산 등이란 부동산 또는 부동산을 취득할 수 있는 권리를 말한다. (○)

OX 신고대상 계약의 종류는 오직 매매계약에 한한다. 따라서 교환, 증여, 임대차, 전세권설정계약, 저당권설정계약 등은 대상이 아니다. (○)

OX 토지, 건축물에 대한 최초의 공급계약과 그 분양권 전매의 경우에도 모두 신고의 대상이다. (○)

OX 거래당사자 중 일방이 국가, 지방자치단체, 대통령령으로 정하는 자는 국가 등이 신고를 하여야 한다. (○)

02 부동산 거래의 신고

1 신고 기간

부동산에 대하여 매매계약을 체결한 자는 **거래계약체결일로부터 30일 이내**에 신고를 하여야 한다. ⇨ **"거래계약의 체결일"**이란 합의와 더불어 계약금이 지급된 경우에는 그 **지급일**, 합의한 날이 계약금을 지급한 날보다 앞서는 경우에는 **합의한 날**을 거래계약의 체결일로 본다.

2 신고 의무자

OX 공동으로 중개를 한 경우에는 해당 개업공인중개사가 공동으로 신고하여야 한다. (○)

(1) **당사자 간 거래**(매도인 및 매수인 직거래) ⇨ 매매계약서는 제출하지 않는다.

① 거래당사자(외국인 등이 포함)가 직접거래인 경우에는 거래당사자가 **공동으로 신고**하여야 한다. ⬤주의 거래계약신고서에 공동 서명 또는 날인하여 1인이 제출한다.

② 거래당사자 중 일방이 국가, 지방자치단체, 공공기관, 지방직영기업, 지방공사 및 지방공단(**국가 등)인 경우**에 거래계약 신고서에 단독으로 서명 또는 날인하여 신고관청에 제출해야 한다.

④ 예외: 단독 신고

거래당사자 중 일방이 신고를 거부한 경우 - 거래계약신고서에 단독으로 서명 또는 날인 한 후 + 주민등록증, 운전면허증, 여권 등 본인의 **신분증명서** + **거래계약서 사본** + 단독신고 사유서를 첨부하여 신고관청에 제출해야 한다.

OX 거래당사자는 부동산거래계약신고서에 공동으로 서명 또는 날인하여 거래당사자 중 일방이 신고관청에 제출하여야 한다. (○)

⑤ 대행신고: 거래당사자 또는 법인 또는 매수인의 위임을 받은 사람은 **거래계약신고, 정정 및 변경 신고, 해제등 신고, 법인신고서, 자금조달, 입주계획서** 등의 제출을 대행할 수 있다. 대행하는 사람은 신분증명서와 다음 서류를 함께 제출해야 한다.

> 1. 위임한 거래당사자가 **서명 또는 날인한 위임장**(법인은 **법인인감**을 날인한 위임장)
> 2. 제출을 위임한 거래당사자의 **신분증명서 사본**

(2) **개업공인중개사가 중개한 경우** ⇨ 거래당사자에게는 신고 의무가 없다.

① **개업공인중개사 계약서를 작성·교부한 경우**: 개업공인중개사가 거래계약신고서에 서명 또는 날인을 하여 제출하여야 한다.

단, 공동중개인 경우에는 개업공인중개사가 **공동으로 서명 또는 날인한다.**

OX 단독으로 부동산 거래계약을 신고하려는 자는 부동산거래계약 신고서에 단독으로 서명 또는 날인한 후 부동산 거래계약서 사본, 단독신고사유서를 첨부하여 신고관청에 제출해야 한다. (○)

② **개업공인중개사 중 일방이 신고를 거부**: 단독신고사유서 등을 첨부하여 단독으로 신고할 수 있다.

③ 개업공인중개사는 신분증명서를 신고관청에 보여줘야 한다.

④ **제출 대행**: 소속공인중개사는 **신분증명서를 제시**하고 거래계약신고서의 제출을 대행할 수 있다.

> ※ 소속공인중개사는 **개업공인중개사의 위임장 및 신분증명서 사본**을 제출하지 않는다.
> ※ **중개보조원**은 거래계약신고서의 제출을 대행할 수 없다.

OX 부동산거래신고를 하여야 하는 개업공인중개사의 위임을 받은 소속공인중개사는 부동산거래계약신고서의 제출을 대행할 수 있다. (○)

③ 거래신고 대상계약

① **대상**: **매매계약**이 대상이다.

② **대상이 아닌 것**: 교환, 증여, 판결, 상속, 판결, 경매, 전세권설정, 지상권설정, 상가임대차 등은 신고 의무가 없다.

④ 신고관청

부동산 등(권리에 관한 계약의 경우에는 그 권리의 대상인 부동산)**의 소재지**를 관할하는 **시장**(구가 설치되지 아니한 시의 시장 및 특별자치시장과 특별자치도 행정시의 시장) · **군수** 또는 **구청장**에게 하여야 한다.

주의 신고관청은 중개사무소 소재지가 아니라 부동산 소재지이다.

OX 신고를 하는 방법은 크게 ① 직접 등록관청을 방문하여 신고하는 방법과 ② 인터넷을 통하여 신고하는 전자문서에 의한 신고방법이 있다. (○)

⑤ 신고 방법

① **방문**(**부동산 소재지**의 관할 시장 · 군수 또는 구청장)**하여 신고**하는 방법

② **전자문서**(부동산거래관리시스템에 접속하여 인터넷이용)에 의한 신고 방법

> ※ 서명 또는 날인 및 당사자의 신분확인은 공동인증서를 통한 전자인증의 방법
> ※ 전자문서에 의한 신고의 경우에는 **신고서의 제출대행이 인정되지 아니한다.**

③ 부동산거래계약시스템(**부동산거래계약 관련 정보시스템**)을 통하여 부동산 거래계약을 체결한 경우에는 부동산 거래계약이 체결된 때에 "**부동산거래 계약 신고서**"를 제출한 것으로 본다.

OX 부동산거래계약시스템을 통하여 부동산 거래계약을 체결한 경우에는 부동산 거래계약이 체결된 때에 부동산거래계약 신고서를 제출한 것으로 본다. (○)

6 신고 사항 및 제출서류

(1) "부동산거래신고서" 제출

구 분	〈실.조.계 − 당.부.중 − 관리인〉!
법인 및 개인 공통 신고 사항	1. **실제** 거래가격 2. 계약의 **조건**이나 기한이 있는 경우에는 그 조건 또는 기한 3. **계약**체결일, 중도금 지급일 및 잔금 지급일 4. 거래**당**사자의 인적 사항 5. 거래대상 **부동**산 등(부동산을 취득할 수 있는 권리에 관한 계약의 경우에는 그 권리의 대상인 부동산을 말한다)의 소재지 · 지번 · 지목 및 면적 6. 거래대상 **부동**산 등의 종류(부동산을 취득할 수 있는 권리에 관한 계약의 경우에는 그 권리의 종류를 말한다) 7. 개업공인**중개**사가 거래계약서를 작성 · 교부한 경우에 인적 사항, 중개사무소의 상호 · 전화번호 및 소재지 8. **매수인이 국내에 주소 또는 거소(잔금 지급일부터 60일을 초과하여 거주하는 장소)를 두지 않을 경우에 − 위탁관리인의 인적 사항** ※ 매수인이 외국인인 경우 : 외국인등록 또는 국내거소신고를 한 경우는 그 체류기간 만료일이 잔금지급일부터 60일 이내인 경우를 포함.

주의 부동산의 권리관계나 공법상 이용제한 및 거래규제는 신고사항은 아니다.

(2) 법인이 주택 계약체결시 추가 제출서류

⇨ "법인주택거래계약신고서"(법인신고서) + "자금조달계획 및 입주계획서"

1. 법인 주택거래계약신고서(법인신고서) 제출 ⇨ 국가 등은 제출(×)
   (단, 국가 등이 포함되어 있거나 최초 공급계약과 분양권은 제외)
   ① 내용 : 법인의 등기 현황, 주택의 취득목적, 법인과 거래상대방 간의 관계
     (즉, 임원과 친족관계인 특수관계)
2. 자금조달 및 입주계획서 제출(법인이 매수자인 경우만) ⇨ 국가 등은 제출(×)
   ① 내용 : 자금의 조달계획 및 지급방식. 임대 등 이용(입주)계획
     (※ 단, 투기과열지구의 주택 : 자금의 조달계획을 **증명하는** 서류를 첨부)

(3) 개인이 주택 계약체결시 추가 제출서류 ⇨ 자금조달 및 입주계획서 제출

1. 비규제지역 : 실제 거래가격이 6억원 이상인 주택
2. 규제지역 : 투기과열지구 또는 조정대상지역에 소재하는 주택을 매수하는 경우에는 "자금의 조달 및 입주계획서"를 제출하여야 한다.
   ※ 투기과열지구의 매수자 : 자금의 조달계획을 증명하는 서류 첨부한다.
     ⇨ 단, 매수인 중에 국가 등이 포함된 경우는 제출하지 않는다.

OX 실제 거래가격과 계약의 **조건**이나 기한이 있는 경우에는 그 조건 또는 기한은 개인 및 법인의 공통신고 사항이다. (○)

OX 매수인이 국내에 주소 또는 거소(잔금 지급일부터 60일을 초과하여 거주하는 장소)를 두지 않을 경우에는 위탁관리인을 신고서에 기재하여야 한다. 또한 위탁관리인은 변경신고가 가능하다. ( )

OX 부동산의 권리관계나 공법상 이용제한 및 거래규제는 신고사항은 아니다. (○)

OX 법인 주택거래계약신고서(법인신고서)에는 법인의 등기 현황, 주택의 취득목적 등을 기재하여 제출한다. 다만, **국가 등은 제출하지 않는다.** (○)

OX 법인 및 개인이 투기과열지구의 주택을 매수한 경우에는 자금의 조달계획을 **증명하는** 서류를 첨부하여야 한다. (○)

≪ 보충 – 개인과 법인의 규제지역 및 금액에 따른 첨부서류!

구분(개인과 법인)		규 제
비규제지역(개인)		실제거래가격 6억 이상 ⇨ 자금조달계획 및 입주계획서 제출
규제지역 (개인)	조정대상지역	모든 주택 ⇨ 자금조달계획 및 입주계획서 제출
	투기과열지구	모든 주택 ⇨ 자금조달계획 및 증명자료 제출
법인이 매수자인 경우		지역, 금액불문 모든 주택 ⇨ 자금조달계획, 주택취득목적, 주택이용계획신고(단, 투기과열지구 ⇨ 금액증명자료 제출)

(4) **토지매매** : 실거래가격 신고시 첨부서류 ⇨ **자금의 조달계획 및 토지이용계획서**

필 지	① **수도권 등(광역시, 세종시)**에 소재하는 토지의 경우	1억원 이상
	② 비수도권 등 지역에 소재하는 토지의 경우	6억원 이상
지 분	① **수도권 등(광역시, 세종시)**에 소재하는 토지	금액 불문
	② 비수도권 등 지역에 소재하는 토지로서 실제 거래가격	6억 이상

≪ 관련 내용

가. 다음의 토지거래는 대상에서 제외한다.
　① 매수인이 국가 등이거나 매수인에 국가 등이 포함되어 있는 토지거래
　② 허가를 받아야 하는 토지거래허가구역 내 토지
나. 거래가격의 산정방법
　① 1회의 토지거래계약으로 매수하는 토지가 '둘 이상'인 경우에는 매수한 각각의 토지가격을 모두 '합산'할 것
　② 신고 대상 토지거래계약 체결일부터 역산하여 '1년 이내'에 매수한 다른 토지가 있는 경우에는 그 토지 가격을 거래가격에 '합산'할 것
　　⇨ 단, 매수한 토지와 서로 맞닿은 토지(지분매수 동일)로 한정한다.
　③ 「건축법」에 따른 사용승인을 받은 건축물이 소재하는 토지가격은 제외한다.

7 **신고시 자금조달ㆍ입주계획서 등 서류제출 방법**

① "자금 조달 및 입주계획서"를 매수인이 단독으로 서명 또는 날인하여 "신고관청에 함께 제출"하여야 한다.
　※ 자금 조달계획 증명서 : 투기과열지구에 소재하는 주택의 거래계약을 체결한 경우에는 자금의 조달계획을 증명하는 서류를 첨부해야 한다.
　　(단, 항목별 금액 증명이 어려운 경우에는 그 사유서를 첨부해야 한다)

OX 개인이 비규제지역에서 거래금액이 6억 5천만원인 주택 매매계약을 체결한 경우는 자금조달 및 입주계획서를 제출하여야 한다. (○)

OX 수도권에 소재하는 1필지의 토지를 2억에 매매계약을 체결한 경우, 매수자는 자금의 조달계획 및 토지이용계획서를 제출하여야 한다. (○)

OX 비수도권 지역에 소재하는 토지의 일정지분을 5억원에 투자목적으로 매수한 자는 자금의 조달계획 및 토지이용계획서를 제출하지 않아도 된다. (○)

OX 매수인이 국가 등이거나 매수인에 국가 등이 포함되어 있는 토지거래의 경우는 자금의 조달계획 및 토지이용계획서를 제출하지 않아도 된다. (○)

참고ㅣ 자금조달 계획증명서

> 1. 예금잔액증명서 등 예금 금액을 증명할 수 있는 서류
> 2. 주식거래내역서 또는 예금잔액증명서 등 서류
> 3. 증여세·상속세 신고서 또는 납세증명서 등 서류
> 4. 소득금액증명원 또는 근로소득 원천징수영수증 등 서류
> 5. 금융거래확인서, 부채증명서 또는 금융기관 대출신청서 등 서류
> 6. 금전을 빌린 사실과 그 금액을 확인할 수 있는 서류 등

② **자금 조달계획 및 토지의 이용계획서**: 매수인이 단독으로 서명 또는 날인한 "자금조달·토지이용계획서"를 신고관청에 함께 제출해야 한다.

③ **법인 또는 매수인이 분리 제출**: 법인신고서, 자금조달·입주계획서, **자금조달 계획 증명서 및** 사유서, 자금조달·토지이용계획서를 부동산거래계약 신고서와 분리하여 제출하기를 희망하는 경우, **거래계약의 체결일부터 30일 이내에 별도로 제출**할 수 있다.

④ **법인 또는 매수인 외의 자가 서류 제출**: 법인 또는 매수인 외의 자가 법인신고서 등을 제출하는 경우 법인 또는 매수인은 부동산거래계약을 신고하려는 자에게 **거래계약의 체결일부터 25일 이내에** 법인신고서 등을 제공해야 하며, 이 기간 내에 제공하지 않은 경우에는 법인 또는 매수인이 별도로 법인신고서 또는 자금조달·입주계획서를 제출해야 한다.

⑤ **신고자 신분증 제시**: **부동산거래신고 또는 제출을 하려는 사람은** 주민등록증, 운전면허증, 여권 등 본인의 신분을 증명할 수 있는 증명서(신분증명서)를 신고관청에 보여줘야 한다.

8 신고필증의 발급

신고관청은 부동산거래계약 신고서(법인신고서 및 자금조달·입주계획서를 포함)가 제출된 때에 확인 후에 신고인에게 **신고필증을 지체 없이 발급**하여야 한다.
참고ㅣ 소유권이전등기 신청시에 신고필증을 첨부하여 신청한다.

9 검인의제

매수인은 신고인이 신고필증을 발급받은 때에 「부동산등기 특별조치법」에 따른 **검인을 받은 것으로 본다. 참고ㅣ 토지거래 허가를 받은 경우에도 검인은 의제된다.**

03 거래계약의 해제등의 신고

1 당사자의 해제등 신고

① **공동신고**: 해제등이 확정된 날부터 30일 이내에 해제등 신고서에 공동으로 서명 또는 날인하여 신고관청에 **제출해야 한다.**

② **단독신고**: 일방이 신고를 거부하는 경우에는 단독으로 해제등을 신고할 수 있다. 이 때 해제등 **신고서에 단독으로 서명 또는 날인한 후** 다음의 서류를 첨부하여야 한다.

> ㉠ **판결문 등** 해제등이 확정된 사실을 입증할 수 있는 서류
> ㉡ 단독신고 **사유서**

③ **국가 등 신고**: 일방이 국가 등인 경우에 국가 등이 단독으로 신고서에 서명 또는 날인하여 신고관청에 제출할 수 있다.

④ **대행신고**: 거래당사자 또는 법인 또는 매수인의 위임을 받은 사람은 신고서 등의 제출을 대행할 수 있다. 이때 대행자는 신분증명서 제시와 다음의 서류를 제출해야 한다.

> ㉠ 위임한 거래당사자가 서명 또는 날인한 위임장(법인은 법인인감을 날인한 **위임장**)
> ㉡ 제출을 위임한 거래당사자의 **신분증명서 사본**

⑤ 신고관청은 내용을 확인한 후 "해제등 확인서"를 신고인에게 **지체 없이** 발급해야 한다.

⑥ **당사자가 해제등을 30일 이내에 신고하지 않으면, 500만원 이하의 과태료사유이다.**

> ⚠주의 **부동산거래계약시스템을 통하여 거래계약 해제등을 한 경우에는 거래계약 해제등 신고서를 제출한 것으로 본다.**

2 개업공인중개사의 해제등 신고

① 개업공인중개사가 신고를 한 경우에는 개업공인중개사가 해제등 신고(공동중개는 공동으로 신고)를 **할 수 있다.**

② **단독신고**: 개업공인중개사 중 일방이 신고를 거부하는 경우에는 거래계약 해제등 신고서에 단독으로 서명 또는 날인한 후 다음 서류를 첨부하여 제출해야 한다.

> ㉠ **판결문 등** 해제등이 확정된 사실을 입증할 수 있는 서류
> ㉡ 단독신고 **사유서**

③ **대행신고**: 소속공인중개사는 부동산거래계약 해제등 신고서 등의 제출을 대행할 수 있다. 이때 소속공인중개사는 신분증명서 제시하여야 한다.

> ⚠주의 개업공인중개사의 위임장과 신분증명서 사본은 제출하지 않는다.

④ **중개보조원**은 부동산거래계약 신고서 등의 제출을 대행할 수 없다.

⑤ **부동산거래계약시스템**을 통하여 부동산 거래계약 해제등을 한 경우에는 부동산거래계약 해제등 신고서를 **제출한 것으로 본다.**

⑥ 개업공인중개사는 해제신고는 **재량적 사항이다. 따라서,** 제재(과태료)는 없다.

04 국토교통부장관의 부동산거래가격 검증체계 등

① **국토교통부장관은** ~ 부동산거래가격 "**검증체계를 구축·운영**"하여야 한다(법 제5조).
⇨ **국토교통부장관**은 검증체계의 구축·운영을 위하여 신고관청에 조사결과 또는 신고가격의 적정성 검증결과 기타에 관한 자료의 제출을 요구할 수 있다.

② **국토교통부장관**은 효율적인 정보의 관리 등을 위하여 부동산거래 및 주택 임대차의 계약·신고·허가·관리 등의 "**정보체계를 구축·운영**"할 수 있다.

③ **국토교통부장관**은 **검증체계 구축·운영**, 신고내용조사 및 부동산정보체계의 구축·운영 업무를 **한국부동산원에 위탁한다.**

④ **신고관청은** 검증체계를 활용하여 그 적정성을 검증하고 검증결과를 관할 **세무관서의 장**에게 통보하고, 세무관서의 장은 **국세 또는 지방세 부과**를 위한 과세자료로 활용할 수 있다.

05 신고관청의 신고내용 조사 등

(1) 신고관청은 부동산거래신고, 해제등 신고, 외국인 등의 부동산 취득·보유 신고내용의 보완 또는 소속 공무원으로 하여금 거래당사자 또는 개업공인중개사에게 거래계약서, 거래대금 지급을 증명할 수 있는 자료 등 관련 자료의 제출을 요구하는 등 필요한 조치를 취할 수 있다.

(2) 신고관청은 거래당사자 또는 개업공인중개사에게 다음의 자료를 제출하도록 요구할 수 있다.
≪ 거래대금지급을 증명할 수 있는 서면 ⇨ 미제출시 과태료 3천만원 이하

1. 거래계약서 사본
2. 거래대금의 지급을 확인할 수 있는 **입금표 또는 통장 사본**
3. 매수인이 거래대금의 지급을 위하여 증명할 수 있는 자료
   가. 대출
   나. 정기예금 등의 만기수령 또는 해약
   다. 주식·채권 등의 처분

4. 매도인이 받은 거래대금을 **예금 외의 다른 용도**로 지출한 경우(증명 자료)
5. 그 밖에 신고 내용의 사실 여부를 확인하기 위하여 필요한 자료

(3) **신고관청은 조사 결과**를 특별시장, 광역시장, 특별자치시장, 도지사, 특별자치도지사**에게 보고**하여야 하며, **시 · 도지사는 이를 취합하여 매월 1회 국토교통부장관에게** 보고하여야 한다.

(4) **국토교통부장관의 조사권**

국토교통부장관은 부동산거래신고, 해제등 신고, 외국인 등의 부동산 취득 · 보유 신고 받은 내용조사를 **직접 또는 신고관청과 공동**으로 실시할 수 있다.

① **국토교통부장관 및 신고관청**은 신고내용조사를 위하여 국세 · 지방세에 관한 자료, 소득 · 재산에 관한 자료 등을 관계 행정기관의 장에게 요청할 수 있다.

② 요청을 받은 관계 행정기관의 장은 정당한 사유가 없으면 그 요청에 따라야 한다.

③ **국토교통부장관 및 신고관청**은 신고내용조사 결과 그 내용이 이 법 또는 다른 법률을 위반하였다고 판단되는 때에는 이를 **수사기관에 고발하거나 관계 행정기관에 통보**하는 등 필요한 조치를 할 수 있다.

06 정정신청 및 변경신고

(1) **정정 신청**

① 거래당사자 또는 개업공인중개사는 부동산 거래계약 신고 내용 중 **일부 내용이 잘못 기재**된 경우에는 정정을 신청할 수 있다. ⇨ 〈**개.대.지 − 당.면 − 종**〉!

> 1. **개업공인중개사의 전화번호 · 상호 또는 사무소 소재지**
> 2. 거래대상 부동산 등(부동산을 취득할 수 있는 권리)의 지목, **대지권비율**
> 3. 거래 **지분, 거래지분 비율**
> 4. 거래**당**사자의 주소 · 전화번호 또는 휴대전화
> 5. 부동산 등(부동산을 취득할 수 있는 권리)의 **면적**
> 6. 거래대상 '건축물의 **종류**'

⚑주의 **정정불가:** 부동산소재지 · **지번**, 계약일, 실제 거래금액 · 중도금 · 잔금지급일, 거래 당사자 및 개업공인중개사의 **성명 · 주민등록번호(법인은 법인명 및 법인등록번호)** 등은 정정신청을 할 수 없다.

② **정정신청 방법:** 당사자의 주소 · 전화번호 또는 휴대전화번호는 해당 거래당사자 **일방이 단독**으로 서명 또는 날인하여 정정을 신청할 수 있다.

③ **정정신청 대행**

　㉠ 거래당사자의 대행: 당사자의 위임을 받은 사람이　대행할 수 있다.

　㉡ 개업공인중개사의 대행: 소속공인중개사는 정정신청을 대행할 수 있다.

④ **재발급**: 신고관청은 **지체 없이** 정정사항을 반영한 신고필증을 재발급하여야 한다.

⑵ **변경신고**

① 거래당사자 또는 개업공인중개사는 **일부 내용이 변경된 경우**에는 **등기신청 전**에 변경을 신고할 수 있다. ⇨ 〈**공.중 − 지.면 − 가.기 − 관리인**〉!

> 1. **공동**매수의 경우 일부 매수인의 변경(매수인 중 일부가 제외되는 경우만)
> 2. 거래대상 부동산 등이 **다수인 경우** 일부 부동산 등의 변경(거래 부동산 등 중 일부가 제외되는 경우만)
> 3. 중도금 · 잔금 및 지급일
> 4. 거래**지분** 비율
> 5. 거래**지분**
> 6. 거래대상 부동산 등의 **면적**
> 7. 거래**가격**
> 8. 계약의 조건 또는 **기한**
> 9. **위탁관리인**의 성명, 주민등록번호, 주소 및 전화번호(휴대전화번호를 포함)

　⚠주의 변경 불가: 부동산 소재지, 건축물의 종류, 당사자 및 개업공인중개사의 성명 · 주민등록번호(법인은 법인명 및 법인등록번호) 등 인적 사항, 공동매수인의 추가 · 교체, 부동산 등의 추가 · 교체 등

② "**부동산거래계약 변경 신고서**"에 서명 또는 날인하여 제출하여야 한다.

③ 부동산 등의 **면적** 변경이 없는 상태에서, **거래가격**이 변경된 경우에는 거래**계약서 사본** 등 서류를 첨부하여야 한다.

④ **공급계약 및 분양권 변경신고**: 거래가격 중 분양가격 및 선택품목은 거래당사자 일방이 거래계약서 사본 등을 첨부하여 **단독으로 변경신고**를 할 수 있다.

　※ 거래계약서 사본을 첨부한다.

⑤ 신고관청은 **지체 없이** 해당 내용을 변경하고, 변경사항을 반영한 신고필증을 재발급하여야 한다.

　⁚⁚참고| **보충 − 신고 대행 가능**

> 당사자 거래계약신고, 국가 단독신고, 정정신청 · 변경신고, 분양가격 및 선택품목 변경신고, 해제등 신고, 자금조달 · 입주계획서 제출을 대행할 수 있다.

OX 거래당사자 또는 개업공인중개사는 부동산거래신고 내용 중 일부 내용이 변경된 경우에는 부동산에 관한 등기신청 전에 신고관청에 신고 내용의 변경을 신고할 수 있다. (○)

OX 공동매수의 경우 매수인 중 일부가 제외되는 경우는 **변경을 신고가 가능**하나 공동매수인이 추가 · 교체한 경우는 불가하다. (○)

OX 위탁관리인의 성명, 주민등록번호, 주소 및 전화번호(휴대전화번호를 포함)는 **변경을 신고할 수 있다.** (○)

OX 부동산 등의 면적 변경이 없는 상태에서 거래가격이 변경된 경우에는 거래계약서 사본 등 그 사실을 증명할 수 있는 서류를 첨부하여야 한다. (○)

07 다른 법의 제도와의 관계

① 토지거래 허가를 받았어도 ⇨ 부동산거래신고는 하여야 한다.
② 농지취득자격증명을 받았어도 ⇨ 부동산거래신고는 하여야 한다.
③ 외국인 등이 매매계약으로 부동산거래신고를 한 경우 ⇨ 외국인특례법상에 별도의 신고를 요하지 않는다.

08 주택 임대차계약에 대한 부동산 거래신고 제도

1 주택 임대차 신고절차

(1) 적용범위: 「주택임대차보호법」상의 주택은 모두 신고대상이다.

> ① 주임법 제2조: 주거용 건물의 전부 또는 일부의 임대차에 관하여 적용한다.
>   ※ 준주택인 기숙사, 고시원, 실제 주택용도로 사용 중인 건축물 등 포함한다.
> ② 주택을 취득할 수 있는 '권리'를 포함한다.

(2) 신고 의무자: 임대차계약 당사자 〔주의〕 개업공인중개사는 의무가 없다.

(3) 대상 지역 및 주택

대상 금액	보증금이 6천만원을 초과 또는 월차임이 30만원을 초과
대상 지역	㉠ 수도권(서울, 경기도, 인천광역시) ⇨ 전역 ㉡ 광역시(군 포함), 특별자치도, 특별자치시 ㉢ 도의 시지역(도지역의 군은 제외)

※ 갱신 특칙: 계약을 갱신하는 경우로서 보증금 및 차임의 증감 없이 임대차 기간만 연장하는 계약은 제외한다.

(4) 신고 방법

① 당사자 공동신고

㉠ 계약당사자는 "주택 임대차계약 신고서"에 공동으로 서명 또는 날인하여 신고관청에 제출해야 한다. ⇨ 임대차계약서 제출(×)
※ 다만, 계약당사자 중 일방이 국가 등인 경우에는 국가 등이 신고한다. 이때, 임대차신고서에 단독으로 서명 또는 날인해 신고관청에 제출해야 한다.

㉡ 당사자 일방이 "임대차 신고서"에 단독으로 서명 또는 날인한 후 "임대차계약서와 계약갱신요구권 확인서류"(행사한 경우) 등을 첨부해 신고관청에 제출한 경우에는 당사자가 공동으로 임대차신고서를 제출한 것으로 본다.
※ 단, 임대차 계약서를 작성하지 않은 경우: 입금증, 금전거래 내역이 적힌 통장사본 등 계약 체결 사실을 입증할 수 있는 서류 등을 첨부한다.

② 단독 신고 ➡ **일방이 신고 거부시에 단독**으로 신고할 수 있다.

> ㉠ **"임대차신고서" + "주택 임대차계약서 + 계약갱신요구권확인서류**(행사한 경우)
> **"단독신고 사유서"**를 첨부해 신고관청에 제출한다.
> ㉡ **신분증명서**를 신고관청에 보여줘야 한다.

③ **대행 신고** : 계약당사자 일방 또는 계약당사자의 위임을 받은 사람이 **"주택 임대차계약서**(**계약갱신요구권을 행사한 경우 기재**)"를 제출하면 계약당사자가 공동으로 임대차신고서를 제출한 것으로 본다.

> ※ 임대차신고서, 임대차 변경 신고서 및 임대차 해제 신고서의 작성·제출을 대행하는 사람은 **신분증명서 제시** + 위임한 계약당사자가 서명 또는 날인한 위임장(법인은 법인인감을 날인한 위임장)과 **신분증명서 사본**을 함께 제출해야 한다.

(5) 신고 기간

① 보증금 또는 차임 등을 임대차 계약의 **체결일부터 30일 이내**에 주택 소재지를 관할하는 신고관청에 신고하여야 한다. 다만, 신고관청은 읍·면·동장 또는 출장소장에게 위임할 수 있다.

② 신고관청은 그 신고 내용을 확인한 후 신고인에게 신고필증을 지체 없이 발급하여야 한다.

(6) 임대차계약 신고와 금지행위

누구든지 임대차계약 신고의무 또는 변경·해제신고에 따른 신고에 관하여 다음에 해당하는 행위를 하여서는 아니 된다.

> 1. 신고를 하지 아니하게 하거나 거짓으로 신고하도록 '**요구**'하는 행위
> 2. 계약을 체결한 후 '**신고 의무자가 아닌 자**'가 거짓으로 신고를 하는 행위
> 3. 거짓으로 신고 또는 변경·해제신고를 '**조장하거나 방조**'하는 행위
> 4. 임대차계약을 체결하지 아니하였음에도 불구하고 / **거짓으로 신고**를 하는 행위(**가장 신고**)
> 5. 신고 후 해당 계약이 변경·해제등이 되지 아니하였음에도 불구하고 / **거짓으로 신고**를 하는 행위(**가장 변·해 신고**)

(7) 신고할 사항 〈인.물(좀) − 보.계 − 요.기〉!

1. 임대차계약 당사자의 인적 사항
   ① 자연인인 경우: 성명, 주소, 주민등록번호(외국인은 외국인등록번호) 및 연락처
   ② 법인인 경우: 법인명, 사무소소재지, 법인등록번호 및 연락처
   ③ 법인 아닌 단체인 경우: 단체명, 소재지, 고유번호 및 연락처
2. 임대차 목적물(주택을 취득할 수 있는 권리는 권리대상인 주택)의 소재지, 종류, 임대 면적 등 임대차 목적물 현황
3. **보증금 또는 월 차임**
4. **계약 체결일 및 계약 기간**
5. 계약갱신**요구**권의 행사 여부(계약을 갱신한 경우만 해당한다)
6. 개업공인중개사의 사무소명칭, 소재지, 성명, 등록번호, 전화번호 및 소속공인중개사의 성명

(8) 주택 임대차계약의 변경 및 해제 신고

① 계약당사자는 임대차계약의 보증금, 차임 등 임대차 가격이 변경되거나 해제된 경우에는 신고관청에 **공동으로 신고하여야 한다.**
   ※ "임대차계약 변경신고서" 또는 "임대차계약 해제신고서"에 계약당사자는 공동으로 서명 또는 날인한다.
② 다만, 임대차계약 당사자 중 일방이 국가 등인 경우에는 **국가 등**이 신고하여야 한다.

(9) 다른 법률의 의제

① 임차인이 **전입신고를 하는 경우**, 이 법에 따른 임대차계약의 신고를 한 것으로 본다.
② "임대차계약서"를 첨부하여 임대차계약신고, 변경·해제 신고의 접수를 완료한 때에는 **확정일자를 부여**한 것으로 본다.
③ 공공주택사업자 및 「민간임대주택에 관한 특별법」에 따른 임대사업자는 관련 법령에 따라 신고 또는 변경신고한 경우, 신고를 한 것으로 본다.

(10) 제재(과태료 100만원 이하)

임대차계약의 체결 또는 임대차계약 변경 또는 해제 신고를 하지 아니하거나(공동신고를 거부한 자를 포함) 그 신고를 거짓으로 한 자

OX 임대차계약 당사자의 인적 사항으로 법인인 경우는 법인명, 사무소소재지, 법인등록번호 및 연락처를 신고하여야 한다. (○)

OX 보증금 또는 월 차임, 계약 체결일 및 계약 기간, 계약을 갱신한 경우에는 계약갱신요구권의 행사 여부도 신고하여야 한다. (○)

OX 신고한 후 해당 임대차 계약의 보증금, 차임 등 임대차 가격이 변경 또는 임대차 계약이 해제된 때에는 확정된 날부터 30일 이내에 공동으로 신고하여야 한다. (○)

OX "임대차계약서"를 첨부하여 임대차계약신고의 접수를 완료한 때에는 확정일자를 부여한 것으로 본다. (○)

OX 국토교통부장관은 신고 받은 내용 등 그 밖의 부동산 가격정보를 활용하여 부동산거래가격 검증체계를 구축·운영하여야 한다. (○)

OX 임차인이 「주민등록법」에 따라 전입신고를 하는 경우 이 법에 따른 주택 임대차 계약의 신고를 한 것으로 본다. (○)

09 제 재

1 과태료 사유 및 금액

① 3천만원 이하의 과태료	㉠ 가장 매매신고 : 매매계약을 체결하지 아니하였음에도 불구하고 거짓으로 신고한 자 　⇨ 부당한 이익 목적 : 단, 부당하게 재물이나 재산상 이득을 취득하거나 제3자로 하여금 이를 취득하게 할 목적으로 가장매매신고하여 3년 이하의 징역 또는 3천만원 이하의 벌금형을 받은 경우는 과태료를 부과하지 않는다. ㉡ 가장 해제신고 : 신고 후 해당 계약을 거짓으로 해제 신고한 자 　⇨ 부당한 이익 목적 : 단, ㉠~동일함 ㉢ 거래대금지급 증명서면 미제출 또는 거짓 제출
② 500만원 이하의 과태료	㉠ 부동산거래신고를 하지 아니한 자(공동신고 거부자 포함) ㉡ 부동산거래 해제등의 신고를 하지 아니한 자(공동신고 거부자 포함) ㉢ 개업공인중개사에게 부동산거래신고를 하지 않게 하거나 거짓으로 신고하도록 요구한 자 ㉣ 부동산거래신고에 관해 거짓신고를 조장하거나 방조하는 행위 ㉤ 거래대금지급 증명자료 외의 자료 요구에 미제출, 거짓제출
③ 취득가액의 100분의 10 이하	㉠ 신고의무자인 당사자가 거래신고를 거짓으로 한 경우 ㉡ 신고의무자인 개업공인중개사가 거래신고를 거짓으로 한 경우 ㉢ 신고 의무자가 아닌 자가 거짓된 내용의 부동산거래신고를 한 경우
④ 100만원 이하 과태료	㉠ 임대차계약신고 또는 계약변경 또는 해제 신고를 아니 한 자(공동신고를 거부한 자를 포함) ㉡ 그 신고를 거짓으로 한 자

(1) 통보 및 부과기준

① 과태료는 **신고관청**이 부과·징수 한다.

② **과태료부과 통보** : 과태료를 부과한 신고관청은 **부과일부터 10일 이내**에 해당 개업공인중개사의 중개사무소(법인은 주된 사무소)를 관할하는 시장·군수 또는 구청장에 과태료 부과사실을 통보하여야 한다.

③ **과태료 부과 일반기준** : 신고관청은 위반행위의 동기·결과 및 횟수 등을 고려하여 개별기준에 따른 과태료의 **2분의1(500만원, 100만원)** 그 금액을 늘리거나 줄일 수 있다(단, 3천만원 이하, 취득가액의 10% 이하에 위반한 경우에는 **5분의 1**).
또한 가중시에 과태료의 **총액**(3천만원, 500만원, 취득가액의 10%, 300만원, 100만원)**의 상한을 초과할 수 없다.**

2 자진 신고자에 대한 감경·면제 등(영 제21조)

(1) 면제의 경우

국토교통부장관 또는 신고관청의 '**조사가 시작되기 전**'에 자진 신고한 자 + **다음의 요건을 모두 충족한 경우**

① **자진신고한 위반행위가 다음 어느 하나에 해당할 것**

〈**외국인 - 거짓.임대 - 조장.요구**〉!

> 1. **외국인 등**이 계약을 체결하였을 때에는 계약체결일부터 60일 이내에 신고를 하지 아니하거나 거짓으로 신고한 자(과태료 300만원 이하)
> 2. **외국인 등**이 상속·경매 등 계약 외의 원인으로 부동산 등을 취득한 후 신고를 하지 아니하거나 거짓으로 신고한 자(과태료 100만원 이하)
> 3. **외국인 등**으로 변경된 경우에 부동산 등 계속보유 신고를 하지 아니하거나 거짓으로 신고한 자(과태료 100만원 이하)
> 4. 거래당사자와 개업공인중개사 또는 신고 의무자가 아닌 자가 **거짓으로 신고**를 하는 행위
> 5. **임대차계약**신고 또는 임대차계약 변경·해제 신고를 하지 아니하거나(공동신고를 거부한 자를 포함) 그 신고를 거짓으로 한 자
> 6. 거짓으로 신고 또는 해제등 신고를 하는 행위를 **조장하거나 방조**한 자
> 7. 개업공인중개사에게 신고를 하지 아니하게 하거나 거짓으로 신고하도록 **요구한** 자

[주의] 다음은 감면 대상이 아니다.

> ※ 거래대금 지급을 증명할 수 있는 자료: 제출(×) 또는 거짓 제출한 자, 기타 조치를 불이행
> ※ 거래대금 지급을 증명할 수 있는 자료 외의 자료: 제출(×) 또는 거짓 제출한 자
> ※ 과태료 3천만원 이하 사유 - 즉, 가장매매신고, 가장해제신고

② 신고관청에 단독(거래당사자 일방이 여러 명인 경우 그 일부 또는 전부가 공동으로 신고한 경우)으로 신고한 **최초의 자일 것**

③ 위반사실의 입증자료 제공 + **조사가 끝날 때까지 성실하게 협조**하였을 것

(2) 감경의 경우

조사기관의 '**조사가 시작된 후**' 자진 신고한 자 + 다음의 요건을 모두 충족한 경우 ⇨ **과태료의 100분의 50 감경**

> 1. 감경 사유는 면제사유와 동일
> 2. 조사기관이 입증할 증거를 충분히 확보하지 못한 상태에서 조사에 협조했을 것
> 3. 조사기관에 단독으로 신고한 **최초의 자일 것**

(3) 감경·면제대상 제외

다음의 어느 하나에 해당하는 경우에는 과태료를 감경·면제하지 않는다.

1. 거래계약과 관련하여 「국세기본법」 또는 「지방세법」 등 관련 법령을 위반한 사실 등이 **관계기관으로부터 조사기관에 통보된 경우**
2. 자진 신고한 날부터 **과거 1년 이내**
   ⇨ 자진 신고를 하여 3회 이상 과태료의 **감경 또는 면제를 받은 경우**

(4) 자진 신고자 입증서류 제출

자진 신고를 하려는 자는 신고서 및 위반행위를 입증할 수 있는 서류를 조사기관에 제출해야 한다.

10 포상금

시장·군수 또는 구청장은 다음에 해당하는 자를 관계 **행정기관이나 수사기관에 신고하거나 고발**한 자에게 예산의 범위에서 포상금을 지급할 수 있다.

1 지급관청 및 포상금 사유

(1) **지급관청**: 신고관청이다.

(2) **포상금 사유** 〈가장. 거짓(말) − 포상금 − 허가(한다)〉!

① 가장매매신고: 계약을 체결하지 아니하였음에도 불구하고 거짓으로 신고를 하는 행위
② 가장해제신고: 신고 후 해당 계약이 해제등이 되지 아니하였음에도 불구하고 거짓으로 신고를 하는 행위
③ 거래당사자로서 부동산 등의 실제 거래가격을 **거짓으로 신고한 자**
④ 개업공인중개사로서 부동산 등의 실제 거래가격을 **거짓으로 신고한 자**
⑤ **신고 의무자가 아닌 자로서** 부동산 등의 실제 거래가격을 **거짓으로 신고한 자**
⑥ 임대차계약 신고 또는 변경·해제신고를 위반하여 주택 임대차 계약의 **보증금·차임 등 계약금액을 거짓으로 신고한 자**
   + ⑦과 ⑧도 포상금 사유이나 조건 및 금액이 다르다. ⇨ 허가제도에서 후술한다.
⑦ **허가 또는 변경허가를 받지 아니하고 토지거래계약을 체결한 자** 또는 거짓이나 그 밖의 **부정한 방법**으로 토지거래계약허가를 받은 자(즉, **허가 ×, 부정허가**)
⑧ 토지거래계약허가를 받아 취득한 토지에 대하여 허가받은 **목적대로 이용하지 아니한 자**(즉, **이용 목적에 반함**)

② 지급 요건

(1) 지급요건

신고관청이 적발하기 전에 신고 · 고발 대상자를 신고 + 증거자료를 제출한 경우로서, 그 신고 사건에 대하여 **과태료가 부과된 경우** ⇨ **포상금을 지급**하여야 한다.

※ 단, 다음에 해당하는 경우에는 포상금을 지급하지 아니할 수 있다.

> ① **공무원이** 직무와 관련하여 발견한 사실을 신고하거나 고발한 경우
> ② 해당 위반행위를 하거나 위반행위에 **관여한 자가** 신고하거나 고발한 경우
> ③ 익명이나 가명으로 신고 또는 고발하여 신고인 또는 고발인을 **확인할 수 없는 경우**

(2) 지급절차 및 방법

> ① 신고하려는 자는 **신고서 및 증거자료**를 신고관청에 제출하여야 한다.
> ② 신고관청은 포상금 지급 여부를 결정하고 신고인 또는 고발인에게 알려야 한다.
> ③ 신고인 또는 고발인은 포상금 지급신청서를 **신고관청에 제출**하여야 한다.
> ④ 신고관청은 신청서가 **접수된 날부터 2개월 이내**에 포상금을 지급하여야 한다.

(3) 지급금액 및 재원

포상금은 신고 또는 고발 건별로 다음의 구분에 따라 지급한다.

① 실제거래가격을 거짓신고와 신고의무 아닌 자의 거짓신고(취득가액의 10% 이하). 가장매매신고 또는 가장해제신고(3천만원 이하)의 포상금의 경우

> 과태료 3천만원 이하 또는 취득가액의 10% 이하에 따라 부과되는 **과태료의 100분의 20에 해당하는 금액** ⇨ 단, 이 경우 취득가액의 10% 이하에 따른 포상금의 지급한도액은 1천만원으로 한다. ※ ①의 (2) 사유 중 ⑦⑧의 허가 관련은 건당 50만원

② **재원**: 포상금 지급에 드는 **비용은 시 · 군 · 구의 재원**으로 충당한다.

(4) 포상금 배분

> ① 2인 이상 공동신고 · 고발: 하나의 위반행위에 대하여 **2명 이상이 공동**으로 신고 또는 고발한 경우에는 포상금을 **균등하게 배분**하여 지급한다. 다만, 배분방법에 관하여 미리 합의하여 포상금의 지급을 신청한 경우에는 그 합의된 방법에 따라 지급한다.
> ② 2인 이상 각각 신고 · 고발: 하나의 위반행위에 대하여 2명 이상이 **각각 신고 또는 고발**한 경우에는 **최초로 신고 또는 고발한 사람**에게 포상금을 지급한다.

■ 부동산 거래신고 등에 관한 법률 시행규칙 [별지 제1호 서식] 〈개정 2023. 8. 22.〉   부동산거래관리시스템(rtms.molit.go.kr)에서도 신청할 수 있습니다.

부동산거래계약 신고서

(앞쪽)

※ 뒤쪽의 유의사항·작성방법을 읽고 작성하시기 바라며, [ ]에는 해당하는 곳에 √표를 합니다.

접수번호			접수일시		처리기간	지체 없이

① 매도인	성명(법인명)		주민등록번호(법인·외국인등록번호)		국 적	
	주소(법인소재지)				거래지분 비율 (분의)	
	전화번호		휴대전화번호			

② 매수인	성명(법인명)		주민등록번호(법인·외국인등록번호)		국 적	
	주소(법인소재지)				거래지분 비율 (분의)	
	전화번호		휴대전화번호			
	③ 법인신고서 등	[ ] 제출 [ ] 별도 제출 [ ] 해당 없음				
	외국인의 부동산 등 매수용도	[ ] 주거용(아파트) [ ] 주거용(단독주택) [ ] 주거용(그 밖의 주택) [ ] 레저용 [ ] 상업용 [ ] 공업용 [ ] 그 밖의 용도				
	위탁관리인 (국내에 주소 또는 거소가 없는 경우)	성 명		주민등록번호		
		주 소				
		전화번호		휴대전화번호		

개업 공인중개사	성명(법인명)	주민등록번호(법인·외국인등록번호)
	전화번호	휴대전화번호
	상 호	등록번호
	사무소 소재지	

거래대상	종류	④ [ ] 토지 [ ] 건축물 ( ) [ ] 토지 및 건축물 ( )			
		⑤ [ ] 공급계약 [ ] 전매	[ ] 분양권 [ ] 입주권	[ ] 준공 전 [ ] 준공 후 [ ] 임대주택 분양전환	
	⑥ 소재지/지목/면적	소재지			
		지 목	토지면적 m²	토지 거래지분 (분의)	
		대지권비율 (분의)	건축물면적 m²	건축물 거래지분 (분의)	
	⑦ 계약대상 면적	토 지 m²	건축물 m²		
	⑧ 물건별 거래가격	공급계약 또는 전매	분양가격 원	발코니 확장 등 선택비용 원	추가 지급액 등 원

⑨ 총 실제 거래가격(전체)	합 계 원	계약금 원	계약 체결일
		중도금 원	중도금 지급일
		잔 금 원	잔금 지급일

⑩ 종전 부동산	소재지/지목/면적	소재지		
		지 목	토지면적 m²	토지 거래지분 (분의)
		대지권비율 (분의)	건축물면적 m²	건축물 거래지분 (분의)
	계약대상 면적	토 지 m²	건축물 m²	건축물 유형( )
	거래금액	합 계 원	추가 지급액 등 원	권리가격 원
		계약금 원	중도금 원	잔 금 원

⑪ 계약의 조건 및 참고사항	

「부동산 거래신고 등에 관한 법률」 제3조 제1항부터 제4항까지 및 같은 법 시행규칙 제2조 제1항부터 제4항까지의 규정에 따라 위와 같이 부동산거래계약 내용을 신고합니다.

년   월   일

신고인   매도인 :   (서명 또는 인)
             매수인 :   (서명 또는 인)
             개업공인중개사 :   (서명 또는 인)
             (개업공인중개사 중개시)

시장·군수·구청장   귀하

(뒤쪽)

첨부서류	1. 부동산 거래계약서 사본(「부동산 거래신고 등에 관한 법률」 제3조 제2항 또는 제4항에 따라 단독으로 부동산거래의 신고를 하는 경우에만 해당합니다)
	2. 단독신고사유서(「부동산 거래신고 등에 관한 법률」 제3조 제2항 또는 제4항에 따라 단독으로 부동산거래의 신고를 하는 경우에만 해당합니다)

유의사항

1. 「부동산 거래신고 등에 관한 법률」 제3조 및 같은 법 시행령 제3조의 실제 거래가격은 매수인이 매수한 부동산을 양도하는 경우 「소득세법」 제97조 제1항·제7항 및 같은 법 시행령 제163조 제11항 제2호에 따라 취득 당시의 실제 거래가격으로 보아 양도차익이 계산될 수 있음을 유의하시기 바랍니다.
2. 거래당사자 간 직접거래의 경우에는 공동으로 신고서에 서명 또는 날인을 하여 거래당사자 중 일방이 신고서를 제출하고, 중개거래의 경우에는 개업공인중개사가 신고서를 제출해야 하며, 거래당사자 중 일방이 국가 및 지자체, 공공기관인 경우(국가 등)에는 국가 등이 신고해야 합니다.
3. 부동산거래계약 내용을 기간 내에 신고하지 않거나, 거짓으로 신고하는 경우 「부동산 거래신고 등에 관한 법률」 제28조 제1항부터 제3항까지의 규정에 따라 과태료가 부과되며, 신고한 계약이 해제, 무효 또는 취소가 된 경우 거래당사자는 해제등이 확정된 날로부터 30일 이내에 같은 법 제3조의2에 따라 신고를 해야 합니다.
4. 담당 공무원은 「부동산 거래신고 등에 관한 법률」 제6조에 따라 거래당사자 또는 개업공인중개사에게 거래계약서, 거래대금지급 증명 자료 등 관련 자료의 제출을 요구할 수 있으며, 이 경우 자료를 제출하지 않거나, 거짓으로 자료를 제출하거나, 그 밖의 필요한 조치를 이행하지 않으면 같은 법 제28조 제1항 또는 제2항에 따라 과태료가 부과됩니다.
5. 거래대상의 종류가 공급계약(분양) 또는 전매계약(분양권, 입주권)인 경우 ⑧ 물건별 거래가격 및 ⑨ 총 실제거래가격에 부가가치세를 포함한 금액을 적고, 그 외의 거래대상의 경우 부가가치세를 제외한 금액을 적습니다.
6. "거래계약의 체결일"이란 거래당사자가 구체적으로 특정되고, 거래목적물 및 거래대금 등 거래계약의 중요 부분에 대하여 거래당사자가 합의한 날을 말합니다. 이 경우 합의와 더불어 계약금의 전부 또는 일부를 지급한 경우에는 그 지급일을 거래계약의 체결일로 보되, 합의한 날이 계약금의 전부 또는 일부를 지급한 날보다 앞서는 것이 서면 등을 통해 인정되는 경우에는 합의한 날을 거래계약의 체결일로 봅니다.

작성방법

1. ①·② 거래당사자가 다수인 경우 매도인 또는 매수인의 주소란에 ⑥의 거래대상별 거래지분을 기준으로 각자의 거래 지분 비율(매도인과 매수인의 거래 지분 비율은 일치해야 합니다)을 표시하고, 거래당사자가 외국인인 경우 거래당사자의 국적을 반드시 적어야 하며, 외국인이 부동산 등을 매수하는 경우 매수용도란의 주거용(아파트), 주거용(단독주택), 주거용(그 밖의 주택), 레저용, 상업용, 공장용, 그 밖의 용도 중 하나에 √표시를 합니다.
2. ③ "법인신고서 등"란은 별지 제1호의2 서식의 법인 주택 거래계약 신고서, 별지 제1호의3 서식의 주택취득자금 조달 및 입주계획서, 제2조 제7항 각 호의 구분에 따른 서류, 같은 항 후단에 따른 사유서 및 별지 제1호의4 서식의 토지취득자금 조달 및 토지이용계획서를 이 신고서와 함께 제출하는지를 √표시하고, 그 밖의 경우에는 해당 없음에 √표시를 합니다.
3. ④ 부동산 매매의 경우 "종류"란에는 토지, 건축물 또는 토지 및 건축물(복합부동산의 경우)에 √표시를 하고, 해당 부동산이 "건축물" 또는 "토지 및 건축물"인 경우에는 ( )에 건축물의 종류를 "아파트, 연립, 다세대, 단독, 다가구, 오피스텔, 근린생활시설, 사무소, 공장" 등 「건축법 시행령」 별표 1에 따른 용도별 건축물의 종류를 적습니다.
4. ⑤ 공급계약은 시행사 또는 건축주 등이 최초로 부동산을 공급(분양)하는 계약을 말하며, 준공 전과 준공 후 계약 여부에 따라 √표시하고, "임대주택 분양전환"은 임대주택사업자(법인으로 한정)가 임대기한이 완료되어 분양전환하는 주택인 경우에 √표시합니다. 전매는 부동산을 취득할 수 있는 권리의 매매로서, "분양권" 또는 "입주권"에 √표시를 합니다.
5. ⑥ 소재지는 지번(아파트 등 집합건축물의 경우에는 동·호수)까지, 지목/면적은 토지대장상의 지목·면적, 건축물대장상의 건축물 면적(집합건축물의 경우 호수별 전용면적, 그 밖의 건축물의 경우 연면적), 등기사항증명서상의 대지권 비율, 각 거래대상의 토지와 건축물에 대한 거래 지분을 정확하게 적습니다.
6. ⑦ "계약대상 면적"란에는 실제 거래면적을 계산하여 적되, 건축물 면적은 집합건축물의 경우 전용면적을 적고, 그 밖의 건축물의 경우 연면적을 적습니다.
7. ⑧ "물건별 거래가격"란에는 각각의 부동산별 거래가격을 적습니다. 최초 공급계약(분양) 또는 전매계약(분양권, 입주권)의 경우 분양가격, 발코니 확장 등 선택비용 및 추가 지급액 등(프리미엄 등 분양가격을 초과 또는 미달하는 금액)을 각각 적습니다. 이 경우 각각의 비용에 부가가치세가 있는 경우 부가가치세를 포함한 금액으로 적습니다.
8. ⑨ "총 실제 거래가격"란에는 전체 거래가격(둘 이상의 부동산을 함께 거래하는 경우 각각의 부동산별 거래가격의 합계 금액)을 적고, 계약금/중도금/잔금 및 그 지급일을 적습니다.
9. ⑩ "종전 부동산"란은 입주권 매매의 경우에만 작성하고, 거래금액란에는 추가 지급액 등(프리미엄 등 분양가격을 초과 또는 미달하는 금액) 및 권리가격, 합계 금액, 계약금, 중도금, 잔금을 적습니다.
10. ⑪ "계약의 조건 및 참고사항"란은 부동산 거래계약 내용에 계약조건이나 기한을 붙인 경우, 거래와 관련한 참고내용이 있을 경우에 적습니다.
11. 다수의 부동산, 관련 필지, 매도·매수인, 개업공인중개사 등 기재사항이 복잡한 경우에는 다른 용지에 작성하여 간인 처리한 후 첨부합니다.
12. 소유권이전등기 신청은 「부동산등기 특별조치법」 제2조 제1항 각 호의 구분에 따른 날부터 60일 이내에 신청해야 하며, 이를 이행하지 않는 경우에는 같은 법 제11조에 따라 과태료가 부과될 수 있으니 유의하시기 바랍니다.

처리절차

신고서 작성 (인터넷, 방문신고)	⇨	접 수	⇨	신고처리	⇨	신고필증 발급
신고인				처리기관 : 시·군·구(담당부서)		

■ **부동산거래 신고서식 주요 내용**

1. 거래당사자 간 직접거래 : 공동으로 신고서에 서명 또는 날인을 하여 당사자 중 **일방이 신고서를 제출한다.**
2. 중개거래의 경우 : 개업공인중개사가 신고서를 제출해야 한다.
3. 거래당사자 중 일방이 국가 및 지자체, 공공기관인 경우(국가 등) : **국가 등이 신고**
   ① 계약이 해제, 무효 또는 취소가 된 경우 : 거래당사자는 해제등이 **확정된 날로부터 30일** 이내에 신고
   ② 공급계약 또는 전매계약(분양권, 입주권)인 경우 ⑧ 물건별 거래가격 및 ⑨ 총 실제거래가격에 **부가가치세를 포함한 금액**을 적는다.
4. 거래당사자가 외국인인 경우 : 거래당사자의 **국적을 반드시** 적어야 하며,
5. 외국인이 부동산 등을 매수하는 경우 : **매수용도란**의 주거용(아파트), 주거용(단독주택), 주거용(그 밖의 주택), 레저용, 상업용, 공장용, 그 밖의 용도 중 하나에 √표시
6. 공급계약은 최초로 부동산을 공급(분양)하는 계약을 말하며, **준공 전과 준공 후** 계약 여부에 따라 표시
   ① "임대주택 분양전환"은 임대주택사업자(**법인으로 한정**)가 임대기한이 완료되어 **분양전환하는 주택**인 경우에 √표시
   ② 전매는 부동산을 취득할 수 있는 권리의 매매로서, **"분양권" 또는 "입주권"**에 √표시
7. 최초 공급계약 또는 전매계약(분양권, 입주권)의 경우 : 분양가격, 발코니 확장 등 선택비용 및 추가 지불액 등(프리미엄 등 분양가격을 초과 또는 미달하는 금액)을 각각 적는다(단, 각각의 비용에 **부가가치세가 있는 경우 부가가치세를 포함**).
8. 건축물대장상의 건축물 면적 : **집합건축물의 경우 호수별 전용면적, 그 밖의 건축물의 경우 연면적** 기재
   ① 등기사항증명서상의 **대지권 비율**, 각 거래대상의 토지와 건축물에 대한 **거래지분**을 적는다.
   ② 거래당사자가 '다수'인 경우는 **각자의 거래지분 비율** 표시
9. ③ **"법인신고서 등"란**은 / "법인 주택 거래계약 신고서" / "주택취득자금 조달 및 입주계획서" / 자금증명서류, / 사유서(**예** 대출 미실행등) / 및 / 토지취득자금 조달 및 토지이용계획서 / 를 이 신고서와 **함께 제출**하는지 또는 **별도로 제출**하는지를 표시하고, / 그 밖의 경우에는 해당 없음에 표시한다.
10. 부동산이 "건축물" 또는 "토지 및 건축물"인 경우 - 아파트, 연립 등 용도별 건축물의 종류를 표시

11. 물건별 거래가격란에는 **각각의 부동산별 거래가격**을 적는다.
12. 총 실제 거래가격란 : **전체 거래가격**(둘 이상의 부동산합계 금액)을 적고, 계약금 · 중도금 · 잔금 및 그 지급일을 적는다.
13. 종전 부동산란 : **입주권 매매의 경우에만 적고**, 거래금액란에는 추가지불액 및 권리가격, 합계 금액, 계약금, 중도금, 잔금을 적는다.
14. 계약의 조건 및 참고사항란 : 부동산 거래계약 내용에 **계약조건이나 기한을 붙인 경우**, 거래와 관련한 참고내용이 있는 경우

■ 부동산 거래신고 등에 관한 법률 시행규칙 [별지 제1호의2 서식] 〈신설 2020. 10. 27.〉

부동산거래관리시스템(rtms.molit.go.kr)
에서도 신청할 수 있습니다.

법인 주택 거래계약 신고서

※ 색상이 어두운 난은 신청인이 적지 않으며, [ ]에는 해당되는 곳에 √표시를 합니다.

접수번호		접수일시		처리기간	
구 분	[ ] 매도인 [ ] 매수인				
제출인 (법인)	법인명(등기사항전부증명서상 상호)			법인등록번호	
				사업자등록번호	
	주소(법인소재지)			(휴대)전화번호	
① 법인 등기현황	자본금 원			② 등기임원(총 인원) 명	
	회사성립연월일			법인등기기록 개설 사유(최종)	
	③ 목적상 부동산 매매업(임대업) 포함 여부 [ ] 포함 [ ] 미포함			④ 사업의 종류 업태 ( ) 종목 ( )	
⑤ 거래상대방 간 특수관계 여부	법인 임원과의 거래 여부 [ ] 해당 [ ] 미해당			관계(해당하는 경우만 기재)	
	매도·매수법인 임원 중 동일인 포함 여부 [ ] 해당 [ ] 미해당			관계(해당하는 경우만 기재)	
	친족관계 여부 [ ] 해당 [ ] 미해당			관계(해당하는 경우만 기재)	
⑥ 주택 취득목적					

「부동산 거래신고 등에 관한 법률 시행령」 별표 1 제2호 가목 및 같은 법 시행규칙 제2조 제5항에 따라 위와 같이 법인 주택 거래계약 신고서를 제출합니다.

년   월   일

제출인   (서명 또는 인)

시장 · 군수 · 구청장 귀하

유의사항

이 서식은 부동산거래계약 신고서 접수 전에는 제출할 수 없으니 별도 제출하는 경우에는 미리 부동산거래계약 신고서의 제출 여부를 신고서 제출자 또는 신고관청에 확인하시기 바랍니다.

작성방법

1. ① "법인 등기현황"에는 법인등기사항전부증명서(이하 "등기부"라 합니다)상 각 해당 항목을 작성해야 하며, 해당되는 거래당사자가 다수인 경우 각 법인별로 작성해야 합니다.
2. ② "등기임원"에는 등기부 "임원에 관한 사항"란에 등재되어 있는 대표이사 등 임원의 총 인원을 적습니다.
3. ③ "목적상 부동산 매매업(임대업) 포함 여부"에는 등기부 "목적"란에 현재 부동산 매매업(임대업) 등재 여부를 확인하여 해당 난에 √표시를 합니다.
4. ④ "사업의 종류"에는 사업자등록증이 있는 경우 사업의 종류에 해당하는 내용을 적고, 사업자 미등록 또는 사업의 종류가 없는 비영리법인인 경우 인허가 목적 등을 적습니다.
5. ⑤ "거래상대방 간 특수관계 여부"에는 법인과 거래상대방 간의 관계가 다음 각 목의 어느 하나에 해당하는 지 여부를 확인하여 해당 난에 √표시를 하고, "해당"에 √표시를 한 경우 그 구체적 관계를 적습니다. 이 경우 특수관계가 여러 개인 경우 해당되는 관계를 모두 적습니다.
   가. 거래상대방이 개인인 경우 : 그 개인이 해당 법인의 임원이거나 법인의 임원과 「국세기본법」 제2조 제20호 가목의 친족관계가 있는 경우
   나. 거래상대방이 법인인 경우 : 거래당사자인 매도법인과 매수법인의 임원 중 같은 사람이 있거나 거래당사자인 매도법인과 매수법인의 임원 간 「국세기본법」 제2조 제20호 가목의 친족관계에 있는 경우
6. ⑥ "주택 취득 목적"은 주택을 취득하는 법인이 그 목적을 간략하게 적습니다.

■ 부동산 거래신고 등에 관한 법률 시행규칙 [별지 제호의3 서식] 〈개정 2022. 2. 28.〉　　부동산거래관리시스템(rtms.molit.go.kr)에서도 신청할 수 있습니다.

주택취득자금 조달 및 입주계획서

※ 색상이 어두운 난은 신청인이 적지 않으며, [ ]에는 해당되는 곳에 √표시를 합니다.　　　　　　(앞쪽)

접수번호		접수일시		처리기간	

제출인 (매수인)	성명(법인명)		주민등록번호(법인·외국인등록번호)	
	주소(법인소재지)		(휴대)전화번호	

① 자금 조달계획	자기 자금	② 금융기관 예금액 원		③ 주식·채권 매각대금 원	
		④ 증여·상속 원		⑤ 현금 등 그 밖의 자금 원	
		[ ] 부부 [ ] 직계존비속(관계:) [ ] 그 밖의 관계( )		[ ] 보유 현금 [ ] 그 밖의 자산(종류:)	
		⑥ 부동산 처분대금 등 원		⑦ 소계 원	
	차입금 등	⑧ 금융기관 대출액 합계 원	주택담보대출		원
			신용대출		원
			그 밖의 대출	(대출 종류:)	원
		기존 주택 보유 여부 (주택담보대출이 있는 경우만 기재) [ ] 미보유　[ ] 보유 (건)			
		⑨ 임대보증금 원		⑩ 회사지원금·사채 원	
		⑪ 그 밖의 차입금 원		⑫ 소계 원	
		[ ] 부부 [ ] 직계존비속(관계:) [ ] 그 밖의 관계( )			
	⑬ 합계				원

⑭ 조달자금 지급방식	총 거래금액	원
	⑮ 계좌이체 금액	원
	⑯ 보증금·대출 승계 금액	원
	⑰ 현금 및 그 밖의 지급방식 금액	원
	지급 사유 ( )	

⑱ 입주 계획	[ ] 본인입주 [ ] 본인 외 가족입주 (입주 예정 시기:　년 월)	[ ] 임대 (전·월세)	[ ] 그 밖의 경우 (재건축 등)

「부동산 거래신고 등에 관한 법률 시행령」 별표 1 제2호 나목, 같은 표 제3호 가목 전단, 같은 호 나목 및 같은 법 시행규칙 제2조 제6항·제7항·제9항·제10항에 따라 위와 같이 주택취득자금 조달 및 입주계획서를 제출합니다.

년　　월　　일

제출인　　　　　　　(서명 또는 인)

시장·군수·구청장 귀하

유의사항

1. 제출하신 주택취득자금 조달 및 입주계획서는 국세청 등 관계기관에 통보되어, 신고내역 조사 및 관련 세법에 따른 조사시 참고자료로 활용됩니다.
2. 주택취득자금 조달 및 입주계획서(첨부서류 제출대상인 경우 첨부서류를 포함합니다)를 계약체결일부터 30일 이내에 제출하지 않거나 거짓으로 작성하는 경우 「부동산 거래신고 등에 관한 법률」 제28조 제2항 또는 제3항에 따라 과태료가 부과되오니 유의하시기 바랍니다.
3. 이 서식은 부동산거래계약 신고서 접수 전에는 제출이 불가하오니 별도 제출하는 경우에는 미리 부동산거래계약 신고서의 제출 여부를 신고서 제출자 또는 신고관청에 확인하시기 바랍니다.

Chapter 03 외국인 등의 부동산 취득에 관한 특례

01 용어의 정의

"외국인 등"이란 다음의 어느 하나에 해당하는 개인·법인 또는 단체를 말한다.

1. 대한민국의 국적을 보유하고 있지 아니한 개인
2. **외국의 법령**에 따라 설립된 법인 또는 단체
3. 외국 정부, **국제연합**과 그 산하기구·전문기구, 정부 간 기구, 준정부 간 기구, 비정부 간 국제기구)

〈대한민국 법령에 따라 설립된 법인 또는 단체라 하더라도〉

4. 사원 또는 구성원의 2분의 1 **이상**이 대한민국의 국적이 아닌 법인 또는 단체
5. 사원이나 이사 등 **임원의 2분의 1 이상**이 대한민국의 국적이 아닌 법인 또는 단체
6. 대한민국의 국적이 아닌 사람이나 외국의 법령에 따라 설립된 법인 또는 단체가 **자본금의 2분의 1 이상**이나 **의결권의 2분의 1 이상**을 가지고 있는 법인 또는 단체

02 제도의 특징

① 외국인등이 **소유권 취득시만** 적용된다.
   ⇨ 소유권 양도·처분, 용익물권(지상권 등)과 담보물권인 저당권 등 설정 또는 이전시는 적용되지 않는다.
② 외국에서 영주권을 취득한 자는 적용되지 않는다(즉, 신고 의무 ×).
③ 상호주의: 국토교통부장관은 … 토지의 취득·양도를 금지 또는 제한할 수 있다.

03 사후 신고제도

(1) 외국인 등이 대한민국 안의 **부동산 등을 취득하는 계약**(즉, **부동산, 입주권, 분양권의 매매계약은 제외한다**)을 체결하였을 때에는 계약**체결일부터 60일** 이내에 신고관청에 신고하여야 한다.

(2) 외국인 등이 상속 · 경매, 환매권의 행사, 판결, 법인의 합병, 건축물의 신축 · 증축 · 개축 · 재축 등 **계약 외의 원인**으로 **부동산 등을 취득**한 때에는 부동산 등을 **취득한 날부터 6개월** 이내에 신고관청에 신고하여야 한다.

(3) 대한민국 안의 **부동산 등**을 가지고 있는 대한민국 국민이나 법인 또는 단체가 외국인 등으로 변경된 후에도 해당 부동산 등을 계속 보유하려는 경우, **외국인 등으로 변경된 날부터 6개월** 이내에 신고관청에 신고하여야 한다.

≪ 보충(도표 정리)

구 분		신고기간	제 재
사후 신고	계 약	* 계약 체결일부터 60일 이내 신고 예 교환, 증여 계약 주의 매매는 부동산거래계약신고 함 ⇨ 따라서, 외국인등은 특례에 따른 별도 신고의무(✕)	신고 ✕, 거짓신고 − 300만원 이하의 과태료
	계약 외	① 취득한 날로부터 6개월 이내 신고 : 합병, 판결, 환매권, 경매, 상속 ② 건축물의 신축 · 증축, 개축 · 재축	신고 ✕, 거짓신고 − 100만원 이하의 과태료
	계속 보유	외국인으로 변경된 날로부터 6개월 이내	

(4) 신고서류

부동산 등 취득 · 계속보유 신고를 하려는 외국인 등은 **신고서에 서명 또는 날인**한 후 다음의 서류를 첨부하여 신고관청에 제출하여야 한다.

① **부동산 등 취득 신고**: 취득 원인에 따른 다음의 서류

> 1. 증여의 경우: 증여계약서
> 2. 상속의 경우: 상속인임을 증명할 수 있는 서류
> 3. 경매의 경우: 경락결정서
> 4. 환매권 행사의 경우: 환매임을 증명할 수 있는 서류
> 5. 법원의 확정판결의 경우: 확정판결문
> 6. 법인의 합병의 경우: 합병사실을 증명할 수 있는 서류

② **부동산 등 계속보유 신고**: 외국인 등으로 변경되었음을 증명하는 서류

OX 외국인 등이 부동산 등을 취득하는 교환 계약을 체결하였을 때에는 계약체결일부터 60일 이내에 신고관청에 신고하여야 한다. (○)

OX 외국인 등이 대한민국 안의 부동산(입주권, 분양권)의 매매계약 체결하였을 때에는 외국인 등 특례 규정에 따른 신고를 하지 않아도 된다. (○)

OX 국제연합의 전문기구가 경매로 대한민국 안의 부동산 등을 취득한 때에는 부동산 등을 취득한 날부터 6개월 이내에 신고관청에 신고하여야 한다. (○)

OX 상속 등 계약 외의 원인으로 인한 부동산 등의 취득 신고를 하지 않거나 거짓으로 신고한 자에게는 100만원 이하의 과태료를 부과한다. (○)

OX 외국인 등이 대한민국에 소재하는 부동산에 대한 저당권을 취득하는 경우에는 외국인 등의 특례법이 적용될 여지가 없다. (○)

(5) 신고관청의 확인 및 의무

① 신고관청은 「전자정부법」에 따라 **건축물대장, 토지등기사항증명서 및 건물등기 사항증명서를 확인**해야 한다.

② 신고관청은 제출된 첨부서류를 확인한 후 **"외국인부동산 등 취득·계속보유 신고확인증"**을 발급하여야 한다.

(6) 신고 대행

① 외국인 등의 위임을 받은 사람은 외국인 부동산 등 취득·계속보유 신고서의 작성 및 제출을 대행할 수 있다. 이 경우 다음의 서류를 함께 제출하여야 한다.

> 1. 위임한 외국인 등의 서명 또는 날인이 있는 **위임장**
> 2. 위임한 외국인 등의 **신분증명서 사본**

② 신고 또는 신고 대행자는 **본인의 신분증명서**를 신고관청에 보여주어야 한다.

(7) 신고관청 등의 내용 제출

① 신고관청은 **매 분기 종료일부터 1개월 이내**에 시·도지사에게 제출(전자문서에 의한 제출을 포함한다)하여야 한다.

⇨ 다만, **특별자치시장**은 직접 국토교통부장관에게 제출하여야 한다.

② ①의 신고내용을 제출받은 시·도지사(다만, 특별자치시장 제외)는 **제출받은 날부터 1개월 이내**에 그 내용을 국토교통부장관에게 제출하여야 한다.

(8) 외국인 등의 자진신고 ⇨ 과태료 감경·면제 사유

> ① 부동산 등을 **계약으로 취득**한 후에 신고를 하지 아니하거나 거짓으로 신고한 자 – 300만원 이하의 과태료
> ② 부동산 등을 계약 외로 취득한 후 신고를 하지 아니하거나 거짓으로 신고한 자 – 100만원 이하의 과태료
> ③ 외국인 등이 부동산 등을 계속보유신고를 하지 아니하거나 거짓으로 신고한 자 – 100만원 이하의 과태료

OX 외국인 등의 위임을 받은 사람은 위임장과 위임한 외국인 등의 신분증명서 사본을 첨부하여 부동산 등 취득·계속보유 신고서의 작성 및 제출을 대행할 수 있다. (○)

OX 신고관청은 매 분기 종료일부터 1개월 이내에 시·도지사에게 제출(전자문서에 의한 제출을 포함한다)하여야 한다. (○)

OX 특별자치시장은 매 분기 종료일부터 1개월 이내에 신고내용을 직접 국토교통부장관에게 제출하여야 한다. (○)

OX 부동산 등을 계약으로 취득한 후에 신고를 하지 아니하거나 거짓으로 신고한 자가 자진신고 한 경우 과태료 감경·면제를 받을 수 있다. (○)

04 | 외국인 등의 토지거래허가

(1) 사전 허가

① 외국인 등이 취득하고자 하는 토지가 규정된 구역·지역 등의 토지인 경우에는 **토지취득계약을 체결하기 전에** 신고관청(시장·군수 또는 구청장)의 허가를 받아야 한다.

② 토지거래허가구역 내 허가에 따라 **토지거래계약에 관한 허가를 받은 경우**에는 별도로 허가를 받을 필요 없다.

③ 신고관청은 관계 행정기관의 장과 협의를 거쳐 해당 구역·지역 등의 지정목적 달성에 지장을 주지 아니한다고 인정하는 경우에는 **허가를 하여야 한다.**

(2) 허가대상 구역·지역 ⇨ 〈군.문 - 자.자 - 야〉!

1. 「군사기지 및 군사시설 보호법」: 군사기지 및 군사시설 보호구역, 그 밖에 국방목적상에 제한할 필요가 있는 지역(※ 섬지역, 군부대주둔지와 그 인근지역, 국가중요시설과 그 인근지역 중에 **국방부장관 또는 국가정보원장의 요청** ⇨ 국토교통부장관이 관계 중앙행정기관의 장과 **협의한 후** ⇨ **중앙도시계획위원회의 심의**를 거쳐 고시하는 지역)
2. 「문화유산의 보존 및 활용에 관한 법률」: 지정문화유산과 이를 위한 보호물 또는 보호구역
3. 「자연유산의 보존 및 활용에 관한 법률」: 지정된 천연기념물·명승 및 시·도자연유산과 이를 위한 보호물 또는 보호구역
4. 「자연환경보전법」: 생태·경관보전지역
5. 「야생생물 보호 및 관리에 관한 법률」: 야생생물 특별보호구역

(3) 허가 신청서류 및 절차

① 외국인 등은 "토지취득 허가신청서"에 서명 또는 날인한 후 **토지거래계약 당사자 간의 합의서**를 첨부하여 신고관청에 제출해야 한다.

② 신고관청은 「전자정부법」에 따라 **토지등기사항증명서**를 확인해야 한다.

(4) 처분 기간

① 신청서를 받은 신고관청은 신청서를 받은 날부터 15일 **이내에 허가 또는 불허가** 처분을 해야 한다.

② 「**군사기지 및 군사시설 보호법**」에 따른 군사기지 및 군사시설 보호구역, 그 밖에 대통령령으로 정하는 지역은 30일 **이내**

> ※ 다만, 부득이한 사유로 처분을 할 수 없는 경우에는 30일의 **범위에서 연장 가능**
> ※ 기간을 연장하는 경우에는 사유와 처리예정일을 지체 없이 신청인에게 통지

(5) 허가신청서의 작성 및 제출을 대행

① 외국인 등의 위임을 받은 사람은 외국인 토지취득 허가신청서의 작성 및 제출을 대행할 수 있다. 이 경우 다음의 서류를 함께 제출해야 한다.

> 1. 위임한 외국인 등의 서명 또는 날인이 있는 **위임장**
> 2. 위임한 외국인 등의 **신분증명서 사본**

② 신청 또는 대행자는 **본인의 신분증명서**를 신고관청에 보여주어야 한다.

(6) 허가증 발급

신고관청은 제출된 첨부서류를 확인 후 "**외국인 토지취득 허가증**"을 발급해야 한다.

(7) 신고관청 등의 제출의무

① 신고관청은 허가내용을 **매 분기 종료일부터 1개월 이내**에 시·도지사에게 제출(전자문서에 의한 제출을 포함한다)하여야 한다.
 ⇨ 다만, 특별자치시장은 직접 국토교통부장관에게 제출하여야 한다.

② 허가내용을 제출받은 시·도지사(단, 특별자치시장은 제외)는 **제출받은 날부터 1개월 이내**에 그 내용을 국토교통부장관에게 제출하여야 한다.

(8) 효력 및 제재

① 허가를 받지 아니한 토지취득계약은 그 **효력이 발생하지 아니한다**.

② 허가를 받지 아니하고 토지취득계약을 체결하거나 부정한 방법으로 허가를 받아 토지취득계약을 체결한 외국인 등은 **2년 이하의 징역** 또는 **2천만원 이하의 벌금**에 처한다.

OX 허가를 받지 아니한 토지취득계약은 그 효력이 발생하지 아니한다. (○)

OX 「자연환경보전법」상 생태·경관보전지역 내의 토지에 관하여 허가권자의 허가 없이 체결한 토지취득계약은 효력이 없다.

OX 신고관청은 신고·허가내용을 매 분기 종료일부터 1개월 이내에 특별시장·광역시장·도지사 또는 특별자치도지사에게 제출(전자문서에 의한 제출을 포함)하여야 한다. (○)

OX 외국인 등이 계약에 의한 취득(300만원 이하)과 계약 외 취득 및 계속보유 신고(100만원 이하)의 위반사실을 자진 신고한 자에 대하여는 일정한 요건에 따라 과태료를 감경 또는 면제할 수 있다. (○)

토지거래허가제도

OX 토지거래계약허가구역 안에 있는 토지에 대하여 거래계약을 체결하고자 하는 당사자는 미리 공동으로 시장·군수·구청장의 허가를 받아야 한다. (○)

① **허가구역 지정권자**

> ㉠ **2 이상의 시·도:** 국토교통부장관이 지정
> ㉡ **동일한 시·도:** 시·도지사가 지정
> ※ 다만, **국가 또는 공공기관이 시행하는 개발사업** + 지가변동률 등이 인근지역 또는 전국 평균에 비하여 급격히 상승지역 ~ **국토교통부장관**이 지정할 수 있다.

OX 허가구역이 둘 이상의 시·도의 관할구역에 걸쳐 있는 경우에는 국토교통부장관이 지정한다. (○)

② **허가지정 요건:** **투기**적 거래 성행하거나 지가가 급격히 상승하는 지역과 그러한 **우려**가 있는 지역으로서, 다음의 지역에 지정할 수 있다.

> ㉠ 법령의 제정·개정 또는 폐지 등으로 토지이용에 대한 **행위제한이 완화되거나 해제**되는 지역 **⚡주의** 행위제한이 강화(×)
> ㉡ 개발사업이 **진행 중이거나 예정**되어 있는 지역과 그 **인근 지역**
> ㉢ 광역도시계획, 도시·군기본계획, 도시·군관리계획 등 토지이용계획이 새로 **수립되거나 변경**되는 지역
> ㉣ 국토교통부장관 또는 시·도지사가 투기 우려 **인정** 또는 관계 행정기관의 장이 투기가 성행 우려로 **요청하는 지역**

OX 토지거래 허가구역으로 지정할 수 있는 지역은 토지의 투기적인 거래가 성행하거나 지가가 급격히 상승하는 지역과 그러한 우려가 있는 지역이 대상이다. (○)

③ **특정 지정:** 국토교통부장관 또는 시·도지사는 **허가대상자(외국인 등을 포함), 허가대상 용도와 지목 등**을 특정하여 허가구역을 지정할 수 있다.

> 1. 허가대상자: ②의 ㉣지역에서 지가변동률 및 거래량 등을 고려할 때 투기 우려가 있다고 인정되는 자
> 2. 허가대상 용도: 다음에 해당하는 토지 중 ②의 ㉣지역에서 투기 우려가 있다고 인정되는 토지의 용도
>   ㉠ 나대지 ㉡ 「건축법」상에 건축물의 용도로 사용되는 부지
> 3. 허가대상 지목: ②의 ㉣지역에서 투기우려가 있다고 인정되는 지목

OX 시·도지사는 **허가대상자(외국인 등을 포함), 허가대상 용도와 지목 등**을 특정하여 허가구역을 지정할 수 있다. (○)

④ **허가 지정기간:** **5년 이내**의 기간으로 지정한다.
⚡주의 5년으로(×), 5년마다(×), 5년 단위로(×)

OX 허가구역의 지정은 허가구역의 지정을 공고한 날부터 5일 후에 그 효력이 발생한다. (○)

⑤ 허가 지정 또는 해제등 절차

　㉠ **국토교통부장관 또는 시·도지사는 허가구역을 지정하려면 중앙도시계획위원회** 또는 시·도 도시계획위원회의 심의를 거쳐야 한다.

　　※ 재지정하고자 하는 때에는 심의 [전]에 시·도지사(국토교통부장관 지정하는 경우만) 및 시장·군수·구청장의 의견을 들어야 한다. ●주의 주민의견 청취 − ✕

　㉡ 허가구역으로 지정·해제·축소한 때: 지체 없이 허가대상자, 허가대상 용도와 지목 등 대통령령으로 정하는 사항을 공고하고,

> "대통령령으로 정하는 공고 사항"
> 1. "허가구역"의 지정기간
> 1의2. 허가대상자·허가대상 용도와 지목
> 2. 허가구역 내 토지의 소재지·지번·지목·면적 및 용도지역
> 3. 허가구역에 대한 축척 5만분의 1 또는 2만 5천분의 1의 지형도
> 4. 허가면제 대상 토지면적

　　⇨ **국토교통부장관은 시·도지사를 거쳐 시장·군수 또는 구청장에게 통지하여야** 하며, 또한 **시·도지사는 국토교통부장관, 시장·군수 또는 구청장에게 통지하여야** 한다.

　㉢ **시장·군수·구청장은 관할 '등기소의 장'에게 통지하여야** 하며, 또한

> − 지체 없이 7일 이상 공고하고,
> − 공고 내용을 15일간 일반이 열람할 수 있도록 하여야 한다.

　　⇨ ㉠㉡㉢의 절차는 해제, 축소의 경우도 동일하게 적용된다(단, ㉠의 재지정은 제외).

　㉣ 국토교통부장관 또는 시·도지사는 허가구역의 지정 사유가 없어졌다고 인정되거나 관계 시·도지사, 시장·군수 또는 구청장으로부터 지정 해제 또는 축소 요청: **이유** 있다고 인정되면 **지체 없이 허가구역의 지정을 해제하거나 일부를 축소하여야** 한다.

⑥ **지정효력 발생시기**

　㉠ 허가구역의 지정은 국토교통부장관 또는 시·도지사가 허가구역의 지정을 **공고한 날부터 5일 후에** 그 효력이 발생한다.

　㉡ 허가구역을 **해제하거나 축소한** 경우는 **공고한 날로부터** 효력이 발생한다.

02 허가대상

① 허가구역에 있는 토지에 관한 소유권·지상권을 이전·설정하는 **유상계약(예약 포함)**을 체결하려는 당사자는 **공동으로 시장·군수·구청장의 허가**를 받아야 한다.

허가 대상	소유권(매매, 교환)과 지상권의 설정, 이전계약, 대물변제예약, 소유권 및 지상권청구권보전가등기, 판결, 화해조서 등
대상 아님	건물, 전세권, 지역권, 저당권, 증여, 상속, 경매, 압류용 공매, 비업무용 공매(3회 유찰시 등)

② **허가 기준면적**: 다음의 **기준면적 이하**의 토지는 허가가 필요 없다.

도시지역	㉠ 주거지역: 60 m² 이하 ㉡ 상업지역: 150 m² 이하 ㉢ 공업지역: 150 m² 이하 ㉣ 녹지지역: 200 m² 이하 ㉤ 용도지역의 미지정: 60 m²이하	※ 특례: **국토교통부장관 또는 시·도지사가** 기준면적의 (10% **이상 ~** 300%) 이하의 범위 안에서 따로 정할 수 있다.
도시 외 지역	기타 250 m² 이하, 농지 500 m² 이하, 임야 1,000 m²이하	

③ **기준면적의 산정방법**

> ㉠ 계약체결 후 1년 이내에 일단의 토지이용을 위해 일부 계약: 전체에 대한 거래로 본다.
> ㉡ 허가구역의 지정 후 분할된 토지: 분할 후 최초의 거래에 한하여 허가의 대상이 된다.
> ㉢ 허가구역의 지정 후 공유지분으로 거래: 최초거래에 한하여 허가의 대상이 된다.

03 국가 등의 토지거래계약에 관한 특례 등

① **공공기관 등 협의로 허가 간주**: 당사자의 한쪽 또는 양쪽이 **국가, 지방자치단체, 공공단체 등**이 행하는 **토지거래계약**: 시장·군수·구청장과 협의할 수 있다. 협의가 성립되면 허가를 받은 것으로 **본다.**

② **허가규정 배제**
   ㉠ **토지의 수용, 경매**, 그 밖에 대통령령으로 정하는 경우에는 토지거래계약허가제에 관한 규정을 **적용하지 아니한다.**

ⓛ 기타(대통령령)

> 1. 공익사업을 위한 토지 등의 취득 및 보상에 관한 법률 — 토지를 **협의취득·사용하거나 환매**하는 경우
> 2. 「국유재산법」상 국유재산을 **일반경쟁입찰로 처분**하는 경우
> 3. 「공유재산 및 물품 관리법」 공유재산을 **일반경쟁입찰**로 처분하는 경우
> 4. 한국자산관리공사가 경쟁입찰을 거쳐서 매각하는 경우 또는 매각이 의뢰되어 3회 이상 공매하였으나 유찰된 토지를 매각하는 경우
> 5. **국세 및 지방세의 체납처분 또는 강제집행을 하는 경우**
> 6. 「도시개발법」에 따른 조성토지 등의 공급계획에 따라 토지를 공급하는 경우, 환지 예정지로 지정된 종전 토지를 처분하는 경우, 환지처분을 하는 경우, 체비지 등을 매각하는 경우
> 7. 「주택법」에 따른 사업계획의 승인을 받아 조성한 대지를 공급하는 경우
> 8. 「택지개발촉진법」에 따라 택지를 공급하는 경우
> 9. 「국토의 계획 및 이용에 관한 법률」에 따라 매수청구된 토지를 취득하는 경우
> 10. 「도시 및 주거환경정비법」에 따른 관리처분계획 또는 「빈집 및 소규모주택 정비에 관한 특례법」에 따른 사업시행계획에 따라 **분양하거나 보류지 등을 매각**하는 경우
> 11. 「건축물의 분양에 관한 법률」에 따라 건축물을 분양하는 경우
> 12. 「농어촌정비법」에 따른 환지처분을 하는 경우 또는 농지 등의 교환·분할·합병을 하는 경우
> 13. 한국농어촌공사가 농지의 매매·교환 및 분할을 하는 경우
> 14. 「산업입지 및 개발에 관한 법률」에 따른 산업단지개발사업 또는 준산업단지를 개발하기 위한 사업으로 조성된 토지를 사업시행자가 분양하는 경우
> 15. 「채무자 회생 및 파산의 법률」에 따라 법원의 허가를 받아 권리를 이전하거나 설정하는 경우
> 16. 「산업집적활성화 및 공장설립에 관한 법률」 지식산업센터를 분양하는 경우
> 17. 법령에 따라 조세·부담금 등을 토지로 물납하는 경우
> 18. **법 제9조에 따라 외국인 등이 토지취득의 허가를 받은 경우**

ⓒ **다음에 해당하는 경우는 허가가 필요하지 아니하다.**

> 1. **용도별 면적 이하**의 토지에 대한 계약을 체결하려는 경우
> 2. 계약을 체결하려는 **당사자** 또는 토지가 **공고된 사항**에 해당하지 않는 경우

OX 외국인 등이 토지취득의 허가를 받은 경우는 토지거래허가제에 관한 규정을 적용하지 않는다. (○)

OX 용도별 면적 이하의 토지 또는 토지가 공고된 사항에 해당하지 않는 경우는 허가를 받지 않는다. (○)

OX 허가를 받으려는 자는 그 허가신청서에 계약내용과 그 토지의 이용계획, 취득자금 조달계획 등을 적어 토지 소재지를 관할하는 시장·군수 또는 구청장에게 제출하여야 한다. (○)

OX 토지의 지번·지목·면적·이용현황 및 권리설정현황, 건축물·공작물 및 입목 등에 관한 사항, 이전 또는 설정하려는 권리의 종류 등을 허가신청서에 기재하여야 한다. (○)

OX 토지거래계약 변경허가를 받으려는 자는 공동으로 일정한 사항을 기재한 신청서에 토지취득자금 조달계획서(단, 계약예정금액을 변경하려는 경우에만 첨부)를 첨부하여 허가관청에 제출하여야 한다. (○)

OX 허가관청은 신청서를 받은 날부터 15일 이내에 허가·변경허가 또는 불허가 처분을 하여야 한다. (○)

OX 처리기간 내에 허가증의 발급 또는 불허가 처분 사유의 통지가 없는 경우는 그 기간이 끝난 날의 다음날에 허가가 있는 것으로 본다. (○)

04 | 토지거래허가의 절차

① **허가권자**(허가관청): 부동산소재지 관할 **시장·군수·구청장**

② **허가신청: 당사자가 공동신청주의**

  ㉠ 토지거래계약의 허가: **신청서에 + 토지의 이용계획서, 토자취득자금조달계획서를 첨부**하여 **시장·군수 또는 구청장**에게 제출하여야 한다.

> "허가신청서"에 기재할 사항
> 1. 당사자의 성명 및 주소(법인은 법인의 명칭 및 소재지와 대표자의 성명 및 주소)
> 2. 토지의 지번·지목·면적·이용현황 및 권리설정현황
> 3. 토지의 정착물인 건축물·공작물 및 입목 등에 관한 사항
> 4. 이전 또는 설정하려는 권리의 종류
> 5. 계약예정금액
> 6. 토지의 이용에 관한 계획
> 7. 토지를 취득하는 데 필요한 자금조달계획

  ㉡ 토지거래계약 변경허가: 공동으로 기재한 신청서에 다음의 서류를 첨부하여 허가관청에 제출하여야 한다.

> 1. **토지이용계획서**(토지의 이용에 관한 계획을 변경하려는 경우만 해당한다)
> 2. **토지취득자금 조달계획서**(계약예정금액을 변경하려는 경우만 해당한다)
> ※ 취득자금 조달계획이 변경된 경우, 취득토지에 대한 **등기일까지** 시장·군수 또는 구청장에게 그 변경 사항을 제출할 수 있다.

③ **처분기한**: 허가관청은 지체 없이 필요한 조사를 하고 신청서를 받은 날부터 **15일 이내에 허가·변경허가 또는 불허가 처분**을 하여야 한다.
선매협의가 진행 중인 경우에는 그 사실을 신청인에게 알려야 한다.

④ **허가 간주**: 기간 내에 허가증의 발급 또는 불허가 처분 사유의 통지가 없거나 선매협의 사실의 통지가 없는 경우 − 그 **기간이 끝난 날의 다음날에 허가**가 있는 것으로 본다.

05   허가 기준

(1) 시장·군수 또는 구청장은 토지거래계약을 체결하려는 자의 토지이용목적이 실수요적 측면과 적합성이 인정되는 다음의 경우에는 허가를 하여야 한다.

① 거주용 **주택용지**로 이용하려는 경우

② 지역주민을 위한 **복지시설 또는 편의시설**의 설치에 이용하려는 경우

③ 허가구역에 거주하는 **농업인·임업인·어업인이 토지가 필요한 경우**(농업인 등)

> ㉠ 농업인 등으로서 그가 거주하는 특별시·광역시·특별자치시·특별자치도·시 또는 군에 소재하는 토지를 취득
>
> ㉡ 농업인 등으로서 본인이 거주하는 **주소지로부터** 30km **이내**에 소재하는 토지를 취득
>
> ㉢ 농업인 등으로서 협의양도하거나 수용된 날부터 **3년 이내**에 대체농지를 취득하려는 경우에는 그가 거주하는 주소지로부터의 거리가 80km **안**에 소재하는 농지
> ⇨ 새로 취득하는 농지의 가액(공시지가 기준)은 **종전의 토지가액 이하**이어야 한다.

④ **농업인이 아닌 자가 농업**을 영위하기 위하여 토지를 취득하려는 경우에는 **농지취득자격증명을 발급받았거나 그 발급요건에 적합**한 사람으로서

> ㉠ 세대주를 포함한 **세대원 전원**이 해당 토지가 소재하는 특별시·광역시·특별자치시·특별자치도·시 또는 군에 주민등록이 되어 있는 자 + **실제 거주인**
>
> ㉡ 토지가 소재하는 특별시·광역시·특별자치시·특별자치도·시 또는 군이나 그와 연접한 특별시·광역시·특별자치시·특별자치도·시 또는 군에 **사무소가 있는 농업법인**

⑤ **농업인 등이 아닌 자가 임업·축산업 또는 어업**을 영위하기 위하여 토지를 취득

> ㉠ 세대주를 포함한 **세대원 전원**이 해당 토지가 소재하는 특별시·광역시·특별자치시·특별자치도·시 또는 군에 **주민등록 + 실제 거주하고 자영할** 수 있는 요건을 갖춘 사람
>
> ㉡ 토지가 소재하는 특별시·광역시·특별자치시·특별자치도·시 또는 군이나 그와 연접한 특별시·광역시·특별자치시·특별자치도·시 또는 군에 **사무소가 있는 농업법인 또는 어업법인**

⑥ **법률에 따른 사업시행 관련하여 토지 취득**

> ㉠ 법률에 따른 **수용·**사용할 수 있는 **사업을 시행하기 위하여** 필요한 것인 경우
>
> ㉡ **지역발전**을 위해 필요한 **사업에 이용하고자 하는** 것인 경우
>
> ㉢ 허가구역의 **지정 당시** 구역 안 또는 인접지역에서 시행하고 있는 **사업에 이용**

OX 시장·군수 또는 구청장은 토지거래계약을 체결하려는 자의 토지이용목적이 거주용 주택용지로 이용하려는 경우에는 허가를 하여야 한다. (○)

OX 허가구역에 거주하는 농업인 등은 본인이 거주하는 주소지로부터 30km 이내에 소재하는 토지를 취득하려는 경우는 허가를 받을 수 있다. (○)

OX 농업인 등으로서 수용된 후에 대체농지를 취득하려는 경우에는 주소지로부터 80km 안의 농지에 대하여 허가를 받을 수 있다. (○)

OX 농업인이 아닌 자가 농업을 영위하기 위하여 토지를 취득하려는 경우에는 농지취득자격증명을 발급받아야 한다. (○)

OX 농업인 등이 아닌 자가 임업 등을 영위하기 위하여 토지를 취득하기 위해서는 세대원 전원이 해당 토지가 소재 지역에 주민등록을 하고 실제 거주하며 자영할 수 있어야 한다. (○)

⑦ 허가구역 안에 **거주하는 자의 일상생활 및 통상적인 경제활동**에 필요한 것

> ㉠ 농지 외의 토지 : 협의양도 · 수용된 날부터 │ 3년 │ **이내에 대체토지 취득**(단, 종전의 **토지가액** 이하)
> ㉡ 법률에 따른 개발 · 이용제한 · 금지(건축물, 공작물설치, 형질변경, 도로 · 하천 등 도시 · 군계획시설편입) 등 사용할 수 없는 토지 : **현상보존의 목적**으로 토지 취득
> ㉢ 「민간임대주택법」상 임대사업자가 **임대사업을 위하여** 건축물과 그에 딸린 토지 취득

(2) 토지의 이용목적이 심사기준에 부적합한 다음은 불허가 된다.

> ① 토지이용목적이 도시 · 군계획 기타 **토지의 이용 및 관리에 관한 계획에 부적합 경우**
> ② 토지이용목적이 생태계 보전 및 생활환경 보호에 **중대한 위해성이 우려되는 경우**
> ③ │ 면적 │ 이 그 토지의 **이용목적**으로 보아 적합하지 아니한 경우
>   ⇨ **가격(계약예정금액)은 심사기준에 해당되지 않는다.**

---

06   토지이용의무

의무기간 - 5년 범위 내에서 대통령령이 정하는 기간 동안 허가받은 목적대로 이용하여야 한다.

목 적	의무 기간
① **대체토지**, **농업** 등(어 · 축산 · 임업), **복지 · 편익시설**, **주택용지**	2년 〈대.농 - 복.주〉
② **사업 시행**(단, 분양목적 토지취득 ⇨ 4년 이내 분양완료)	4년
③ **현상보존**, 임대사업, 기타	5년

07 위반시 효과 및 벌칙

① **효과**: 토지거래계약을 허가 없이 체결한 때에는 그 효력은 무효이다.

⇨ 사후 허가받을 것을 전제로 체결한 계약은 유동적 무효이다. 다만, 사후에 허가를 받으면 **소급해서 유효이다.**

② **형 벌**

> ㉠ ⓐ **허가 또는 변경 허가를 받지 아니하고** 토지거래계약을 체결한 자,
> ⓑ **속임수나 그 밖의 부정한 방법**으로 토지거래계약 허가를 받은 자 – **2년 이하의 징역** 또는 계약 당시의 개별공시지가에 따른 토지가격의 **100분의 30에 해당하는 금액 이하의 벌금**
> ㉡ 허가 취소, 처분 또는 조치명령을 위반한 자는 **1년 이하의 징역** 또는 **1천만원 이하의 벌금**에 처한다.

08 이행강제금(법 제18조)

① **이행명령**: 시장·군수 또는 구청장은 토지의 이용의무를 이행하지 아니한 자에게 **3개월 이내**의 기간을 정해 의무를 이행하도록 명할 수 있다.

② **부과권자 및 부과대상**: 시장·군수 또는 구청장은 이행명령이 **기간 내에 이행되지 아니한 경우**에 부과한다.

③ **부과범위**: 토지 취득가액(실제거래가격)의 **10%의 범위 내**

⇨ 방치 10%, 임대 7%, 기타 7%, 변경 5%

> 1. **방치**한 경우: 토지 취득가액의 100분의 10에 상당하는 금액
> 2. **임대**한 경우: 토지 취득가액의 100분의 7에 상당하는 금액
> 3. **기타 위반**의 경우: 토지 취득가액의 100분의 7에 상당하는 금액
> 4. 허가관청의 승인 없이 이용목적을 **변경하여 이용**하는 경우: 토지 취득가액의 100분의 5에 상당하는 금액

④ **부과 횟수**: **최초의 이행명령이 있었던 날**을 기준으로 **1년에 1회씩** 그 이행명령이 이행될 때까지 반복하여 부과·징수할 수 있다.

⑤ **부과 금지**: 이용의무 기간이 **경과한 후**에는 이행강제금을 부과할 수 없다.

⑥ **이행하는 경우**: 새로운 이행강제금 **부과 중지**하고, 이미 부과된 이행강제금은 **징수한다.**

⑦ **이의제기**: 이행강제금의 부과처분에 불복하는 자는 시·군·구청장에게 **부과처분을 고지받은 날부터 30일 이내에** 이의를 제기하여야 한다.

⑧ 이행강제금을 납부기한까지 납부하지 아니한 경우에는 국세 체납처분의 예 또는 「지방세외수입금의 징수 등에 관한 법률」에 따라 징수한다.

09 권리의 구제(이의신청)

① 법 제11조의 토지거래허가신청 등과 관련하여 **처분에 이의가 있는 자**는 그 처분을 받은 날부터 1개월 이내에 시·군·구청장에게 이의를 신청할 수 있다.

② 이의신청을 받은 시장·군수 또는 구청장은 **시·군·구 도시계획위원회의 심의**를 거쳐 그 결과를 이의신청인에게 알려야 한다.

10 매수청구(법 제16조)

① **청구권자**: 허가신청에 대하여 **불허가처분을 받은 자**

② **청구의 상대방**: 시·군·구청장

③ **청구기한**: 통지를 받은 날부터 1개월 이내

④ **매수절차**: **시장·군수·구청장**은 국가·지방자치단체, 공공단체 중에서 매수자를 지정하여, 예산의 범위에서 매수하게 하여야 한다.

> **시장·군수 또는 구청장은** 국가, 지방자치단체, 한국토지주택공사, 한국농수산식품유통공사, 대한석탄공사, 한국관광공사, 한국농어촌공사, 한국도로공사, 한국석유공사, 한국수자원공사, 한국전력공사, 한국철도공사를 매수할 자로 하여금 예산의 범위에서 **공시지가를 기준**으로 하여 해당 **토지를 매수하게 하여야 한다**(영 제16조).

주의 의무적으로 매수하는 것은 아니며, 매수청구권은 형성권이 아니다.

⑤ **매수가격**: 공시지가를 기준으로 매수하되, 허가신청서에 **적힌 가격**이 **낮은** 경우 허가신청서에 **적힌 가격**으로 매수할 수 있다.

11 선매제도

① **시장·군수 또는 구청장은** 토지거래계약에 관한 허가신청이 있는 경우 토지에 대하여 국가 등이 그 매수를 원하는 경우, **매수할 자(선매자)를 지정**하여 그 토지를 **협의 매수하게 할 수 있다.**

② 시장·군수 또는 구청장은 위 토지 중에 **허가신청이 있는 경우에는** 그 신청이 있는 날부터 1개월 이내에 선매자를 지정하여 토지 소유자에게 알려야 하며, 선매자는 **지정 통지를 받은 날부터 1개월 이내에** 그 토지 소유자와 선매협의를 끝내야 한다.

③ 선매자가 토지를 매수할 때의 가격은 **감정가격을 기준으로** 하되, 허가신청서에 적힌 가격이 감정가격보다 **낮은 경우에는** 허가신청서에 **적힌 가격으로** 할 수 있다.

④ **시장·군수 또는 구청장은** 선매협의가 이루어지지 아니한 경우에는 **지체 없이 허가 또는 불허가의 여부를** 결정하여 통보하여야 한다.

(1) 제도의 특징

① 토지거래계약의 **허가신청을 전제로** 한다.
② **공공용지의 확보를 목적**으로 한다.
③ **강제성이 없다.**
  ※ 선매협의가 성립되지 않은 경우 : 토지를 수용(×), 행정쟁송 제기(×)

※ 선매협의 대상권리 : 소유권이전에 한하며, 지상권은 선매협의 대상(×)

(2) 선매 대상

① 공익사업용 토지
② 허가를 받아 취득한 토지를 그 **이용목적대로 이용하고 있지 아니한 토지**

(3) 선매자

국가, 지방자치단체, 그 밖에 대통령령으로 정하는 공공기관 또는 공공단체 중에서 **시장·군수·구청장이 지정한다.**

1. 한국농수산식품유통공사	2. 대한석탄공사
3. 한국토지주택공사	4. 한국관광공사
5. 한국농어촌공사	6. 한국도로공사
7. 한국석유공사	8. 한국수자원공사
9. 한국전력공사	10. 한국철도공사

⚠️주의 항만공사, 한국은행, 지방공사 등(×)

(4) 선매절차

① 선매자의 지정 및 통지: 허가신청이 있는 날부터 1개월 이내

② 선매협의 및 매수

  ㉠ 선매자로 지정된 자는 지정 통지를 받은 날부터 15일 이내에 매수가격 등 선매조건을 기재한 서면을 토지소유자에게 통지하여 선매협의를 하여야 한다.
  ㉡ 선매자는 지정 통지를 받은 날부터 1개월 이내에 그 토지 소유자와 선매 협의를 끝내야 한다. ⇨ 즉, 지정 통지를 받은 날부터 1개월 이내 **선매협의조서와 거래계약서 사본을** 허가관청에 제출하여야 한다.

(5) 선매가격

감정가격을 기준으로 하되, 허가신청서에 **적힌 가격**이 낮은 경우 허가신청서에 **적힌 가격**으로 할 수 있다.

(6) 선매협의 불성립시의 조치

지체 없이 **허가 또는 불허가**의 여부를 결정하여 **통보**하여야 한다.

12   포상금 제도

시장·군수 또는 구청장은 다음에 해당하는 자를 관계 행정기관이나 수사기관에 신고하거나 고발한 자에게 예산의 범위에서 포상금을 지급할 수 있다.

(1) 포상금 사유

① **허가 또는 변경허가를 받지 아니**하고 토지거래계약을 체결한 자 또는 거짓이나 그 밖의 **부정한 방법**으로 토지거래계약허가를 받은 자
② 토지거래계약허가를 받아 취득한 토지에 대하여 **허가받은 목적대로 이용하지 아니한 자**

(2) 포상금 지급요건

① 허가관청은 다음에 해당하는 경우에는 포상금을 지급해야 한다.

  ㉠ 허가관청 또는 수사기관이 **적발하기 전에** 허가 받지 않은 경우 또는 부정허가 받은 위반을 신고 ⇨ **공소제기 또는 기소유예 결정**이 있는 경우
  ㉡ 허가관청이 **적발하기 전에** 허가 받은 이용목적에 위반자를 신고 ⇨ **허가관청의 이행명령**이 있는 경우

② 다음은 **포상금을 지급하지 아니할 수 있다.**

> 1. **공무원이 직무와 관련**하여 발견한 사실을 신고하거나 고발한 경우
> 2. 해당 위반행위자 및 관여자: 신고하거나 고발한 경우
> 3. 익명이나 가명신고: 신고인 또는 고발인을 확인할 수 없는 경우

OX 공무원이 직무와 관련하여 사실 , 위반행위자 및 관여자, 익명이나 가명신고는 포상금을 지급하지 아니할 수 있다. (○)

(3) 포상금 지급

① 1건당 포상금은 **50만원으로 한다**(단, 같은 목적을 위하여 취득한 **일단의 토지**의 신고 또는 고발은 **1건으로 본다**).

② 포상금 지급에 소요비용은 시·군·구의 재원으로 충당한다.

OX 포상금은 1건당 50만원으로 하며, 비용은 시·군·구의 재원으로 충당한다. (○)

(4) 포상금 지급절차

① 신고·고발 대상자를 신고하려는 자는 **신고서를 허가관청**에 제출하여야 한다.

② **수사기관은** 사건을 접수하여 **수사 종료 또는 공소제기나 기소유예**의 결정시 **지체 없이 허가관청에 통보**하여야 한다.

③ 신고서를 제출받거나 수사기관의 통보를 받은 **허가관청**은 포상금 지급 여부를 결정하고 이를 **신고인 또는 고발인**에게 알려야 한다.

④ 포상금 지급 결정을 통보받은 신고인 또는 고발인은 **포상금 지급신청서를 작성**하여 허가관청에 제출하여야 한다.

OX 허가관청은 신청서가 접수된 날부터 2개월 이내에 포상금을 지급하여야 한다. (○)

⑤ 신청서가 **접수된 날부터 2개월 이내**에 포상금을 지급한다.

⑥ 포상금 배분

> ㉠ 하나의 사건에 대하여 2명 이상이 공동신고·고발한 경우: 포상금을 균등 **배분**한다. 단, 배분 합의가 된 경우는 그에 따라 지급한다.
> ㉡ 하나의 위반행위에 대하여 2명 이상이 각각 신고·고발한 경우: **최초로 신고** 또는 고발한 사람에게 포상금을 지급한다.

⑦ 신고관청 또는 허가관청은 **자체조사** 등에 따라 위반행위를 알게 된 때에는 지체 없이 그 내용을 **부동산정보체계에 기록**하여야 한다.

OX 하나의 위반행위에 대하여 2명 이상이 공동으로 신고한 경우, 포상금에 대한 합의가 없다면 균등하게 배분하여 지급한다. (○)

13 권리·의무의 승계 등

① 토지의 소유권자, 지상권자 등에게 발생되거나 부과된 권리·의무는 그 토지 또는 건축물에 관한 소유권이나 그 밖의 권리의 변동과 동시에 그 **승계인에게 이전한다.**

② 이 법 또는 이 법에 따른 명령에 의한 처분, 그 절차 및 그 밖의 행위는 그 행위와 관련된 토지 또는 건축물에 대하여 소유권이나 그 밖의 권리를 가진 자의 **승계인에 대하여 효력을 가진다.**

≪ **보충내용**

1. 허가를 받은 경우 ⇨ 의제되는 법률!

> ㉠ 농지에 대하여 토지거래계약의 허가를 받은 경우에는 농지취득자격증명을 받은 것으로 본다.
> ※ 농지취득자격증명을 발급받은 경우 허가받은 것으로 본다(×).
> ㉡ 허가증을 교부받은 경우에는 검인을 받은 것으로 본다.
> ㉢ 토지거래계약의 **허가를 받아도** 부동산거래신고는 별도로 하여야 한다.
> ㉣ 토지거래허가를 **받으면** 외국인 등 특례법상 외국인은 허가받은 것으로 본다.

2. 허가와 관련 판례
(1) 확정적 무효

> ㉠ 불허가 처분시
> ㉡ 쌍방이 허가신청 이행거절을 명백히한 경우
> ㉢ 정지조건부계약이 허가받기 전에 이미 불성취로 확정된 경우
> ㉣ 허가 잠탈·배제 등은 확정적 무효이다.
> ㉤ 허가를 피할 목적으로 토지매매를 증여로 가장하여(허가를 잠탈목적) 소유권이전 등기는 무효이다.
> ㉥ 토지와 건물을 일괄매매한 경우에 토지거래허가를 받기 전에는 건물만의 이전등기 청구나 채무불이행을 이유로 손해배상청구는 불가함.
> ㉦ 허가를 받기 전에 중간생략등기 합의는 확정 무효이다.

(2) 유동적 무효: 허가받기를 전제로 하고 계약체결 ⇨ **허가를 받으면 소급하여 유효**

> ㉠ 유동적 무효상태는 허가받기 전 채권적 효력도 없으므로 이행청구 불가. 즉, 채무불이행이 아니므로 그를 이유로 계약 해제 불가. 또한 허가를 조건으로 장래이행의 소송으로 등기청구 불가하다.
> ㉡ 일방이 허가협력을 불이행 또는 허가신청 전에 계약철회시에 이들에 대한 불이행에 대한 손해배상청구가 가능하며, 미리 손해배상약정(손해배상의 예정)을 할 수 있다.

ⓒ 미등기전매의 경우에 채권자대위권에 기한 허가협력이행청구 불가하다.

ⓓ 유동적 무효상태에서 일방이 허가신청 협력의무 이행거절을 명백히 표시했다 하더라도 상대방은 소송으로 허가절차에 협력할 것을 청구할 수 있다.

ⓔ 유동적 무효상태에서 매도인이 계약금배액을 상환하고 해제 가능하다.

ⓕ 유동적 무효상태에서 매수인은 지급한 계약금을 부당이득청구 불가
(단, 확정적 무효의 경우는 청구 가능하다)

(3) 확정 유효 : 토지거래 허가처분을 받은 경우

박문각 공인중개사 ──────────────────────────────

중개실무

총 칙

01 중개실무의 의의 및 범위

01 중개실무의 의의

중개실무는 이 법에 따라 개업공인중개사가 중개의뢰인과 **중개계약을 체결**하고, 거래당사자 간의 **거래계약체결까지** 행하는 일체의 중개업무를 의미한다.

▌중개실무의 범위

중개실무 내용(○)	실무내용(×)
① 중개의뢰의 접수(중개계약) ② 중개대상물의 조사·확인(공부·현장확인) ③ 영업 판매 활동 ④ 거래계약서, 확인·설명서의 작성 및 교부 ⑤ 거래계약체결 및 서명 및 날인과 교부	① 중개사무소의 개설등록·실무교육 등 ② 업무보증의 설정 ③ 인장등록, 휴업신고 ④ 중개업 경영 일환으로 중개사무소광고 등 ⑤ 거래계약체결 이후에 목적물의 인도, 대금지급, 등기이전, 확정일자 대행 등)

🔔주의 1. **거래계약체결 이후의 이행업무**인 목적물의 인도·인수, 중도금이나 잔금의 지급, 소유권이전등기 신청 등은 「공인중개사법」상 **중개실무 범위에 포함되지 않는다.**
2. 판례는 "잔금지급 등의 이행행위까지 개업공인중개사는 선량한 관리자의 주의의무를 다하여 업무를 처리하여야 하며, 이에 위반한 경우에는 손해배상책임을 진다"고 넓게 해석하고 있다.

02 부동산 중개계약

01 의 의

중개(의뢰)계약이란 개업공인중개사가 중개의뢰인으로부터 중개를 의뢰받고(청약) 그것을 승락함으로써 성립하는 계약으로 **중개실무의 출발점**이다.

02 중개계약의 법적 성질

(1) 낙성계약(요물 ×)   (2) 불요식 계약(요식 ×)   (3) 임의적(강제계약 ×)

(4) 민사중개(상사×)   (5) 혼합계약(순수 ×)   (6) 유상계약(무상 ×)

(7) 특수한 쌍무(편무 ×)   (8) 계속적(일회적 ×)   (9) 위임계약과 유사하다(판례).

OX 중개계약의 체결, 권리 분석, 중개대상물 조사·확인, 확인·설명서 작성·교부, 거래계약서 작성·교부 등이 중개실무에 해당한다. (○)

OX 중개실무는 중개의뢰인의 중개대상물에 대한 중개의뢰의 접수(계약)로부터 시작된다. (○)

OX 중개의뢰인 간의 거래조건 등을 조정하고 거래계약이 체결되면 중개는 완성된다. (○)

OX 개업공인중개사는 의뢰접수를 받으면 등기사항증명서, 토지대장, 건축물대장 등이 중심이 되지만 그 외에도 지적도, 임야도, 토지이용계획확인서, 분양계약서, 등기권리증, 주민등록등본 등 공부상의 기록을 조사하여야 한다. (○)

OX 중도금, 잔금과 물건의 인도·인수 및 이전등기 등의 이행행위까지 개업공인중개사는 선량한 관리자의 주의의무를 다하여야 한다. (○)

중개대상물의 조사 · 확인의무

01 중개대상물의 조사 · 확인의 필요성

(1) 개업공인중개사의 중개대상물 확인·설명 의무이행을 위해
(2) 물건의 권리분석 등 충실한 조사는 고객(의뢰인)에 대한 영업상의 설득자료가 됨.
(3) 개업공인중개사에 대한 공신력제고와 손해배상책임의 면책의 근거가 됨.

02 중개대상물의 조사 · 확인 방법

1 각종 공적장부로 조사 · 확인

공부의 종류	중요기재사항	특 징	참고사항
(토지와 임야대장)	소재지·지목·면적·축척·개별공시지가·소유자 등 사실에 관한 사항	소유자 기재됨	〈대장과 등기부 불일치〉 ① 중개대상물 자체의 물리적, 기본적인 사항은 **건축물대장이 우선적 기준**이 된다. ⇨ 따라서, 등기부기재사항을 변경한다. ② 권리관계 등 소유권 등에 관한 사항은 대장보다도 **등기부를 기준**으로 하고 대장을 변경한다.
건축물 대장	소재지·구조·용도·면적·소유자 연면적, 허가일자, 사용승인일자 등 사실에 관한 사항 ⟡주의 건물 방향(×)		
등기부	• 표제부 : 부동산의 표시에 관한 사항(소재지·면적·용도·구조 등) • 갑구 : 소유권에 관한 사항(가압류, 가처분 등) • 을구 : 소유권 이외의 제한물권 등(가등기, 가처분 등)		
토지 이용계획 확인서	• 공법상 이용제한 및 거래규제에 관한 사항으로 용도지역·지구·구역·도시계획시설·개발제한구역·토지거래허가구역 등 확인 가능(일부)	소유자 기재되지 않음	공법상 모든 제한 및 규제사항을 규정한 것은 아님.
지적도 임야도	지목·경계·축척, 지번, 지형, 위치, 방향 등		⟡주의 소유자와 면적(×)

공부의 종류	확인 사항
대지권등록부	토지의 소재, 지번, 대지권의 비율, 전유부분의 건물의 표시, 건물명칭, 토지의 고유번호, 소유권지분, 토지 소유자 변경일과 원인, 소유자의 성명·주소 및 주민등록번호 등
공유지연명부	토지의 소재, 지번, 소유권 지분, 토지의 고유번호, 소유자의 성명 또는 명칭·주소 및 주민등록번호, 필지별 토지 또는 임야대장의 장번호, 소유자 변경일과 원인 등
환지예정지지정증명원	종전토지의 지번, 지목, 면적과 환지예정지의 구획번호, 권리면적, 환지면적, 도시계획사항(용도지역, 지구 등) 등
가족관계등록부	상속관계, 법정대리인, 미성년자
부동산종합증명서	부동산종합공부를 열람하거나 부동산종합공부 기록사항의 전부 또는 일부에 관한 증명서
후견등기사항증명서	제한능력자 여부(피한정후견인, 피성년후견인) 등

2 현장답사(임장활동)로 확인

① 공부상 확인내용과 현장과의 일치 여부를 확인
② 공부상 확인할 수 없는 물리적 사항에 대한 조사·확인
- 예 ㉠ 중개대상물의 기본적인 사항, 중개대상물의 내·외부상태 등
  - ㉡ 토지 - 지세·지반·토질·도로 상황 등
  - ㉢ 건물 - 입지·상태·방향·부대시설·환경 등
  - ㉣ 입목, 공장재단, 광업재단 - 실제 현황의 일치 여부 등
③ 권리관계: 주택·상가임차권·법정지상권·법정저당권·유치권·분묘기지권·점유권 등을 조사한다.
④ 미공시 중요시설 및 물건에 관한 사항(예 정원석, 고급조명, 종물 등)

3 중개대상물 상태자료 요구로 확인

① 개업공인중개사는 **권리이전의뢰인에게** 중개대상물에 관한 자료를 요구할 수 있다.
② 이에 **불응한 경우**에는 개업공인중개사는 그러한 사실을 **매수·임차의뢰인에게** 설명하고, **중개대상물의 확인·설명서**에 기재한다.

03   중개대상물의 조사·확인할 사항 〈물.벽.수.도 - 공.소.금 - 실.세.주.관.전.보!〉

1. 중개대상물의 종류·소재지·지번·지목·면적·용도·구조 및 건축연도 등 중개대상물에 관한 기본적인 사항
2. **벽면**·바닥면 및 도배의 상태
3. **수도**·전기·가스·소방·열공급·승강기 및 배수 등 시설물의 상태
4. **도로** 및 대중교통수단과의 연계성, 시장·학교와의 근접성 등 입지조건
5. 일조·소음·진동 등 환경조건
6. 토지이용계획, **공법**상의 거래규제 및 이용제한에 관한 사항
7. **소유권**·전세권·저당권·지상권 및 임차권 등 중개대상물의 권리관계에 관한 사항
8. 거래예정**금액**·**중개보수 및 실비**의 금액과 그 산출내역
9. 중개대상물에 대한 권리를 **취득함에 따라 부담하여야 할 조세**의 종류 및 세율

주택 임대차 중개에만 해당	10. 주임법: 임대인의 정보제시의무 및 보증금 중 일정액 보호사항
	11. **관리비** 금액과 그 산출 내역
	12. 주민법: **전입**세대확인서의 열람 또는 교부에 관한 사항
	13. 민간임대주택인 경우에 임대보증금에 대한 **보증**에 관한 사항

OX 토지의 경우는 리·동·지번까지 조사하고, 집합건물의 경우는 동·호수까지 조사한다. (○)

01 중개대상물의 기본적인 사항

중개대상물의 기본적인 사항은 공부조사·현장답사를 병행하여 조사하며, **지적공부 및 건축물대장이 등기부에 우선**하여 기준이 된다.

1 소재지

① 토지의 소재지 확인은 지적공부에 의하고 **리·동·지번까지 조사하고**, 토지가 수필지인 경우에는 지번을 모두 표시하여야 한다.

② 건물의 소재지 확인은 건축물대장을 통해서 조사하고, 1필지에 여러 동의 건물이 있는 경우에는 **건물번호까지 조사한다**. 특히 집합건물인 경우에는 **동·호수까지** 조사한다.

2 지 목

① 지목은 토지의 주된 용도에 따라 토지의 종류(28지목)를 구분하여 지적공부에 등록한 것, **지목은 토지대장·임야대장 그리고 지적도·임야도로도** 확인 가능하다.

② 공부상의 지목과 실제 지목이 불일치하는 경우가 있으므로 현장답사를 통해 확인한다.

③ **환지예정지의 지목**은 환지예정지지정증명원으로 지목 등을 확인하여야 한다.

OX 지목은 토지대장 등을 통하여 확인하며 대장상의 지목과 실제 지목이 일치하는지를 현장답사를 병행하여 조사한다. (○)

OX 토지면적은 토지대장 또는 임야대장에 의해 각 필지별로 확인·조사한다. (○)

③ 면 적

① 토지면적은 토지대장 또는 임야대장에 의해 각 필지별로 확인·조사한다.

참고 | 토지의 면적은 지적도와 임야도로는 확인할 수 없다.

② 건물의 면적은 건축물대장에 의해 연면적, 층별 면적을 확인한다.

③ 구분소유권은 **전유부분과 공용부분**의 면적을 모두 확인하여야 한다.

OX 구분소유권은 **전유부분과 공용부분**의 면적을 모두 확인하여야 한다. (○)

④ 경 계

① **지적도나 임야도**에 의하여 조사한다.

② 대지, 농지 등은 **지적도로 경계**를 확인한다.

③ 임야는 임야도에 의하여 경계를 확인한다.

④ 경계는 **소유권이 미치는 범위와 면적**을 결정하는 기준이 된다.

⑤ 공부상의 경계와 사실상의 경계가 불일치하는 경우에는 **공부상의 경계를 기준**으로 하고 그 사실을 병기한다.

OX 소유권의 범위는 지적도·임야도에 등록된 경계선에 의해 확정된다. (○)

판례

지적도를 작성함에 있어서 기점을 잘못 선택하는 등 **기술적인 착오로 인하여 지적도**상의 경계선이 진실한 경계선과 다르게 작성되었다는 등의 특별한 사정이 있는 경우에는 그 토지의 경계는 **실제의 경계**를 기준으로 한다.

OX 경계는 지적도·임야도에 의하여 확인하고 현장답사로 다른 사람의 불법점유 여부를 확인한다. (○)

⑤ 지 형

지형은 **토지의 형상(모양)**을 말하며, **지적도나 임야도**를 통하여 조사한다.

참고 | 실토지의 유용성, 용도와 가격형성에 영향을 준다.

OX 공부상의 경계와 사실상의 경계가 불일치하는 경우, **공부상의 경계를 기준**으로 한다. (○)

⑥ 지 세

토지의 **경사도**, 지적공부로는 확인이 불가능하므로 **현장답사**를 통하여 확인한다.

참고 | 용도와 가격형성에 영향을 준다. 주택은 평지나 완만한 경사지, 농지는 평지가 유리하다.

⑦ 건물에 대한 기본적인 사항

기본적인 사항인 구조, 건축연도, 면적, 용도, 내·외벽 상태 및 시설상태 및 건물의 방향 등을 조사·확인한다.

OX 지형은 지적도·임야도로 확인하고, 지세는 현장답사를 통하여 조사·확인하여야 한다. (○)

① **건물의 구조** : **건축물대장**을 통하여 외벽과 지붕을 중심으로 조사 확인한다.

> • 특히 건물의 외관상 구조와 기능상의 특징은 현장답사를 통해서만 확인할 수 있다.

② **건축연도** : **건축물대장**을 통하여 확인 가능(사용승인일 기준한다).

> • 건축물대장과 등기부등본의 건축연도가 상이한 경우에는 건축물대장을 기준으로 확인

③ **건물의 용도** : **건축물대장**으로 확인한다.

> • 세부용도 및 실제용도를 확인하기 위해서는 현장답사가 필수적이다.

④ **건물의 방향** : **건축물대장으로 확인 불가, 현장답사를 통해 조사.** 우리나라는 일조권 등으로 남향을 가장 선호한다.

⑤ **기타** : 기능상·외형상 문제, 건축물 노후정도, 건축마감재, 부속건축물 유·무 등을 개업공인중개사는 **현장답사**를 통해 조사·확인한다.

02 중개대상물의 권리관계 조사·확인

1 권리관계 조사·확인 방법

(1) 등기부상 권리관계의 조사

> ① 개업공인중개사는 선량한 관리자의 주의로써 의뢰인이 진정한 권리자인지 **등기사항 증명서, 주민등록증, 등기필증** 등으로 본인 여부를 확인한다.
> ② 등기부는 토지등기부와 건물등기부로 구분되며, 등기번호란·표제부·갑구·을구로 구성된다(입목등기부, 공장재단등기부, 광업재단등기부).
>   • 집합건물은 1동건물의 표제부와 구분건물의 전유부분의 표제부로 나누어진다.
> ③ 소유권에 관한 사항(갑구) : 소유권에 관한 사항인 보존등기, 소유권에 대한 압류·가압류·가등기·가처분·회복등기·환매특약등기·경매기입 등기 등이 기재된다.
> ④ 소유권 이외의 권리에 관한 사항(을구) : 지상권·지역권·전세권·저당권 등과 이러한 제한물권에 대한 가압류·가등기·가처분·회복등기 등이 기재된다.

:: 참고 | 권리의 순위는 등기의 순위로 결정한다. **동구에서** 한 권리의 등기순위는 순위번호에 의하고, **별구에서** 한 등기의 순위는 접수번호에 의한다. **부기등기**는 주등기의 순위에 의하고, **가등기**에 기한 본등기의 순위는 가등기의 순위에 의한다.

(2) 현장답사를 통한 권리관계 조사

① **등기부로 확인할 수 없는 권리관계의 확인**: 점유권·유치권, 등기되지 않은 부동산 임차권, 관습법상 법정지상권, 법정지상권, 분묘기지권 등

② **부속물건의 조사·확인**: 공부에 공시되지 않은 중요시설·물건, 고가에 속하는 정원수, 정원석, 조명시설, 공시되지 않은 수목의 집단, 미분리 과실 등 부합물과 종물 등의 소유관계를 조사한다.

② 개별적 권리관계 조사·확인

(1) 분묘기지권 조사·확인(관습법상의 물권)

① **분묘기지권의 의의**: 타인의 토지에 분묘를 설치한 자가 타인의 토지를 분묘로 사용할 수 있는 **지상권 유사의 물권**이다.

② **분묘기지권 성립 요건**

> ㉠ 토지소유자의 승낙을 얻어 분묘를 설치한 경우 ⇨ **약정 지료는 승계인에 미침.**
> ㉡ 타인소유의 토지에 소유자의 승낙 없이 분묘를 설치하여 20년간 평온, 공연하게 점유함으로써 분묘기지권을 시효 취득한 경우(원칙: **무상. 단, 청구시부터 지료지급**)
> ㉢ 자기의 토지에 분묘를 설치한 자가 그 분묘를 이장한다는 특약 없이 그 토지를 처분한 경우 ⇨ 원칙: **지료 지급**

판례

1. 분묘의 **봉분 자체**가 공시의 기능을 하므로, **평장·암장**된 경우에는 분묘기지권을 취득할 수 없다. 또한 시신이 없고 봉분만 있는 **예장(가묘)**도 분묘에 포함되지 않는다.
2. 타인소유의 토지에 소유자의 승낙 없이 분묘를 설치하여 20년간 평온, 공연하게 **점유함으로써 등기 없이도** 분묘기지권을 시효 취득한다.

③ **분묘기지권의 효력**

㉠ **침해배제 청구권**: 분묘가 침해당한 때에는 분묘 소유자는 그 침해의 배제를 청구할 수 있다.

㉡ **효력 범위**: 분묘의 수호 및 제사의 봉행에 필요한 **주위의 빈 땅**에도 효력이 미친다.

판례

사성이 조성되어 있다 하여 반드시 그 **사성부분**을 포함한 지역에까지 분묘기지권이 미치는 것은 아니다.

㉢ 상석·비석 등 시설물이 분묘기지권의 범위를 넘지 아니한 경우, 토지의 소유권자는 방해배제를 이유로 그 시설물 철거를 청구할 수 없다.

제2장 중개대상물의 조사ㆍ확인의무   171

④ **존속기간**: 존속기간의 약정이 없는 경우, 분묘의 수호와 봉사를 계속하는 동안 분묘기지권은 존속한다.

> **판례**
>
> ㉠ 분묘기지권은 「민법」상의 지상권규정이 적용되지 않는다. 분묘에 수호ㆍ봉사를 계속 하고 그 **분묘가 존속하는** 한 존속한다.
> ㉡ 분묘가 멸실된 경우라고 하더라도 **유골이 존재**하여 분묘의 원상회복이 가능하여 일시적인 멸실에 불과하다면, 분묘기지권은 소멸하지 않고 존속한 것으로 본다.
> ㉢ 토지 소유권에 기하여 "분묘철거청구권"을 행사하려면 그 분묘의 관리처분권을 가진 자. 즉, **종손을 상대**로 하여야 한다.

⑤ **지료 지급**

> **판례**
>
> 1. 자기 소유 토지에 분묘를 설치한 후 그 토지를 타인에게 양도하면서 분묘를 이장하겠다는 특약을 하지 않음으로써 분묘기지권을 취득한 경우, 특별한 사정이 없는 한 분묘의 기지에 대한 **토지사용의 대가로서 지료를 지급할 의무가 있다.**
> 2. 시효취득: 분묘기지권자는 토지소유자가 지료 지급을 청구한 때로부터는 토지소유자에게 그 분묘 부분에 대한 **지료를 지급할 의무가 있다.**
> 3. 승낙에 의하여 성립하는 분묘기지권의 경우, 성립당시에 지료를 약정한 경우에 그 약정의 효력은 분묘기지의 **승계인에 대하여도 미친다.**

⑥ **분묘기기권의 한계**

㉠ 분묘기지권은 기존의 분묘에만 인정되는 권리이다. 즉, 새로운 분묘를 설치할 권능은 없다. ⇨ 즉, 부부라 하더라도 단분이든 쌍분형태든 **합장은 인정되지 않는다.**

㉡ 분묘의 이장: 원칙적으로 분묘기지권의 효력 범위 안에서 다른 곳으로 이장할 권능은 포함되지 않는다.

> **판례**
>
> 다만, 동일 종손이 소유ㆍ관리하는 여러 기의 **분묘가 집단설치 된 경우**, 그 분묘기지권 가운데 일부가 그 분묘기지권이 미치는 **범위 내에서 이장**되었다면 그 이장된 분묘를 위하여서도 그 분묘기지권의 효력이 **그대로 유지된다.**

⑦ **분묘기기권 소멸**: 분묘기지권의 포기는 "**포기 의사표시**"로 충분하고 점유까지 포기해야 소멸하는 것은 아니다.

OX 존속기간의 약정이 없는 경우에는 권리자가 분묘의 수호와 봉사를 계속하는 동안 분묘기지권도 존속한다. (○)

OX 분묘의 수호 및 제사 주재자는 원칙적으로 종손이므로 연고자는 종손이 분묘를 관리할 수 있는 경우에는 분묘의 기지권을 주장할 수 없다. (○)

OX 분묘기지권의 포기는 "포기 의사표시"로 충분하고 점유까지 포기해야 소멸하는 것은 아니다. (○)

OX 분묘기지권을 시효취득한 경우는 토지 소유자가 지료 지급을 청구한 때로부터 지급할 의무가 있다. (○)

OX 분묘기지권이 성립할 당시에 지료를 약정한 경우는 그 승계인에 대하여도 미친다. (○)

(2) 장사 등에 관한 법률(2001. 1. 13. 시행)

1) 용어 정의 : 이 법에서 사용하는 용어의 뜻은 다음과 같다.

1. "매장"이란 시신(임신 4개월 이후에 죽은 태아)이나 유골을 땅에 묻어 장사
2. "화장"이란 시신이나 유골을 불에 태워 장사하는 것
3. **"자연장"**이란 화장한 유골의 **골분**(骨粉)**을 수목·화초·잔디** 등의 밑이나 주변에 묻어 장사하는 것
4. "개장"이란 매장한 시신이나 유골을 다른 분묘 또는 봉안시설에 옮기거나 화장 또는 자연장하는 것
5. "봉안"이란 유골을 봉안시설에 안치하는 것
6. **"분묘"란 시신이나 유골을 매장하는 시설**
7. **"묘지"란 분묘를 설치하는 구역**
8. "자연장지(自然葬地)"란 자연장으로 장사할 수 있는 구역

2) 대표적 법조문 확인

① 이 법 적용범위

> **법 제3조 【국가가 설치·운영하는 장사시설에 관한 적용 배제】** 국가가 설치·운영하는 장사시설(자연장지는 제외)에 대하여는 이 법을 적용하지 아니한다.
>
> **법 제7조 【매장 및 화장의 장소】** ① 누구든지 공설묘지 또는 사설묘지에 따른 묘지 외의 구역에 매장을 하여서는 아니 된다.
> ② 누구든지 화장시설 외의 시설 또는 장소에서 화장을 하여서는 아니 된다.

② 공설묘지 설치

> **제13조 【공설묘지 등의 설치】** ① 시·도지사 및 시장·군수·구청장은 공설묘지·공설화장시설·공설봉안시설 및 공설자연장지를 설치·조성 및 관리한다.

③ 사설 묘지의 설치 등

> **제14조 【사설묘지의 설치 등】** ① 국가, 시·도지사 또는 시장·군수·구청장이 **아닌 자는** 묘지를 설치·관리할 수 있다.
> ② 개인묘지를 설치한 자는 **묘지를 설치한 후 30일 이내에** 해당 묘지를 관할하는 **시장 등에게 신고하여야** 한다.
> ③ 시장 등은 **신고 또는 변경신고를** 받은 경우 그 내용을 검토하여 이 법에 적합하면 신고를 수리하여야 한다.
> ④ 가족묘지, 종중·문중묘지 또는 법인묘지를 설치·관리하려는 자는 해당 묘지를 관할하는 **시장 등의 허가를 받아야 한다.**
> ⑤ 시장 등은 「민법」에 따라 설립된 **재단법인에 한정**하여 법인묘지의 설치·관리를 허가할 수 있다.

④ 자연장 설치

제10조【자연장의 방법】 ① 자연장을 하는 자는 화장한 유골을 묻기에 적합하도록 **분골**하여야 한다.

② 유골을 분골하여 **용기에 담아 묻는** 경우 그 용기는 생화학적으로 **분해가 가능**한 것이어야 한다.

제16조【자연장지의 조성 등】 ① **국가, 시 · 도지사 또는 시장 · 군수 · 구청장이 아닌 자는** 수목장림이나 그 밖의 자연장지를 조성할 수 있다.

② 개인자연장지를 조성한 자는 자연장지의 조성을 마친 후 **30일** 이내에 관할 시장 등에게 신고(변경)하여야 한다(사후신고).

③ 가족자연장지 또는 종중 · 문중자연장지를 **조성하려는** 자는 관할 시장 등에게 **신고(변경)하여야 한다(사전신고)**.

④ 시장 등은 위 ②③ **신고** 또는 변경신고를 받은 경우 그 내용을 검토하여 이 법에 적합하면 신고를 **수리하여야 한다**.

⑤ 법인 등 자연장지를 **조성하려는** 자는 시장 등의 **허가**를 받아야 한다. 허가받은 사항을 **변경**하고자 하는 경우에도 또한 같다.

⑥ 시장 등은 다음에 해당하는 자에 **한하여** 법인 등 자연장지의 조성을 **허가**할 수 있다.

> 1. 자연장지의 조성 · 관리 목적으로 「민법」상에 설립된 **재단법인**
> 2. **공공법인 또는 종교단체**

⑦ 자연장지에는 **사망자 및 연고자의 이름 등을 기록한 표지와 편의시설 외의 시설**을 설치하여서는 아니 된다.

⑤ 설치기간이 종료와 무연고 분묘처리

제21조【묘지의 사전 매매 등의 금지】 공설묘지를 설치 · 관리하는 시 · 도지사와 시장 · 군수 · 구청장 또는 사설묘지를 설치 · 관리하는 자는 매장될 자가 **사망하기 전에는** 묘지의 매매 · 양도 · 임대 · 사용계약 등을 할 수 없다.

다만, **70세 이상인 자**가 사용하기 위하여 매매 등을 요청하는 경우 등은 그러하지 아니하다.

제12조【무연고 시신 등의 처리】 ① 시장 등은 관할 구역 안에 있는 시신으로서 연고자가 없거나 연고자를 알 수 없는 **시신**에 대해서는 일정 기간(5년) 매장하거나 화장하여 봉안하여야 한다.

② 시장 등은 제1항에 따라 무연고 시신 등을 처리한 때에는 지체 없이 공고하여야 하며, **공고한 사항을 10년 동안 보존**하여야 한다.

≪「장사 등에 관한 법률」의 핵심 정리

1. 의 의

① 사설묘지

> ㉠ 개인묘지 : 1기의 분묘 또는 해당 분묘에 매장된 자와 배우자 관계였던 자의 분묘
> ㉡ 가족묘지 : 「민법」상 친족관계였던 자의 분묘를 같은 구역 안에 설치하는 묘지
> ㉢ 종중·문중묘지 : 종중이나 문중 구성원의 분묘를 같은 구역 안에 설치하는 묘지
> ㉣ 법인묘지 : 법인이 불특정 다수인의 분묘를 같은 구역 안에 설치하는 묘지

② 사설 자연장지 조성

> ㉠ 개인·가족자연장지 : 「민법」상 친족관계였던 자의 유골을 같은 구역 안에 자연장하는 구역
> ㉡ 종중·문중자연장지 : 종중·문중 구성원의 유골을 구역 안에 자연장하는 구역
> ㉢ 법인 등 자연장지 : 법인, 종교단체가 불특정 다수인의 유골을 같은 구역 안에 자연장 할 수 있는 구역

2. 사설묘지와 자연장지 면적

묘 지	개인묘지(30m² 이하), 가족묘지(100m² 이하), 종중묘지(1,000m² 이하), 법인묘지(10만 m² 이상)
자연장지	개인 자연장지(30m² 미만), 가족자연장지(100m² 미만), 종중자연장지(2,000m² 이하), 종교단체(4만m² 이하), 공공법인 및 재단법인(5만m² 이상)

3. 신고 및 허가(관할 소재지 시장 등)

묘 지	① 사후 신고 : 개인묘지 설치 후 30일 이내 신고 ② 사전 허가 : 가족묘지, 종중·문중묘지, 법인묘지
자연장지	③ **개인 자연장지**는 조성 후 신고 − (**사후 30일** 이내 **신고**) ④ **가족, 종중**·문중 자연장지는 − (**사전 신고**) ⑤ **법인의 자연장지** − (**사전 허가**) 　※ 재단법인, 공공법인, 종교단체만 설치 가능

4. 설치 제한 지역 및 거리 제한

> 〈묘지설치 거리제한〉
>
> ① 종중·문중, 법인묘지 : 도로, 철도 등 − 300m **이상** 거리를 두어야 함.
>
> 　20호 이상 인가, 학교 등 − 500m **이상** 거리 둠.
>
> ② 개인·가족묘지 : 도로, 철도 등 − 200m **이상** 거리를 두어야 함.
>
> 　20호 이상 인가, 학교 등 − 300m **이상** 거리 둠.

:: 참고 | **기타 공법상 설치 제한!**
　　① 국토계획법상의 녹지지역 중 묘지·화장장, 납골시설의 설치가 제한되는 지역
　　② 주거지역·상업지역 및 공업지역
　　③ 상수원 보호구역(납골시설 예외), 문화재보호구역, 수변구역, 접도구역
　　④ 하천지역, 농업진흥지역, 채종림, 요존국유림, 사방지, 군사시설보호구역 등

5. 분묘(1기)의 면적

> ① 공설묘지, 가족묘지, 종중·문중묘지, 법인묘지 안의 분묘 1기 및 당해 분묘의 상석, 비석 등 시설물의 설치구역 면적: 10m²(**합장** 15m²) 초과 금지
> ② 개인묘지: 30m² 초과 금지

6. 설치기간

> ① 원칙: 공설묘지, 사설묘지에 설치된 분묘의 **설치기간 − 30년**
>
> 　예외: 1회에 한하여 30년으로 하여 연장하여야 한다.
>
> 　※ 설치기간을 계산할 때 합장 분묘인 경우에는 합장된 날을 기준으로 계산한다.
>
> ② 연장기간 단축: 5년 **이상 30년 미만**의 기간 내에서 조례로 단축할 수 있다.
>
> ③ 기간 종료시 분묘 처리: 종료된 날부터 1년 **이내**에 철거, 화장 또는 봉안

7. 봉분의 높이

분묘의 봉분은 지면으로부터 1m, 평분의 높이는 50cm, 봉안시설 중 봉안묘의 높이는 70cm를 초과하여서는 아니 된다.

8. 매장 깊이

① 화장한 유골을 매장하는 경우 매장 깊이는 지면으로부터 30cm 이상이어야 한다.
② 화장 안한 시신. 유골은 1m 이상

9. 타인 토지에 설치된 분묘 처리

① **토지 소유자(점유자, 관리인 포함), 묘지 설치자 또는 연고자**는 다음 사유로 분묘를 관할하는 **시장 등의 허가**를 받아 분묘에 매장된 시신 또는 유골을 개장할 수 있다.

> 1. 토지 소유자의 **승낙 없이** 설치한 분묘
> 2. 묘지 설치자 또는 연고자의 **승낙 없이** 해당 묘지에 설치한 분묘

② 개장을 하려면 **미리 3개월 이상의 기간**을 정하여 분묘의 설치자 또는 연고자에게 알려야 한다. 다만, 연고자를 알 수 없으면 그 뜻을 공고하고, 공고 후에도 연고자를 알 수 없는 경우에는 화장한 후에 유골을 일정 기간 봉안하였다가 처리 후 시장 등 신고한다.

10. 분묘기지권 시효취득 제한

① 분묘 연고자의 시효취득: 해당 토지 소유자, 묘지 설치자 또는 연고자에게 토지 사용권이나 그 밖에 **분묘의 보존을 위한 권리를 주장할 수 없다.**

> **참고** | **현행 장사 등에 관한 법 시행 후에 설치되는 분묘에 대해서는 이 법의 적용을 받아 무연 분묘의 연고자는 당해 토지 소유권·묘지 설치자 또는 연고자에 대하여 토지 사용권 기타 분묘의 보존을 위한 권리를 주장할 수 없다. 따라서, 기간에 관계없이 시효취득이 될 수 없다.**
> ※ 이 법 시행 전의 분묘들은 분묘기지권이 그대로 인정된다는 점이다.

② 자연장지의 시효취득: 토지 소유자 또는 자연장지 조성자의 **승낙 없이 자연장을 한 자** 또는 그 연고자는 당해 토지 소유자 또는 자연장지 조성자에 대하여 **토지 사용권이나 그 밖에 자연장의 보존을 위한 권리를 주장할 수 없다.**

> **참고** | **시효취득 불가: 타인토지에 무단 분묘 또는 자연장을 설치자 또는 연고자는 당해 토지의 소유자 등에게 토지사용권 기타 분묘의 보존을 위한 권리를 주장할 수 없다.**

11. 무연 분묘의 처리

① 시·도지사 또는 시장·군수·구청장은 일제 조사 결과 연고자가 없는 분묘에 매장된 시신 또는 유골을 화장하여 일정 기간 봉안할 수 있다.

> ㉠ 매장 또는 봉안의 기간은 **5년**으로 한다. 다만, 국가 또는 사회에 공헌 인정 된 자
>   – 조례로 5년을 초과할 수 있다.
> ㉡ 시장 등은 기간이 끝났을 때에는 유골을 화장하여 장사시설 내 뿌리거나 자연장 한다.

② 시·도지사 또는 시장·군수·구청장은 봉안한 유골의 연고자가 확인을 요구하면 그 요구에 따라야 한다.

≪◇ 기타 묘지 및 자연장의 보충내용

1. 개인묘지

㉠ 분묘의 형태는 봉분, 평분 또는 평장으로 하되, **봉분의 높이는 지면으로부터 1m, 평분의 높이는 50cm 이하**여야 한다.

㉡ 석축과 인입도로의 계단을 설치할 때에는 붕괴의 우려가 없도록 하여야 하고, 개인묘지의 신고 면적 안에서 설치하여야 한다.

2. 가족묘지

㉠ 가족묘지는 가족당 1개소만 가능하다.

㉡ 가족묘지 중 분묘가 설치되지 아니한 지역은 잔디·화초·수목 등으로 녹화하여야 한다.

3. 종중·문중묘지
　㉠ 종중 또는 문중별로 각각 1개소에 한정하여 설치할 수 있다.
　㉡ 종중·문중묘지 중 분묘가 설치되지 아니한 지역은 잔디·화초·수목 등으로 녹화하여야 한다.

4. 법인묘지
　㉠ 법인묘지에는 **폭 5m 이상의 도로와** 그 도로로부터 각 분묘로 통하는 충분한 진출입로를 설치하고, 주차장을 마련하여야 한다.
　㉡ 묘지구역의 계곡이나 30도 이상의 급경사지역 및 배수로의 하단 부분에는 토사의 유출 및 유출 속도를 줄일 수 있는 침사지 또는 물 저장고를 설치하여야 한다.
　㉢ 법인묘지의 허가 면적 중 주차장·관리시설 등 부대시설을 제외한 면적의 **100분의 20** 이상을 녹지 공간으로 확보하여야 한다. 다만, 잔디로 조성된 평분인 경우에는 **100분의 10** 이상을 녹지공간으로 확보하여야 한다.

5. 공설묘지
　㉠ 공설묘지는 지형·배수·토양 등을 고려하여 붕괴·침수의 우려가 없는 곳에 설치하여야 한다.
　㉡ 공설묘지에는 폭 5m 이상의 도로와 그 도로로부터 각 분묘로 통하는 충분한 진출입로를 설치하고, 주차장을 마련하여야 한다.
　㉢ 공설묘지 면적 중 주차장·관리시설 등 부대시설을 제외한 면적의 **100분의 20** 이상을 녹지 공간으로 확보하여야 한다. 다만, 잔디로 조성된 평분인 경우에는 **100분의 10** 이상을 녹지공간으로 확보하여야 한다.

6. 공설자연장지
　㉠ 자연장지구역의 계곡이나 30도 이상의 급경사지역 및 배수로의 하단 부분에는 토사의 유출 및 유출 속도를 줄일 수 있는 침사지 또는 물 저장고를 설치하여야 한다.
　㉡ 표지는 개별 또는 공동으로 하되, 개별표지의 면적은 $250cm^2$ 이하, 공동표지의 면적은 안치 구수 및 안치예정 구수를 고려하여 알맞은 크기로 주위 환경과 조화를 이루도록 하여야 한다.
　㉢ 관리사무실, 유족편의시설, 공동분향단, 그 밖의 필요한 시설과 폭 5m 이상의 진입로 및 주차장을 마련하여야 한다.

7. 공설수목장림
　㉠ 표지는 수목 1그루당 1개만 설치할 수 있으며, **표지의 면적은 $250cm^2$** 이하여야 한다.
　㉡ 표지는 수목의 훼손 및 생육에 지장이 없도록 수목에 매다는 방법으로만 설치하여야 한다.
　㉢ 공설수목장림구역 안에 보행로와 안내표지판을 설치하여야 한다. 다만, 관리사무실, 유족편의시설, 공동분향단, 주차장, 그 밖의 필요한 시설은 공설수목장림구역 밖에 설치할 수 있다.

③ 공법상 이용제한 및 거래규제에 관한 사항

(1) 공법상 이용제한 및 거래규제의 개설

1) 조사 방법

토지와 관련하여는 "**토지이용계획확인서**"를 통하여 용도지역·용도지구 해당 여부 및 그 행위제한 사항을 확인 하고, 기타 개별법을 통해 별도로 조사·확인하여야 한다.

2) 공법상의 이용제한

용도지역·지구·구역은 부동산 공법에 의하여 **소유권의 사용·수익의 권능**을 제한하는 것을 말한다.

3) 공법상의 거래규제

각종 부동산 공법에 의해 **소유권 등의 처분권의 행사에 일정한 제한**을 가하는 것을 의미한다. **에** 부동산거래신고에 관한 법률(토지거래 허가제, 외국인 등의 부동산 취득시 허가제) 「농지법」상 농지취득자격증명, 「부동산등기 특별조치법」상 검인계약서 등 개별법이 있다.

(2) 공법상 거래제한에 관한 규제법

01 농지법

1) 농지 의의

전·답, 과수원, 그 밖에 법적 지목(地目)을 불문하고 실제로 농작물 경작지 또는 다년생식물 재배지(목초, 약초, 과수, 유실수, 생육기간 2년 이상 식물, 조경 등)로 이용되는 토지를 말한다. **단, 다음은 제외한다.**

> ① 「초지법」에 따라 조성된 초지
> ② 지목이 전·답·과수원이 아닌 토지로서 농작물 경작지 또는 다년생 식물재배지로 계속하여 이용되는 기간이 **3년 미만인 토지**
> ③ 지목이 임야인 토지로서 「산지관리법」에 따른 **산지전용허가(인가·허가·승인 등을 포함)를 거치지 아니하고** 농작물의 경작 또는 다년생식물의 재배에 이용되는 토지

2) 농업인의 범위

> ① 1천m^2 이상의 농지에서 농작물 또는 다년생식물을 경작 또는 재배하거나 1년 중 **90일 이상** 농업에 종사하는 자
> ② 농지에 330m^2 이상의 고정식온실·버섯재배사·비닐하우스, 원예작물, 그 밖의 농업생산에 필요한 시설을 설치하여 농작물 또는 다년생식물을 경작 또는 재배
> ③ 대가축 2두, 중가축 10두, 소가축 100두, 가금 1천수 또는 꿀벌 10군 이상을 사육하거나 **1년 중** 120일 이상 축산업에 종사하는 자
> ④ 농업경영을 통한 농산물의 연간 판매액이 120**만원** 이상인 자

3) 농지소유 제한 및 상한제한

① 상속: 비농업인은 그 상속농지 중에 1만m² 이내에 한하여 소유
② 이농자: 8년 이상 농업경영을 한 후 이농한 자는 1만m² 이내에 한해 소유
③ 주말·체험농지: 세대원 전부 총면적을 합산하여 1,000m² 미만의 농지에 한하여 소유
④ 한국농어촌공사나 그 밖에 대통령령으로 정하는 자에게 위탁하여 농지를 임대하거나 무상사용하게 하는 경우에는 ㉠㉡에도 불구하고 임대하거나 무상사용하게 하는 기간 동안 소유상한을 초과하는 농지를 계속 소유할 수 있다.
※ 다만, ㉠㉡의 소유 농지는 농업경영에 이용되도록 하여야 한다.

4) 농지취득자격증명제도

① **의의 및 법적 성격**: 농지취득자격증명은 소유권이전등기를 신청할 때에 첨부하여야 할 서류로 농지취득의 자격이 있다는 것을 증명하는 것일 뿐, **매매계약 등의 효력을 발생시키는 요건은 아니다.**

② **농지취득자격증명 발급대상**

필요	1. 증여·경매·공매, 매매·교환 2. 상속인 이외의 자에 의한 유증 3. 개인의 주말·체험농장 4. 농지전용허가를 받거나 농지전용신고를 한 농지 5. 판결
불요	1. 상속(상속인에게 한 유증 포함)에 의한 농지 취득 2. 도시계획구역 내 농지(주거·상업·공업지역으로 지정된 농지)와 녹지지역 중 도시계획 사업에 필요한 농지 3. 토지거래허가를 받은 농지 4. 농지전용협의를 완료한 농지 5. 공유 농지의 분할로 농지를 취득 6. 농업법인의 합병으로 농지를 취득하는 경우

③ **농지취득자격증명의 발급절차**

㉠ 발급받으려는 자는 농업경영계획서 또는 주말·체험영농계획서를 작성하고 농림축산식품부령이 정하는 서류를 첨부하여 농지 소재지를 관할하는 **시·구·읍·면의 장**에게 발급신청을 하여야 한다.

㉡ 농지위원회의 심의: 시·구·읍·면의 장은 농지 투기가 성행하거나 성행할 우려가 있는 지역의 농지를 취득하려는 자 등은 농지취득자격증명 발급을 신청한 경우, 농지위원회의 심의를 거쳐야 한다.

OX 농업경영이란 농업인이나 농업법인이 자기의 계산과 책임으로 농업을 영위하는 것을 말한다. (○)

OX 1천m² 이상의 농지에서 농작물 또는 다년생식물을 경작 또는 재배하거나 1년 중 90일 이상 농업에 종사하는 자는 농업인에 해당된다. (○)

OX 상속으로 농지를 취득한 자로서 농업경영을 하지 아니하는 자는 그 상속농지 중에서 총 1만m²까지만 소유할 수 있다. (○)

OX 주말·체험농지는 세대원 전부 총면적을 합산하여 1,000m² 미만의 농지를 소유할 수 있다. (○)

OX 농지취득자격증명발급은 농업경영계획서 또는 주말·체험영농계획서를 작성하여 시·구·읍·면장에게 그 발급을 신청하여야 한다. (○)

OX 매매, 교환, 증여, 경매·공매, 판결, 조서에 의하여 농지를 취득하는 경우에도 농지취득자격증명이 있어야 한다. (○)

ⓒ 발급기간: 시·구·읍·면의 장은 다음의 기간에 신청인에게 농지취득자격증명을 발급하여야 한다.

> ⓐ 원칙: 발급 신청을 받은 날부터 - 7일
> ⓑ 농업경영계획서를 작성하지 않는 경우 - 4일
> ⓒ 농지위원회의 심의 대상의 경우 - 14일

5) 개인의 주말·체험 농지

① 농업인이 아닌 개인이 주말 등을 이용하여 다년생식물을 재배하는 것을 말한다.

② 개인이 아닌 법인의 경우에는 주말·체험영농 목적의 농지취득이 제한된다.

③ 원칙적으로 주말·체험영농 목적으로 취득하는 농지는 임대·휴경 등을 할 수 없다.

④ 주말·체험영농을 하고자 하는 자는 $1,000m^2$ 미만의 농지에 한하여 이를 소유할 수 있다. 이 경우 면적의 계산은 그 세대원 전부가 소유하는 총면적으로 한다.

⑤ 농업진흥지역 내 농지는 주말·체험영농을 목적으로 취득할 수 없다.

⑥ 농지의 면적(공유 지분의 비율 및 각자가 취득하려는 농지의 위치 표시), 노동력 및 농업 기계·장비·시설의 확보 방안, 직업, 영농경력, 영농거리 등을 기재한 주말·체험영농계획서를 작성하고, 증명서류(재직증명서 등)를 첨부하여 시·구·읍·면의 장에게 농지취득자격증명서를 발급 받아야 한다.

※ 해당 증명서류 제출을 거짓 또는 부정으로 한 자는 500만원 이하의 과태료를 부과한다.

⑦ 자연재해 등 정당한 사유 없이, 그 농지를 주말·체험영농에 이용하지 아니하게 되었다고 시장·군수 또는 구청장이 인정한 경우는 그 사유가 발생한 날부터 1년 이내에 해당 농지를 처분하여야 한다.

6) 농지의 위탁경영 - (보수지급 + 농작업 전부 또는 일부)

농지 소유자는 다음의 경우 외에는 소유 농지를 위탁경영할 수 없다.

> ① 「병역법」에 따라 징집 또는 소집된 경우
> ② **3개월 이상 국외 여행** 중인 경우
> ③ 농업법인이 청산 중인 경우
> ④ 질병, 취학, 선거에 따른 공직 취임, 부상으로 **3개월 이상**의 치료가 필요한 경우, 교도소·구치소 또는 보호감호시설에 수용 중인 경우, 임신 중이거나 분만 후 **6개월 미만**인 경우
> ⑤ 농지이용증진사업 시행계획에 따라 위탁경영하는 경우
> ⑥ 농업인이 자기 노동력이 부족하여 농작업의 일부를 위탁하는 경우

7) 농업경영에 이용하지 아니하는 농지 등의 처분(법 제10조)

① 농지 소유자는 다음에 해당하면 그 **사유가 발생한 날부터 1년 이내**에 해당 농지(2.의 상속과 3.의 이농자의 경우에는 농지 소유 상한을 초과하는 면적)를 그 사유가 발생한 날 당시 세대를 같이하는 **세대원이 아닌 자에게 처분**하여야 한다.

> 1. 주말·체험영농
> 2. **상속(상속인에게 한 유증 포함)**
> 3. **8년 이상 농업경영을 하던 사람**이 이농
> 4. 농지전용허가를 받거나 농지전용신고를 한 자가 그 **농지를 취득한 날부터 2년 이내**에 그 목적사업에 착수하지 아니한 경우
> 5. 농지 소유 상한을 초과하여 농지를 소유한 것이 판명된 경우
> 6. 자연재해 등 정당한 사유 없이 농업경영계획서 내용을 이행하지 아니한 경우

8) 농지의 임대차 또는 사용대차

① 임대차 또는 사용대차가 다음의 경우는 가능하다.

㉠ '국가 등의 소유농지'를 임대하거나 무상사용하게 하는 경우

㉡ '농지이용증진사업계획'에 따라 농지를 임대하거나 무상사용하게 하는 경우

㉢ 질병, 징집, 취학, 선거에 따른 공직취임, 그 밖에 부득이한 사유로 인하여 일시적으로 농지를 임대하거나 무상사용하게 하는 경우로 다음과 같다.

> ⓐ 부상으로 **3개월 이상**의 치료가 필요한 경우
> ⓑ 교도소·구치소 또는 보호감호시설에 수용 중인 경우
> ⓒ **3개월 이상** 국외여행을 하는 경우
> ⓓ 농업법인이 청산 중인 경우
> ⓔ 임신 중이거나 분만 후 **6개월 미만**인 경우

㉣ 농업경영에 종사하는지 여부와 관계없이 60세 이상인 사람이 5년 이상 자기의 농업경영에 이용한 농지를 임대하거나 무상사용 하게 하는 경우

㉤ 주말·체험영농을 하려는 자에게 임대하거나 무상사용하게 하는 경우, 또는 주말·체험영농자들에게 임대업(業)으로 하는 자에게 임대하거나 무상사용하게 하는 경우

② **종료 명령**: 농지를 임차하거나 사용대차 한 임차인이 농업경영을 아니 할 때에 시장·군수·구청장이 종료를 명할 수 있다.

③ 임대차 · 사용대차 계약 방법과 대항력

> ㉠ 임대차 계약(농업경영을 하려는 자에게 임대하는 경우만)과 사용대차 계약(농업경영을 하려는 자에게 무상사용하게 하는 경우만)은 **서면계약을 원칙으로 한다.**
> ㉡ 임대차계약은 임차인이 농지소재지를 관할하는 시 · 구 · 읍 · 면의 장의 확인을 받고 + 해당 농지를 인도 받은 경우에는 ⇨ **그 다음 날부터 제3자에 대하여 효력이 생긴다.**

④ 임대차 기간

㉠ 임대차 기간은 **3년 이상**으로 하여야 한다.

다만, '다년생식물 재배지' 등 농지의 경우에는 **5년 이상**으로 하여야 한다.

㉡ 임대차 기간을 정하지 아니하거나 기간 미만으로 정한 경우에는 **3년(다년생 5년)**에 따른 기간으로 약정된 것으로 본다.

※ 임차인은 3년(다년생 5년)미만으로 정한 임대차 기간이 유효함을 주장할 수 있다.

9) 지위 승계

'**임대 농지**'의 양수인은 이 법에 따른 **임대인의 지위를 승계한 것으로 본다.**

10) 묵시의 갱신

임대인이 **임대차 기간이 끝나기 3개월 전까지** 임차인에게 임대차계약을 갱신하지 아니한다는 뜻이나 임대차계약 조건을 변경한다는 뜻을 통지하지 아니하면, 그 임대차 기간이 끝난 때에, 이전의 임대차계약과 같은 조건으로 다시 임대차계약을 한 것으로 본다.

---

02 기타 개별법

---

① 사립학교법 : 기본재산을 매도 · 교환 · 담보에 제공하고자 할 때 등은 **관할청의 허가**
② 향교재산법 : 부동산을 처분 또는 담보에 공하고자 할 때 **시 · 도지사의 허가**
③ 전통사찰보존법 : 전통사찰의 주지는 부동산(전통사찰의 경내지에 있는 그 사찰 소유 또는 사찰 소속 대표단체 소유의 부동산)을 **양도** ⇨ **소속 대표단체 대표자의 승인서를 첨부하여 문화체육관광부장관의 허가를 받아야 한다.**
④ 공익법인의 설립운영에 관한 법률 : 기본재산을 매도, 증여, 담보 등을 제공할 때에는 **주무관청의 허가**
⑤ 임대주택법 : **임대사업자의 동의 없이** 임차인은 임차권을 다른 사람에게 양도(단, 상속의 경우를 제외)하거나 임대주택을 다른 사람에게 전대할 수 없다.

04 중개대상물의 확인 · 설명서 작성

1 중개대상물 확인 · 설명서 총설

(1) 법정서식 사용의무

개업공인중개사 법정서식으로 [별지 제20호~제20호의4 서식]으로 그 규격과 내용을 정하고 있는 것으로 **내용을 변경하거나 용지의 규격 및 매수를 달리하여서는 안 된다.**

(2) 법정서식의 세분화(4종)

개업공인중개사는 중개대상물에 대한 확인 · 설명사항을 중개대상물 확인 · 설명서의 서식에 적어 거래당사자에게 발급해야 한다(영 제21조 제3항).
중개대상물의 확인 · 설명서의 서식은 다음의 구분에 따른다.

> 1. 중개대상물 확인 · 설명서[I](주거용 건축물) : 별지 제20호 서식
> 2. 중개대상물 확인 · 설명서[II](비주거용 건축물) : 별지 제20호의2 서식
> 3. 중개대상물 확인 · 설명서[III](토지) : 별지 제20호의3 서식
> 4. 중개대상물 확인 · 설명서[IV](입목 · 광업재단 · 공장재단) : 별지 제20호의4 서식

(3) 서명 및 날인

개업공인중개사(법인인 경우에는 대표자, 분사무소의 책임자)가 서명 및 날인하되 해당 중개행위를 한 소속공인중개사가 있는 경우에는 소속공인중개사가 함께 서명 및 날인하여야 한다.

(4) 교부 및 보관

중개완성 후에 거래당사자에게 교부하고 3년 동안 그 원본, 사본 또는 전자문서를 보존하여야 한다. 다만, 공인전자문서센터에 보관된 경우에는 그러하지 아니하다.

(5) 중개대상물의 상태에 관한 자료요구에 불응시 조치

개업공인중개사는 매도의뢰인 · 임대의뢰인 등이 중개대상물의 상태에 관한 자료요구에 불응한 경우에는 그 사실을 매수의뢰인 · 임차의뢰인 등에게 설명하고, 중개대상물 확인 · 설명서에 기재하여야 한다(영 제21조 제2항).

OX 개업공인중개사는 법정서식을 내용을 변경하거나 용지의 규격 및 매수를 달리하여서는 안 된다. (○)

OX 해당 중개행위를 한 소속공인중개사는 개업공인중개사와 함께 서명 및 날인하여야 한다. (○)

OX 거래계약서를 작성하는 때에는 확인 · 설명서 3부를 작성하여 거래당사자에게 이를 교부하여야 한다. (○)

OX 개업공인중개사는 매도자 등이 자료요구에 불응한 경우, 매수자등에게 이를 설명하고, 확인 · 설명서에 기재하여야 한다. (○)

■ 공인중개사법 시행규칙 [별지 제20호 서식] <개정 2024. 7. 2.> (6쪽 중 제1쪽)

중개대상물 확인·설명서[I] (주거용 건축물)

(주택 유형: [　] 단독주택　　[　] 공동주택　　[　] 주거용 오피스텔)
(거래 형태: [　] 매매·교환　　[　] 임대)

확인·설명 자료	확인·설명 근거자료 등	[　] 등기권리증　[　] 등기사항증명서　[　] 토지대장　[　] 건축물대장　[　] 지적도 [　] 임야도　[　] 토지이용계획확인서　[　] 확정일자 부여현황　[　] 전입세대확인서 [　] 국세납세증명서　[　] 지방세납세증명서　[　] 그 밖의 자료(　　　　　　)
	대상물건의 상태에 관한 자료요구 사항	

유의사항	
개업공인중개사의 확인·설명 의무	개업공인중개사는 중개대상물에 관한 권리를 취득하려는 중개의뢰인에게 성실·정확하게 설명하고, 토지대장 등본, 등기사항증명서 등 설명의 근거자료를 제시해야 합니다.
실제 거래가격 신고	「부동산 거래신고 등에 관한 법률」 제3조 및 같은 법 시행령 [별표 1] 제1호 마목에 따른 실제 거래가격은 매수인이 매수한 부동산을 양도하는 경우 「소득세법」 제97조 제1항 및 제7항과 같은 법 시행령 제163조 제11항 제2호에 따라 취득 당시의 실제 거래가액으로 보아 양도차익이 계산될 수 있음을 유의하시기 바랍니다.

I. 개업공인중개사 기본 확인사항

① 대상 물건의 표시	토지	소재지				
		면적(m²)		지 목	공부상 지목	
					실제 이용 상태	
	건축물	전용면적(m²)			대지지분(m²)	
		준공년도 (증개축년도)		용 도	건축물대장상 용도	
					실제 용도	
		구 조		방 향		(기준:　　)
		내진설계 적용 여부		내진능력		
		건축물대장상 위반건축물 여부	[　] 위반 [　] 적법	위반내용		

② 권리관계	등기부 기재사항	소유권에 관한 사항		소유권 외의 권리사항	
		토 지		토 지	
		건축물		건축물	

③ 토지이용계획, 공법상 이용 제한 및 거래 규제에 관한 사항(토지)	지역·지구	용도지역		건폐율 상한	용적률 상한
		용도지구		%	%
		용도구역			
	도시·군 계획 시설	허가·신고 구역 여부	[　] 토지거래허가구역		
		투기지역 여부	[　] 토지투기지역　[　] 주택투기지역 [　] 투기과열지구		
	지구단위계획구역, 그 밖의 도시·군관리계획		그 밖의 이용제한 및 거래규제사항		

④ 임대차 확인사항	확정일자 부여현황 정보	[ ] 임대인 자료 제출 [ ] 열람 동의		[ ] 임차인 권리 설명
	국세 및 지방세 체납정보	[ ] 임대인 자료 제출 [ ] 열람 동의		[ ] 임차인 권리 설명
	전입세대 확인서	[ ] 확인(확인서류 첨부) [ ] 미확인(열람·교부 신청방법 설명) [ ] 해당 없음		
	최우선변제금	소액임차인범위: 만원 이하 최우선변제금액: 만원 이하		
	민간임대 등록여부 — 등록	[ ] 장기일반민간임대주택 [ ] 공공지원민간임대주택 [ ] 그 밖의 유형( )		[ ] 임대보증금 보증 설명
		임대의무기간	임대개시일	
	민간임대 등록여부 — 미등록 [ ]			
	계약갱신 요구권 행사 여부	[ ] 확인(확인서류 첨부) [ ] 미확인 [ ] 해당 없음		

개업공인중개사가 "④ 임대차 확인사항"을 임대인 및 임차인에게 설명하였음을 확인함	임대인	(서명 또는 날인)
	임차인	(서명 또는 날인)
	개업공인중개사	(서명 또는 날인)
	개업공인중개사	(서명 또는 날인)

※ 민간임대주택의 임대사업자는 「민간임대주택에 관한 특별법」 제49조에 따라 임대보증금에 대한 보증에 가입해야 합니다.
※ 임차인은 주택도시보증공사(HUG) 등이 운영하는 전세보증금반환보증에 가입할 것을 권고합니다.
※ 임대차 계약 후 「부동산 거래신고 등에 관한 법률」 제6조의2에 따라 30일 이내 신고해야 합니다(신고시 확정일자 자동부여).
※ 최우선변제금은 근저당권 등 선순위 담보물권 설정 당시의 소액임차인범위 및 최우선변제금액을 기준으로 합니다.

⑤ 입지조건	도로와의 관계	(m × m)도로에 접함 [ ] 포장 [ ] 비포장	접근성	[ ] 용이함 [ ] 불편함
	대중교통	버스 ( ) 정류장, 소요시간: ([ ] 도보 [ ] 차량) 약 분		
		지하철 ( ) 역, 소요시간: ([ ] 도보 [ ] 차량) 약 분		
	주차장	[ ] 없음 [ ] 전용주차시설 [ ] 공동주차시설 [ ] 그 밖의 주차시설 ( )		
	교육시설	초등학교 ( ) 학교, 소요시간: ([ ] 도보 [ ] 차량) 약 분		
		중학교 ( ) 학교, 소요시간: ([ ] 도보 [ ] 차량) 약 분		
		고등학교 ( ) 학교, 소요시간: ([ ] 도보 [ ] 차량) 약 분		

⑥ 관리에 관한 사항	경비실	[ ] 있음 [ ] 없음	관리주체	[ ] 위탁관리 [ ] 자체관리 [ ] 그 밖의 유형
	관리비	관리비 금액: 총 원		

		관리비 포함 비목: [ ] 전기료 [ ] 수도료 [ ] 가스사용료 [ ] 난방비
		   [ ] 인터넷 사용료 [ ] TV 수신료
		   [ ] 그 밖의 비목( )		

		관리비 부과방식: [ ] 임대인이 직접 부과 [ ] 관리규약에 따라 부과 [ ] 그 밖의 부과 방식( )		

⑦ 비선호시설(1km 이내)	[ ] 없음 [ ] 있음 (종류 및 위치:)		

⑧ 거래예정금액 등	거래예정금액		
	개별공시지가(㎡당)	건물(주택) 공시가격	

⑨ 취득시 부담할 조세의 종류 및 세율	취득세	%	농어촌특별세	%	지방교육세	%
	※ 재산세와 종합부동산세는 6월 1일 기준으로 대상물건 소유자가 납세의무를 부담합니다.					

Ⅱ. 개업공인중개사 세부 확인사항

⑩ 실제 권리관계 또는 공시되지 않은 물건의 권리 사항

⑪ 내부·외부 시설물의 상태 (건축물)	수 도	파손 여부	[ ] 없음　　　[ ] 있음 (위치:　　　　)		
		용수량	[ ] 정상　　　[ ] 부족함 (위치:　　　　)		
	전 기	공급상태	[ ] 정상　　　[ ] 교체 필요 (교체할 부분:　　　)		
	가스(취사용)	공급방식	[ ] 도시가스　　[ ] 그 밖의 방식 (　　　　)		
	소 방	단독경보형 감지기	[ ] 없음 [ ] 있음(수량:　개)	※「소방시설 설치 및 관리에 관한 법률」제10조 및 같은 법 시행령 제10조에 따른 주택용 소방시설로서 아파트(주택으로 사용하는 층수가 5개층 이상인 주택을 말한다)를 제외한 주택의 경우만 적습니다.	
	난방방식 및 연료공급	공급방식	[ ] 중앙공급 [ ] 개별공급 [ ] 지역난방	시설작동	[ ] 정상　[ ] 수선 필요 (　　) ※ 개별 공급인 경우 사용연한 (　　) [ ] 확인불가
		종 류	[ ] 도시가스　[ ] 기름　[ ] 프로판가스　[ ] 연탄 [ ] 그 밖의 종류 (　　　)		
	승강기		[ ] 있음 ([ ] 양호 [ ] 불량) [ ] 없음		
	배 수		[ ] 정상 [ ] 수선 필요 (　　　　)		
	그 밖의 시설물				

⑫ 벽면·바닥면 및 도배 상태	벽 면	균 열	[ ] 없음 [ ] 있음 (위치:　　　)
		누 수	[ ] 없음 [ ] 있음 (위치:　　　)
	바닥면		[ ] 깨끗함 [ ] 보통임 [ ] 수리 필요 (위치:　　)
	도 배		[ ] 깨끗함 [ ] 보통임 [ ] 도배 필요

⑬ 환경조건	일조량	[ ] 풍부함 [ ] 보통임 [ ] 불충분 (이유:　　)		
	소 음	[ ] 아주 작음　[ ] 보통임 [ ] 심한 편임	진 동	[ ] 아주 작음 [ ] 보통임 [ ] 심한 편임

⑭ 현장안내	현장안내자	[ ] 개업공인중개사 [ ] 소속공인중개사 [ ] 중개보조원(신분고지 여부: [ ] 예 [ ] 아니오) [ ] 해당 없음

※ "중개보조원"이란 공인중개사가 아닌 사람으로서 개업공인중개사에 소속되어 중개대상물에 대한 현장안내 및 일반서무 등 개업공인중개사의 중개업무와 관련된 단순한 업무를 보조하는 사람을 말합니다.
※ 중개보조원은 「공인중개사법」 제18조의4에 따라 현장안내 등 중개업무를 보조하는 경우 중개의뢰인에게 본인이 중개보조원이라는 사실을 미리 알려야 합니다.

Ⅲ. 중개보수 등에 관한 사항

⑮ 중개보수 및 실비의 금액과 산출내역	중개보수		<산출내역> 중개보수 : 실 비 : ※ 중개보수는 시·도 조례로 정한 요율한도에서 중개의뢰인과 개업공인중개사가 서로 협의하여 결정하며 부가가치세는 별도로 부과될 수 있습니다.
	실 비		
	계		
	지급시기		

「공인중개사법」 제25조 제3항 및 제30조 제5항에 따라 거래당사자는 개업공인중개사로부터 위 중개대상물에 관한 확인·설명 및 손해배상책임의 보장에 관한 설명을 듣고, 같은 법 시행령 제21조 제3항에 따른 본 확인·설명서와 같은 법 시행령 제24조 제2항에 따른 손해배상책임 보장 증명서류 (사본 또는 전자문서)를 수령합니다.

년   월   일

매도인 (임대인)	주 소		성 명	(서명 또는 날인)
	생년월일		전화번호	
매수인 (임차인)	주 소		성 명	(서명 또는 날인)
	생년월일		전화번호	
개업 공인중개사	등록번호		성명(대표자)	(서명 및 날인)
	사무소 명칭		소속공인중개사	(서명 및 날인)
	사무소 소재지		전화번호	
개업 공인중개사	등록번호		성명(대표자)	(서명 및 날인)
	사무소 명칭		소속공인중개사	(서명 및 날인)
	사무소 소재지		전화번호	

작성방법(주거용 건축물)

〈작성일반〉

1. "[ ]"있는 항목은 해당하는 "[ ]"안에 √로 표시합니다.

2. 세부항목 작성시 해당 내용을 작성란에 모두 작성할 수 없는 경우에는 별지로 작성하여 첨부하고, 해당란에는 "별지 참고"라고 적습니다.

〈세부항목〉

1. 「확인·설명자료」항목의 "확인·설명 근거자료 등"에는 개업공인중개사가 확인·설명 과정에서 제시한 자료를 적으며, "대상물건의 상태에 관한 자료요구 사항"에는 매도(임대)의뢰인에게 요구한 사항 및 그 관련 자료의 제출 여부와 ⑩ 실제 권리관계 또는 공시되지 않은 물건의 권리사항부터 ⑬ 환경조건까지의 항목을 확인하기 위한 자료의 요구 및 그 불응 여부를 적습니다.

2. ① 대상물건의 표시부터 ⑨ 취득시 부담할 조세의 종류 및 세율까지는 개업공인중개사가 확인한 사항을 적어야 합니다.

3. ① 대상물건의 표시는 토지대장 및 건축물대장 등을 확인하여 적고, 건축물의 방향은 주택의 경우 거실이나 안방 등 주실(主室)의 방향을, 그 밖의 건축물은 주된 출입구의 방향을 기준으로 남향, 북향 등 방향을 적고 방향의 기준이 불분명한 경우 기준(**예** 남동향 – 거실 앞 발코니 기준)을 표시하여 적습니다.

4. ② 권리관계의 "등기부 기재사항"은 등기사항증명서를 확인하여 적습니다.
   가. 대상물건에 신탁등기가 되어 있는 경우에는 수탁자 및 신탁물건(신탁원부 번호)임을 적고, 신탁원부 약정사항에 명시된 대상물건에 대한 임대차계약의 요건(수탁자 및 수익자의 동의 또는 승낙, 임대차계약 체결의 당사자, 그 밖의 요건 등)을 확인하여 그 요건에 따라 유효한 임대차계약을 체결할 수 있음을 설명(신탁원부 교부 또는 ⑩ 실제 권리관계 또는 공시되지 않은 물건의 권리사항에 주요 내용을 작성)해야 합니다.
   나. 대상물건에 공동담보가 설정되어 있는 경우에는 공동담보 목록 등을 확인하여 공동담보의 채권최고액 등 해당 중개물건의 권리관계를 명확히 적고 설명해야 합니다.
   ※ 예를 들어, 다세대주택 건물 전체에 설정된 근저당권 현황을 확인·제시하지 않으면서, 계약대상 물건이 포함된 일부 호실의 공동담보 채권최고액이 마치 건물 전체에 설정된 근저당권의 채권최고액인 것처럼 중개의뢰인을 속이는 경우에는 「공인중개사법」위반으로 형사처벌 대상이 될 수 있습니다.

5. ③ 토지이용계획, 공법상 이용제한 및 거래규제에 관한 사항(토지)의 "건폐율 상한 및 용적률 상한"은 시·군의 조례에 따라 적고, "도시·군계획 시설", "지구단위계획구역, 그 밖의 도시·군관리계획"은 개업공인중개사가 확인하여 적으며, "그 밖의 이용제한 및 거래규제사항"은 토지이용계획 확인서의 내용을 확인하고, 공부에서 확인할 수 없는 사항은 부동산종합공부시스템 등에서 확인하여 적습니다(임대차의 경우에는 생략할 수 있습니다).

6. ④ 임대차 확인사항은 다음 각 목의 구분에 따라 적습니다.
   가. 「주택임대차보호법」제3조의7에 따라 임대인이 확정일자 부여일, 차임 및 보증금 등 정보(확정일자 부여 현황 정보) 및 국세 및 지방세 납세증 명서(국세 및 지방세 체납 정보)의 제출 또는 열람 동의로 갈음했는지 구분하여 표시하고, 「공인중개사법」제25조의3에 따른 임차인의 권리에 관한 설명 여부를 표시합니다.
   나. 임대인이 제출한 전입세대 확인서류가 있는 경우에는 확인에 √로 표시를 한 후 설명하고, 없는 경우에는 미확인에 √로 표시한 후 「주민등록법」제29조의2에 따른 전입세대확인서의 열람·교부 방법에 대해 설명합니다(임대인이 거주하는 경우이거나 확정일자 부여현황을 통해 선순위의 모든 세대가 확인되는 경우 등에는 '해당 없음'에 √로 표시합니다).
   다. 최우선변제금은 「주택임대차보호법 시행령」제10조(보증금 중 일정액의 범위 등) 및 제11조(우선변제를 받을 임차인의 범위)를 확인하여 각각 적되, 근저당권 등 선순위 담보물권이 설정되어 있는 경우 선순위 담보물권 설정 당시의 소액임차인범위 및 최우선변제금액을 기준으로 적어야 합니다.
   라. "민간임대 등록 여부"는 대상물건이 「민간임대주택에 관한 특별법」에 따라 등록된 민간임대주택인지 여부를 같은 법 제60조에 따른 임대주택 정보체계에 접속하여 확인하거나 임대인에게 확인하여 "[ ]"안에 √로 표시하고, 민간임대주택인 경우 같은 법에 따른 권리·의무사항을 임대인 및 임차인에게 설명해야 합니다.

> ※ 민간임대주택은 「민간임대주택에 관한 특별법」 제5조에 따른 임대사업자가 등록한 주택으로서, 임대인과 임차인 간 임대차계약(재계약 포함)시에는 다음의 사항이 적용됩니다.
> － 「민간임대주택에 관한 특별법」 제44조에 따라 임대의무기간 중 임대료 증액청구는 5%의 범위에서 주거비 물가지수, 인근 지역의 임대료 변동률 등을 고려하여 같은 법 시행령으로 정하는 증액비율을 초과하여 청구할 수 없으며, 임대차계약 또는 임대료 증액이 있은 후 1년 이내에는 그 임대료를 증액할 수 없습니다.
> － 「민간임대주택에 관한 특별법」 제45조에 따라 임대사업자는 임차인이 의무를 위반하거나 임대차를 계속하기 어려운 경우 등에 해당하지 않으면 임대의무기간 동안 임차인과의 계약을 해제·해지하거나 재계약을 거절할 수 없습니다.

마. "계약갱신요구권 행사 여부"는 대상물건이 「주택임대차보호법」의 적용을 받는 주택으로서 임차인이 있는 경우 매도인(임대인)으로부터 계약갱신요구권 행사 여부에 관한 사항을 확인할 수 있는 서류를 받으면 "확인"에 √로 표시하여 해당 서류를 첨부하고, 서류를 받지 못한 경우 "미확인"에 √로 표시하며, 임차인이 없는 경우에는 "해당 없음"에 √로 표시합니다. 이 경우 개업공인중개사는 「주택임대차보호법」에 따른 임대인과 임차인의 권리·의무사항을 매수인에게 설명해야 합니다.

7. ⑥ 관리비는 직전 1년간 월평균 관리비 등을 기초로 산출한 총 금액을 적되, 관리비에 포함되는 비목들에 대해서는 해당하는 곳에 √로 표시하며, 그 밖의 비목에 대해서는 √로 표시한 후 비목 내역을 적습니다. 관리비 부과방식은 해당하는 곳에 √로 표시하고, 그 밖의 부과방식을 선택한 경우에는 그 부과방식에 대해서 작성해야 합니다. 이 경우 세대별 사용량을 계량하여 부과하는 전기료, 수도료 등 비목은 실제 사용량에 따라 금액이 달라질 수 있고, 이에 따라 총 관리비가 변동될 수 있음을 설명해야 합니다.

8. ⑦ 비선호시설(1km 이내)의 "종류 및 위치"는 대상물건으로부터 1km 이내에 사회통념상 기피 시설인 화장장·봉안당·공동묘지·쓰레기처리장·쓰레기소각장·분뇨처리장·하수종말처리장 등의 시설이 있는 경우, 그 시설의 종류 및 위치를 적습니다.

9. ⑧ 거래예정금액 등의 "거래예정금액"은 중개가 완성되기 전 거래예정금액을, "개별공시지가(㎡당)" 및 "건물(주택)공시가격"은 중개가 완성되기 전 공시된 공시지가 또는 공시가격을 적습니다[임대차의 경우에는 "개별공시지가(㎡당)" 및 "건물(주택)공시가격"을 생략할 수 있습니다].

10. ⑨ 취득시 부담할 조세의 종류 및 세율은 중개가 완성되기 전 「지방세법」의 내용을 확인하여 적습니다(임대차의 경우에는 제외합니다).

11. ⑩ 실제 권리관계 또는 공시되지 않은 물건의 권리 사항은 매도(임대)의뢰인이 고지한 사항(법정지상권, 유치권, 「주택임대차보호법」에 따른 임대차, 토지에 부착된 조각물 및 정원수, 계약 전 소유권 변동 여부, 도로의 점용허가 여부 및 권리·의무 승계 대상 여부 등)을 적습니다. 「건축법 시행령」 [별표 1] 제2호에 따른 공동주택(기숙사는 제외합니다) 중 분양을 목적으로 건축되었으나 분양되지 않아 보존등기만 마쳐진 상태인 공동주택에 대해 임대차계약을 알선하는 경우에는 이를 임차인에게 설명해야 합니다.

    ※ 임대차계약의 경우 현재 존속 중인 임대차의 임대보증금, 월 단위의 차임액, 계약기간 및 임대차 계약의 장기수선충당금의 처리 등을 확인하여 적습니다. 그 밖에 경매 및 공매 등의 특이사항이 있는 경우 이를 확인하여 적습니다.

12. ⑪ 내부·외부 시설물의 상태(건축물), ⑫ 벽면·바닥면 및 도배 상태와 ⑬ 환경조건은 중개대상물에 대해 개업공인중개사가 매도(임대)의뢰인에게 자료를 요구하여 확인한 사항을 적고, ⑪ 내부·외부 시설물의 상태(건축물)의 "그 밖의 시설물"은 가정자동화 시설(Home Automation 등 IT 관련 시설)의 설치 여부를 적습니다.

13. ⑮ 중개보수 및 실비는 개업공인중개사와 중개의뢰인이 협의하여 결정한 금액을 적되 "중개보수"는 거래예정금액을 기준으로 계산하고, "산출내역(중개보수)"은 "거래예정금액(임대차의 경우에는 임대보증금 + 월 단위의 차임액 × 100) × 중개보수 요율"과 같이 적습니다. 다만, 임대차로서 거래예정금액이 5천만원 미만인 경우에는 "임대보증금 + 월 단위의 차임액 × 70"을 거래예정금액으로 합니다.

14. 공동중개시 참여한 개업공인중개사(소속공인중개사를 포함합니다)는 모두 서명·날인해야 하며, 2명을 넘는 경우에는 별지로 작성하여 첨부합니다.

≪ 〈보충〉 주거용 건축물 확인·설명서[Ⅰ] – 주요 내용

① **기본 확인사항** : ① 대상물건표시, ② 권리관계, ③ 토지이용계획, 공법상 이용제한 및 거래규제, ④ 임대차 확인사항 ⑤ 입지조건 ⑥ 관리에 관한 사항 ⑦ 비선호시설(1km 이내) ⑧ 거래예정금액 등 ⑨ 취득부담 조세의 종류 및 세율은 개업공인중개사가 확인한 사항을 기재한다.

② **세부 확인사항** : ⑩실제권리관계 또는 공시되지 않은 물건의 권리 사항, ⑪ 내부·외부 시설물의 상태, ⑫ 벽면·바닥면 및 도배 상태 ⑬ 환경조건 ⑭ 현장안내는 개업공인중개사의 세부적 확인사항에 해당한다.

③ **건축물의 방향** : 주택의 경우 거실이나 안방 등 주실(主室)의 방향을, 그 밖의 건축물은 주된 출입구의 방향을 기준으로 남향, 북향 등 방향을 적고 방향의 기준이 불분명한 경우는 거실 앞 발코니 기준을 표시하여 적는다.

④ **권리관계** : "등기부 기재사항"은 등기사항증명서를 확인하여 적습니다.

> ㉠ 신탁등기가 되어 있는 경우에는 수탁자 및 신탁물건(신탁원부 번호)임을 적고, 신탁원부 상의 임대차계약의 요건 등을 설명해야 한다.
> ㉡ 공동담보가 설정되어 있는 경우에는 공동담보 목록 등을 확인하여 공동담보의 채권최고액 등 의 권리관계를 명확히 적고 설명해야 한다.

⑤ **토지이용계획, 공법상 이용제한 및 거래규제에 관한 사항** : 임대차의 경우에는 생략할 수 있다.

⑥ **임대차 확인사항**

㉠ 확정일자 부여 현황 정보 및 국세 및 국세 및 지방세 체납 정보의 제출 또는 열람 동의 여부를 표시하고, 임차인의 권리에 관한 설명 여부를 표시한다.

㉡ 임대인이 전입세대 확인서류를 제출 한 경우는 확인에 표시를 한 후 설명하고, 없는 경우에는 미확인에 표시한 후, 전입세대확인서의 열람·교부 방법에 대해 설명한다.

㉢ 최우선변제금은 보증금 중 일정액의 범위 및 우선변제를 받을 임차인의 범위를 확인하여 각각 적는다.

㉣ 민간임대 등록 여부는 임대주택정보체계에 접속 또는 임대인에게 확인하여 표시하고, 해당 법에 따른 권리·의무사항을 임대인 및 임차인에게 설명해야 한다.

㉤ "계약갱신요구권 행사 여부"는 임차인이 있는 경우 매도인(임대인)으로부터 계약갱신요구권 행사 여부에 관한 서류를 받으면 "확인"에 표시하여 해당 서류를 첨부하고, 서류를 받지 못한 경우 "미확인"에 표시하며, 임차인이 없는 경우에는 "해당 없음"에 표시한다. 이 경우 개업공인중개사는 임대인과 임차인의 권리·의무사항을 매수인에게 설명해야 한다.

⑦ **입지조건** : 도로, 대중교통, 주차장, 교육을 확인하여 체크한다.

⑧ **관리에 관한 사항**

> ㉠ 경비실 유무, 위탁관리 또는 자치관리인지, 그 밖의 유형인지를 체크하여야 한다.
> ㉡ 관리비는 직전 1년간 월평균 관리비 등을 기초로 산출한 총 금액을 적되, 관리비에 포함되는 비목들을 표시하고, 그 밖의 비목에 대해서는 표시한 후 비목 내역을 적습니다. 관리비 부과방식에 대해서도 체크해야 한다.

⑨ **비선호시설**(1km 이내) : 장례식장, 쓰레기 매립장 등의 유 · 무를 확인하여 체크한다.

⑩ **거래예정금액 등** : "개별공시지가(m²당)" 및 "건물(주택)공시가격", 취득시 부담할 조세의 종류 및 세율 : 중개가 완성되기 전의 것을 적는다. 단, 임대차는 "개별공시지가(m²당)" 및 "건물(주택)공시가격"을 생략, 취득시 부담할 조세의 종류 및 세율을 제외한다.

⑪ **실제권리관계 또는 공시되지 않은 물건의 권리사항** : 매도(임대)의뢰인이 고지한 사항(법정지상권, 유치권, 「주택임대차보호법」에 따른 임대차, 토지에 부착된 조각물 및 정원수, 계약 전 소유권 변동 여부 등)을 적는다.

⑫ **자료요구사항** : ⑪ 내부 · 외부 시설물의 상태(건축물), ⑫ 벽면 · 바닥면 및 도배 상태와 ⑬ 환경조건은 개업공인중개사가 매도(임대)의뢰인에게 자료를 요구하여 확인한 사항을 적는다.

⑫ **소방시설** : 아파트를 제외하고 단독경보형감지기의 유 · 무와 수량을 확인하여 기재한다.

⑬ **현장안내** : 현장안내자가 개업공인중개사,소속공인중개사.중개보조원인지를 체크하여야 한다. 중개보조원은 신분고지 여부도 체크하여야 한다.

OX 입지조건란에는 도로, 대중교통, 주차장, 교육시설을 확인 체크한다. (○)

OX 개업공인중개사는 ⑪ 내부 · 외부 시설물의 상태(건축물) ⑫ 벽면 · 바닥면 및 도배 상태와 ⑬ 환경조건은 매도(임대)의뢰인에게 자료를 요구하여 확인한 사항을 적는다. (○)

OX 개업공인중개사가 확인 · 설명해야 할 취득관련 조세에는 취득세, 지방교육세, 농어촌특별세 등이 있다. (○)

OX 소방시설은 아파트를 제외하고 단독경보형감지기의 유 · 무와 수량을 확인하여 기재한다. (○)

OX 중개보조원은 신분고지 여부도 체크하여야 한다. (○)

■ 공인중개사법 시행규칙 [별지 제20호의2 서식] 〈개정 2021. 12. 31.〉 (4쪽 중 제1쪽)

중개대상물 확인·설명서[Ⅱ] (비주거용 건축물)

([ ] 업무용 [ ] 상업용 [ ] 공업용 [ ] 매매·교환 [ ] 임대 [ ] 그 밖의 경우)

확인·설명 자료	확인·설명 근거자료 등	[ ] 등기권리증 [ ] 등기사항증명서 [ ] 토지대장 [ ] 건축물대장 [ ] 지적도 [ ] 임야도 [ ] 토지이용계획확인서 [ ] 그 밖의 자료( )
	대상물건의 상태에 관한 자료요구 사항	

유의사항	
개업공인중개사의 확인·설명 의무	개업공인중개사는 중개대상물에 관한 권리를 취득하려는 중개의뢰인에게 성실·정확하게 설명하고, 토지대장 등본, 등기사항증명서 등 설명의 근거자료를 제시해야 합니다.
실제 거래가격 신고	「부동산 거래신고 등에 관한 법률」 제3조 및 같은 법 시행령 별표 1 제1호 마목에 따른 실제 거래가격은 매수인이 매수한 부동산을 양도하는 경우 「소득세법」 제97조 제1항 및 제7항과 같은 법 시행령 제163조 제11항 제2호에 따라 취득 당시의 실제 거래가액으로 보아 양도차익이 계산될 수 있음을 유의하시기 바랍니다.

Ⅰ. 개업공인중개사 기본 확인사항

① 대상물건의 표시	토 지	소재지					
		면적(m²)			지 목	공부상 지목	
						실제이용 상태	
	건축물	전용면적(m²)				대지지분(m²)	
		준공년도 (증개축년도)			용 도	건축물대장상 용도	
						실제 용도	
		구 조			방 향		(기준:)
		내진설계 적용 여부			내진능력		
		건축물대장상 위반건축물 여부	[ ] 위반 [ ] 적법	위반내용			

② 권리관계	등기부 기재사항		소유권에 관한 사항		소유권 외의 권리사항	
			토 지		토 지	
			건축물		건축물	
	민간임대등록여부	등록	[ ] 장기일반민간임대주택 [ ] 공공지원민간임대주택 [ ] 그 밖의 유형( )			
			임대의무기간		임대개시일	
		미등록	[ ] 해당사항 없음			
	계약갱신 요구권 행사 여부		[ ] 확인(확인서류 첨부) [ ] 미확인 [ ] 해당 없음			

③ 토지이용계획, 공법상 이용제한 및 거래규제에 관한 사항 (토지)	지역·지구	용도지역				건폐율 상한	용적률 상한
		용도지구				%	%
		용도구역					
	도시·군계획시설		허가·신고 구역 여부	[ ] 토지거래허가구역			
			투기지역 여부	[ ] 토지투기지역 [ ] 주택투기지역 [ ] 투기과열지구			
	지구단위계획구역, 그 밖의 도시·군관리계획			그 밖의 이용제한 및 거래규제사항			

(4쪽 중 제2쪽)

④ 입지조건	도로와의 관계	(m × m)도로에 접함 [ ] 포장 [ ] 비포장		접근성	[ ] 용이함 [ ] 불편함	
	대중교통	버스	( ) 정류장,	소요시간 : ([ ] 도보 [ ] 차량) 약 분		
		지하철	( ) 역,	소요시간 : ([ ] 도보 [ ] 차량) 약 분		
	주차장	[ ] 없음 [ ] 전용주차시설 [ ] 공동주차시설 [ ] 그 밖의 주차시설 ( )				

⑤ 관리에 관한 사항	경비실	[ ] 있음 [ ] 없음	관리주체	[ ] 위탁관리 [ ] 자체관리 [ ] 그 밖의 유형

⑥ 거래예정금액 등	거래예정금액			
	개별공시지가(m²당)		건물(주택)공시가격	

⑦ 취득시 부담할 조세의 종류 및 세율	취득세	%	농어촌특별세	%	지방교육세	%
	※ 재산세와 종합부동산세는 6월 1일 기준 대상물건 소유자가 납세의무를 부담					

Ⅱ. 개업공인중개사 세부 확인사항

⑧ 실제 권리관계 또는 공시되지 않은 물건의 권리 사항

⑨ 내부·외부 시설물의 상태(건축물)	수 도	파손 여부	[ ] 없음 [ ] 있음(위치 :)		
		용수량	[ ] 정상 [ ] 부족함(위치 :)		
	전 기	공급상태	[ ] 정상 [ ] 교체 필요(교체할 부분 :)		
	가스(취사용)	공급방식	[ ] 도시가스 [ ] 그 밖의 방식( )		
	소 방	소화전	[ ] 없음 [ ] 있음(위치 :)		
		비상벨	[ ] 없음 [ ] 있음(위치 :)		
	난방방식 및 연료공급	공급방식	[ ] 중앙공급 [ ] 개별공급	시설작동	[ ] 정상 [ ] 수선 필요 ( ) ※ 개별공급인 경우 사용연한 ( ) [ ] 확인 불가
		종 류	[ ] 도시가스 [ ] 기름 [ ] 프로판가스 [ ] 연탄 [ ] 그 밖의 종류( )		
	승강기	[ ] 있음 ([ ] 양호 [ ] 불량) [ ] 없음			
	배 수	[ ] 정상 [ ] 수선 필요( )			
	그 밖의 시설물				

⑩ 벽면 및 바닥면	벽 면	균 열	[ ] 없음 [ ] 있음(위치 :)
		누 수	[ ] 없음 [ ] 있음(위치 :)
	바닥면	[ ] 깨끗함 [ ] 보통임 [ ] 수리 필요 (위치 :)	

Ⅲ. 중개보수 등에 관한 사항

⑪ 중개보수 및 실비의 금액과 산출내역	중개보수		<산출내역> 중개보수 : 실 비 :
	실 비		
	계		
	지급시기		

「공인중개사법」 제25조 제3항 및 제30조 제5항에 따라 거래당사자는 개업공인중개사로부터 위 중개대상물에 관한 확인·설명 및 손해배상책임의 보장에 관한 설명을 듣고, 같은 법 시행령 제21조 제3항에 따른 본 확인·설명서와 같은 법 시행령 제24조 제2항에 따른 손해배상책임 보장 증명서류(사본 또는 전자문서)를 수령합니다.

년   월   일

매도인 (임대인)	주 소		성 명	(서명 또는 날인)
	생년월일		전화번호	
매수인 (임차인)	주 소		성 명	(서명 또는 날인)
	생년월일		전화번호	
개업 공인중개사	등록번호		성명 (대표자)	(서명 및 날인)
	사무소 명칭		소속 공인중개사	(서명 및 날인)
	사무소 소재지		전화번호	
개업 공인중개사	등록번호		성명 (대표자)	(서명 및 날인)
	사무소 명칭		소속 공인중개사	(서명 및 날인)
	사무소 소재지		전화번호	

(4쪽 중 제4쪽)

작성방법(비주거용 건축물)

〈작성일반〉

1. "[ ]"있는 항목은 해당하는 "[ ]"안에 √로 표시합니다.
2. 세부항목 작성시 해당 내용을 작성란에 모두 작성할 수 없는 경우에는 별지로 작성하여 첨부하고, 해당란에는 "별지 참고"라고 적습니다.

〈세부항목〉

1. 「확인·설명자료」 항목의 "확인·설명 근거자료 등"에는 개업공인중개사가 확인·설명 과정에서 제시한 자료를 적으며, "대상물건의 상태에 관한 자료요구 사항"에는 매도(임대)의뢰인에게 요구한 사항 및 그 관련 자료의 제출 여부와 ⑧ 실제 권리관계 또는 공시되지 않은 물건의 권리 사항부터 ⑩ 벽면까지의 항목을 확인하기 위한 자료의 요구 및 그 불응 여부를 적습니다.
2. ① 대상물건의 표시부터 ⑦ 취득시 부담할 조세의 종류 및 세율까지는 개업공인중개사가 확인한 사항을 적어야 합니다.
3. ① 대상물건의 표시는 토지대장 및 건축물대장 등을 확인하여 적습니다.
4. ② 권리관계의 "등기부 기재사항"은 등기사항증명서를 확인하여 적습니다.
5. ② 권리관계의 "민간임대 등록 여부"는 대상물건이 「민간임대주택에 관한 특별법」에 따라 등록된 민간임대주택인지 여부를 같은 법 제60조에 따른 임대주택정보체계에 접속하여 확인하거나 임대인에게 확인하여 "[ ]"안에 √로 표시하고, 민간임대주택인 경우 「민간임대주택에 관한 특별법」에 따른 권리·의무사항을 임차인에게 설명해야 합니다.

> * 민간임대주택은 「민간임대주택에 관한 특별법」 제5조에 따른 임대사업자가 등록한 주택으로서, 임대인과 임차인 간 임대차 계약(재계약 포함)시 다음과 같은 사항이 적용됩니다.
> ① 같은 법 제44조에 따라 임대의무기간 중 임대료 증액청구는 5퍼센트의 범위에서 주거비 물가지수, 인근 지역의 임대료 변동률 등을 고려하여 같은 법 시행령으로 정하는 증액비율을 초과하여 청구할 수 없으며, 임대차계약 또는 임대료 증액이 있은 후 1년 이내에는 그 임대료를 증액할 수 없습니다.
> ② 같은 법 제45조에 따라 임대사업자는 임차인이 의무를 위반하거나 임대차를 계속하기 어려운 경우 등에 해당하지 않으면 임대의무기간 동안 임차인과의 계약을 해제·해지하거나 재계약을 거절할 수 없습니다.

6. ② 권리관계의 "계약갱신요구권 행사 여부"는 대상물건이 「주택임대차보호법」 및 「상가건물 임대차보호법」의 적용을 받는 임차인이 있는 경우 매도인(임대인)으로부터 계약갱신요구권 행사 여부에 관한 사항을 확인할 수 있는 서류를 받으면 "확인"에 √로 표시하여 해당 서류를 첨부하고, 서류를 받지 못한 경우 "미확인"에 √로 표시합니다. 이 경우 「주택임대차보호법」 및 「상가건물 임대차보호법」에 따른 임대인과 임차인의 권리·의무사항을 매수인에게 설명해야 합니다.
7. ③ 토지이용계획, 공법상 이용제한 및 거래규제에 관한 사항(토지)의 "건폐율 상한 및 용적률 상한"은 시·군의 조례에 따라 적고, "도시·군계획시설", "지구단위계획구역, 그 밖의 도시·군관리계획"은 개업공인중개사가 확인하여 적으며, "그 밖의 이용제한 및 거래규제사항"은 토지이용계획확인서의 내용을 확인하고, 공부에서 확인할 수 없는 사항은 부동산종합공부시스템 등에서 확인하여 적습니다(임대차의 경우에는 생략할 수 있습니다).
8. ⑥ 거래예정금액 등의 "거래예정금액"은 중개가 완성되기 전 거래예정금액을, "개별공시지가(m^2당)" 및 "건물(주택)공시가격"은 중개가 완성되기 전 공시된 공시지가 또는 공시가격을 적습니다[임대차의 경우에는 "개별공시지가(m^2당)" 및 "건물(주택)공시가격"을 생략할 수 있습니다].
9. ⑦ 취득시 부담할 조세의 종류 및 세율은 중개가 완성되기 전 「지방세법」의 내용을 확인하여 적습니다(임대차의 경우에는 제외합니다).
10. ⑧ 실제 권리관계 또는 공시되지 않은 물건의 권리 사항은 매도(임대)의뢰인이 고지한 사항(법정지상권, 유치권, 「상가건물 임대차보호법」에 따른 임대차, 토지에 부착된 조각물 및 정원수, 계약 전 소유권 변동 여부, 도로의 점용허가 여부 및 권리·의무 승계 대상 여부 등)을 적습니다. 「건축법 시행령」 별표 1 제2호에 따른 공동주택(기숙사는 제외합니다) 중 분양을 목적으로 건축되었으나 분양되지 않아 보존등기만 마쳐진 상태인 공동주택에 대해 임대차계약을 알선하는 경우에는 이를 임차인에게 설명해야 합니다.

※ 임대차계약의 경우 임대보증금, 월 단위의 차임액, 계약기간, 장기수선충당금의 처리 등을 확인하고, 근저당 등이 설정된 경우 채권최고액을 확인하여 적습니다. 그 밖에 경매 및 공매 등의 특이사항이 있는 경우 이를 확인하여 적습니다.

11. ⑨ 내부·외부 시설물의 상태(건축물) 및 ⑩ 벽면 및 바닥면은 중개대상물에 대하여 개업공인중개사가 매도(임대)의뢰인에게 자료를 요구하여 확인한 사항을 적고, ⑨ 내부·외부 시설물의 상태(건축물)의 "그 밖의 시설물"에는 건축물이 상업용인 경우에는 오수정화시설용량, 공업용인 경우에는 전기용량, 오수정화시설용량 및 용수시설의 내용에 대하여 개업공인중개사가 매도(임대)의뢰인에게 자료를 요구하여 확인한 사항을 적습니다.
12. ⑪ 중개보수 및 실비의 금액과 산출내역은 개업공인중개사와 중개의뢰인이 협의하여 결정한 금액을 적되 "중개보수"는 거래예정금액을 기준으로 계산하고, "산출내역(중개보수)"은 "거래예정금액(임대차의 경우에는 임대보증금 + 월 단위의 차임액 × 100) × 중개보수 요율"과 같이 적습니다. 다만, 임대차로서 거래예정금액이 5천만원 미만인 경우에는 "임대보증금 + 월 단위의 차임액 × 70"을 거래예정금액으로 합니다.
13. 공동중개시 참여한 개업공인중개사(소속공인중개사를 포함합니다)는 모두 서명·날인해야 하며, 2명을 넘는 경우에는 별지로 작성하여 첨부합니다.

≪ ⟨보충⟩ 비주거용 건축물 확인 · 설명서[∥] − 주요 내용

① **비주거용 건축물** : 업무용, 상업용, 공업용 건축물의 매매 · 교환, 임대차, 기타를 체크한다.

② **입지조건** : 주거용 건축물과 달리 교육, 판매 · 의료시설을 기재하지 않는다.

③ **비선호시설**(1km 이내) : 유무를 체크하지 않는다.

④ **세부 확인사항** : 도배와 환경조건인 일조 · 소음 · 진동을 체크하지 않는다.

⑤ **소방시설** : 소화전, 비상벨 유무를 체크한다.

⑥ **내부 · 외부시설물의 상태** : "그 밖의 시설물"에는 상업용은 오수 · 정화시설용량, 공업용은 전기용량, 오수정화시설용량, 용수시설 내용을 개업공인중개사가 매도(임대)의뢰인에게 자료를 요구하여 확인한 사항을 적는다.

⑦ **그 밖의 사항** : 주거용 건축물과 동일하게 구성되어 있다.

2 중개대상물 확인 · 설명서(4종) 비교 · 정리

구 분	주거용 건축물(주거용 오피스텔)	비주거용 건축물	토 지	입목/ 광업 · 공업재단
Ⅰ. 개업공인중개사 기본 확인사항(주거용 기준 : ①~⑨)				
확인 · 설명자료	등기권리증, 등기사항증명서, 토지대장, 건축물대장, 지적도, 임야도, 토지이용계획확인서, 기타			
	중개대상물 상태자료요구 사항 ⇨ 매도자가 불응시 기재			
1. 대상물건의 표시	• 토지 : 소재지, 면적, 공부상 지목, 실제 이용상태 • 건축물 : 건축물대장상 용도, 실제용도, 방향, 내진설계 적용 여부, 내진능력, 위반건축물 여부	좌 동	• 소재지, 면적, 지목 − ○ • 건축물 − ×	• 종별 • 소재지(등기 · 등록지)
	토지대장등본 및 건축물대장등본 등을 확인하여 기재한다.			
2. 권리관계	• 토지, 건축물의 등기부사항 : 甲 ⇨ 소유권, 乙 ⇨ 소유권 외 권리	좌 동	• 토지 − 권리관계(甲, 乙) • 건축물 − ×	• 권리관계(甲, 乙) • 건축물 − ×
			토지(×)	입목(×)
	• 등기부 기재사항은 등기사항증명서로 기재한다.			
3. 토지이용계획, 공법상 제한	• 지역, 지구, 구역 • 건폐율 및 용적률 상한 • 도시 · 군계획시설 • 허가 · 신고구역 여부(토지거래허가구역) • 투기지역 여부 − 토지투기지역, 주택투기지역, 투기과열지구 • 지구단위계획구역, 그 밖의 도시 · 군관리계획 • 그 밖의 이용제한 및 거래규제사항	좌 동	좌 동	토지이용계획(×) [단, 재단목록 또는 입목의 생육상태(○)]

• 건폐율 및 용적률 상한은 시 · 군 조례에 따라 기재한다.
• "도시 · 군계획시설", "지구단위계획구역, 그 밖의 도시 · 군관리계획"은 개업공인중개사가 확인하여 적으며, "그 밖의 이용제한 및 거래규제사항"은 토지이용계획확인서의 내용을 확인하고, 공부에서 확인할 수 없는 사항은 부동산종합공부시스템 등에서 확인하여 적는다(임대차의 경우에는 생략할 수 있다).

| 4. 임대차 확인사항 | 확정일자 부여현황 정보 · 국세 및 지방세 체납정보
전입세대 확인서 · 최우선변제금 | × | | |
| | • 민간임대 등록 여부: [ ] 장기일반민간임대주택, [ ] 공공
지원민간임대주택,
[ ] 단기민간임대주택, [ ] 해당 없음

• 계약갱신요구권 행사 여부:
[ ]확인(확인서류 첨부), [ ] 미확인
[ ] 해당 없음 | 좌 동 | × | × |

· • "민간임대 등록 여부"는 임대주택정보체계에 접속하여 확인하거나 임대인에게 확인하여 "[ ]" 안에 √하고, 권리·의무사항을 임차인에게 설명해야 한다. "계약갱신요구권 행사 여부"는 임차인이 있는 경우 매도인(임대인)으로부터 계약갱신요구권 행사 여부에 관한 사항을 확인할 수 있는 서류를 받으면 "확인"에 √로 표시하여 해당 서류를 첨부하고, 서류를 받지 못한 경우 "미확인"에 √로 표시하며, 임차인이 없는 경우에는 "해당 없음"에 √로 표시한다. 또한 개업공인중개사는 임대인과 임차인의 권리·의무사항을 매수인에게 설명해야 한다.

5.입지조건	도로, 대중교통, 주차장, 교육시설(도/대/주/교)	• 공통 – 도/대/주 • 차이 – 교육	• 공통 – 도/ 대 • 차이 – 주차장, 교육	×
6. 관리사항	경비실, 관리주체(위탁, 자체, 그 밖의)	좌 동	×	×
	관리비 금액 : 총( )원 · 관리비 포함 비목 · 관리비 부과방식	×	×	×
7. 비선호시설	장례식장 등 – 1km 이내(○)	×	○	×

• 비선호시설(1km 이내)의 "종류 및 위치"는 대상물건으로부터 1km 이내에 사회통념상 기피 시설인 화장장·납골당·공동묘지·쓰레기처리장·쓰레기소각장·분뇨처리장·하수종말처리장 등의 시설이 있는 경우, 그 시설의 종류 및 위치를 적는다.

| 8. 거래예정금액 | 거래예정금액, 개별공시지가, 건물공시가격 | 좌 동 | 좌 동 | 좌 동 |

• "거래예정금액"은 중개가 완성되기 전 거래예정금액을, "개별공시지가(m^2당)" 및 "건물(주택)공시가격"은 중개가 완성되기 전 공시된 공시지가 또는 공시가격을 적는다.
• 임대차의 경우에는 "개별공시지가(m^2당)" 및 "건물(주택)공시가격"을 생략할 수 있다.

| 9. 취득조세 종류, 세율 | 취득세, 농어촌특별세, 지방교육세 | 좌 동 | 좌 동 | 좌 동 |

• 재산세와 종합부동산세는 6월 1일 기준 대상물건 소유자가 납세의무를 부담한다.
• 취득시 부담할 조세의 종류 및 세율은 중개가 완성되기 전 「지방세법」의 내용을 확인하여 적는다(임대차의 경우에는 제외).

Ⅱ. 개업공인중개사 세부 확인사항(주거용 기준: ⑨~⑫)

| 10. 실제권리관계
또는 미공시물건 | 유치권, 법정지상권, 임대차, 토지에 부착된 조각물, 정원수, 계약 전 소유권 변동 등 | 좌 동 | 좌 동 | 좌 동 |

• 실제권리관계 등에 관한 사항은 (유치권, 법정지상권, 임대차, 토지에 부착된 조각물 및 정원수, 계약 전 소유권 변동 여부 등) 매도(임대)의뢰인이 고지한 사항을 기재한다. 또한 공동주택(기숙사는 제외) 중 분양을 목적으로 건축되었으나 분양되지 않아 보존등기만 마쳐진 상태인 공동주택에 대해 임대차계약을 알선하는 경우 임차인에게 설명해야 한다.
• 임대차 계약의 경우 임대보증금, 월차임액, 계약기간, 장기수선충당금의 처리 등을 확인하여 기재한다.
• 경·공매 특이사항 기재한다.

11. 내·외부시설물 의 상태	수도, 전기, 가스, 소방(단독경보형 감지기), 난방방식 및 연료공급, 승강기, 배수, 그 밖의 시설물	좌동(○) (단, 소화전, 비상벨)	×	×
12.벽면·바닥면 및 도배 상태	벽면, 바닥면, 도배(○)	좌 동 [단, 도배(×)]	×	×
13. 환경조건	일조량, 소음, 진동(○)	×	×	×
14. 현장안내	현장안내자(개업공인중개사 등) 중개보조원(신분고지 여부)	×	×	

Ⅲ. 중개보수 등에 관한 사항

| 15. 중개보수, 실비 | 중개보수, 실비, 산출 내역, 지급시기(○) | 좌 동 | 좌 동 | 좌 동 |

〈핵심 내용〉
• 주거용 건축물 기준 ⇨ ⑪⑫⑬은 중개대상물에 대해 개업공인중개사가 매도(임대)의뢰인에게 자료를 요구하여 확인한 사항을 적는다.
• 입목광업·공장재단에 관한 서식 ⇨ 재단목록 또는 입목의 생육상태, 그 밖의 참고사항을 기재하여야 한다.
• 개업공인중개사의 기본 확인사항 ⇨ ① 대상물건표시 ~ ⑨ 취득부담 조세의 종류 및 세율
• 개업공인중개사의 세부 확인사항 ⇨ ⑩ 실제권리관계 ~ ⑭ 현장안내
• 4종 서식 공통 ⇨ 거래예정금액, 중개보수·실비, 취득부담조세, 실제권리관계 또는 미공시 물건 등
• 주거용 소방시설 ⇨ 단독경보형 감지기(아파트 제외) / 반면, 비주거용 소방시설 ⇨ 소화전, 비상벨을 체크한다.
• 공동중개시 참여한 개업공인중개사(소속공인중개사를 포함)는 모두 서명 및 날인해야 하며, 2명을 넘는 경우에는 별지로 작성하여 첨부한다.

개업공인중개사의 윤리와 경영 및 중개활동

01 중개활동

01 AIDA 원리

AIDA 원리란 주목(Attention), 흥미(Interesting), 욕망(Desire), 행동(Action)의 머리글자를 딴 것이며, 사람이 어떤 물건을 구입하기까지의 심리적 발전단계를 표현한 것이다.

1. 주목(Attention)

개업공인중개사가 광고를 통하여 중개대상물에 주목하도록 유도하고 방문고객에게는 중개대상물의 특징과 개요를 설명함으로써 주목을 끄는 단계이다.

2. 흥미(Interesting)

개업공인중개사는 중개대상물의 특징과 장점을 구체적으로 설명함으로써 고객의 불안감을 해소시키고 흥미를 갖도록 하는 단계이다.

3. 욕망단계(Desire)

고객이 중개대상물의 어떤 점에 관심을 갖고 있는 지를 파악하여 그 점을 집중적으로 부각시켜 구입욕망을 촉구하는 단계이다. 고개의 반응이 긍정적이면 욕망단계에서도 클로우징(Closing)을 시도할 수 있다.

4. 행동단계(Action)

본격적으로 클로우징(Closing)을 시도하는 단계로 개업공인중개사는 고객이 결심을 하도록 모든 자료를 제시하고 설득하여 거래계약을 체결하도록 한다.

02 판매과정

1 고객 및 중개대상물의 확보방법

(1) 직접확보방법

① **광고**: 부동산광고의 종류에는 노벨티(Novelty)광고, 점두(店頭)광고, D·M광고, 출판물, 신문, 라디오, TV광고, 교통수단, 인터넷광고 등이 있다.

② 호별 방문 또는 전화상담

③ 사교활동·관혼상제 등 적극 참석

※ 부동산광고의 매체별 종류 및 특징

(2) 간접확보방법

개업공인중개사와 고객 사이에 유력한 제3자를 개입 또는 거래정보망 이용 등

2 부동산의 셀링포인트(Selling Point − 판매소구점)

> 부동산의 여러 특징 중 구매자가 만족하는 특징
> ① **기술적 측면의 셀링포인트**: 신공법, 신소재, 동선 등
> ② **경제적 측면의 셀링포인트**: 수익률, 경기순환, 온천발견 등
> ③ **법률적 측면의 셀링포인트**: 법률상 하자 유무, 공법상 이용제한 및 거래규제 등
> ④ **사회·문화 측면의 셀링포인트**: 편의시설, 학군, 복지시설 등

Chapter 04

거래계약 체결 및 계약서 작성과 전자계약 시스템

OX 피한정후견인과 계약을 체결하고자 하는 때에는 법정대리인의 동의 확인 또는 그의 법정대리인과 계약을 체결하여야 한다. (○)

OX 개업공인중개사는 선량한 관리자의 주의로써 매도자가 진정한 권리자인지를 등기사항증명서와 주민등록증 등을 확인하여야 한다. (○)

OX 대리인에게 본인의 인감증명서를 첨부한 위임장과 등기필증 등 대리권의 존부를 확인한다. (○)

OX 부부라 하더라도 부동산의 처분행위에는 대리권을 증명하는 서면을 확인하여야 한다. (○)

OX 의사무능력자의 법률행위는 무효가 되고, 제한능력자의 법률행위는 취소할 수 있다. (○)

OX 법정대리인은 가족관계등록부 등으로 확인한다. (○)

OX 개업공인중개사는 후견인이 대리권을 행사하는 경우에는 후견감독인의 동의 여부를 항상 확인하여야 한다. (○)

---

01 거래계약체결

1 계약체결 전에 확인할 사항

① 개업공인중개사는 거래계약서를 작성하기 전에 매도의뢰인이 진정한 권리자인지를 선량한 관리자의 주의로써 **등기부등본 · 매도인의 등기필증, 주민등록증** 등을 대조하여 확인하여야 한다.

② **대리권자 확인**
  ㉠ 임의대리인 : 본인의 인감증명서 첨부된 위임장(대리권 수여사실을 입증)을 확인하고, 계약단계에서는 등기필증을 제시하도록 요구하여 확인하여야 한다.
  ㉡ 법정대리인 : 가족관계증명서, 후견등기사항증명서 등으로 확인한다.
  ㉢ 부부 일방거래 : 부부라 하더라도 부동산의 매도는 일상가사대리 권한을 벗어나는 경우이므로 남편의 부동산을 부인이 매도의뢰한 경우에는 대리권 존부를 반드시 확인하여야 한다.

> **판례**
>
> 매매계약을 체결할 대리권을 수여받은 대리인은 특별한 사정이 없는 한 그 매매계약에서 약정한 바에 따라 **중도금이나 잔금을 수령할 권한**도 있다.

③ 개업공인중개사는 미성년자나 피한정후견인과 계약을 체결하고자 할 때는 법정대리인과 직접 계약을 체결하든지, **법정대리인의 동의(위임장 + 인감증명서)확인 후 계약**을 체결하여야 한다.

④ 성년후견인은 피성년후견인에 대하여 법률행위에 대한 동의권이 없고 대리권 등만을 갖고 있기 때문에 개업공인중개사는 **법정대리인과 직접거래계약을 체결**하여야 한다.

⑤ 개업공인중개사는 특히 후견인이 대리권을 행사하여 거래의 당사자 지위에 놓이는 경우에는 **후견감독인(가정법원, 친족회) 동의 여부를 항상 확인**하여야 한다.

⑥ 개업공인중개사는 매도인인 법인의 법인격 유무, 법인의 대표자의 처분권 유무 등을 법인등기부등본을 통하여 조사하여야 한다. 또한 대표권의 제한사항은 **정관과 법인등기부등본을 통해 확인**하여야 한다.

⑦ 개업공인중개사는 공동상속재산의 거래를 중개하는 경우에는 가족관계증명서 등으로 진정 상속인 여부와 **상속인 전원의 동의(위임장 + 인감증명서) 유·무를 확인**하여야 한다.

⑧ **거래계약서상의 필요적 기재사항** ⇨ 〈**당.물.계.대.이.도.조.확.특**〉!

> ※ 특약(그 밖의 약정내용) - 임의규정은 당사자 간 특약이 가능하다.
> 예컨대, **매도인의 담보책임, 과실의 귀속, 위험부담, 주물과 종물, 약정해제권, 손해배상의 예정액 등**은 반드시 기재하여야 한다.

⑨ **처분능력의 확인**: 권리이전·취득의뢰인 모두 확인하여야 한다.

공동 소유	① 공유	공유자 중 1인은 자신의 지분 범위 내에서만 거래계약을 체결할 권한이 있으며, 공유부동산 전체(공유물)의 처분은 다른 공유자의 동의가 있어야 가능하다.
	② 합유	합유물 처분 또는 변경함에는 합유자 전원의 동의가 있어야 하며, 합유자는 전원의 동의 없이 합유물에 대한 지분을 처분하지 못한다(조합 소유 형태).
	③ 총유	총유재산(종중, 부락공동체, 교회 등)의 처분은 규약에 정하는 바가 있으면 이에 따라야 하고, 규약이 없으면 총회의 결의에 의하여야 한다. 또한, 지분이 없다.
분양권 중개		분양자의 진정한 소유권자 여부, 분양대금 납입현황 및 납입대금 내역 등에 관하여 확인해야 한다.

⑩ **과실상계**: 거래당사자가 상대방 확인을 소홀히 한 경우 일정부분 과실을 인정한다.

2 전자계약 시스템

(1) 건축물대장, 토지대장 같은 각종 부동산서류에 대해 자동조회가 가능하므로 발급을 최소화할 수 있다.

(2) 개업공인중개사는 별도로 거래계약서 및 확인·설명서 작성 및 서명 및 날인, 교부·보존의무가 없다. ⇨ **공인전자문서 센터에서 전자문서를 5년 보관한다.**

(3) 개업공인중개사는 **종이 계약서 및 중개대상물 확인·설명서, 인장이 필요 없다.**

(4) 개업공인중개사나 당사자의 본인확인절차(개인정보 암호화, 대리인 전자계약 불가)가 확실하고, 안전하게 이루어진다.

(5) 타임스탬프(시간, 날짜를 표시) 기술도입과 공인전자문서 센터에서 전자문서를 보관(5년)하므로 계약서 등 위조, 변조를 방지할 수 있다.

OX 매도인이 법인인 경우에는 그 법인의 법인격 유무, 대표자의 처분권 유무를 법인등기사항증명서를 통해 조사하여야 한다. (○)

OX 공유지분의 처분은 자유이나 공유물을 처분 또는 변경할 때에는 공유자 전원의 동의가 필요하다. (○)

OX 총유의 경우 총유자의 지분은 인정되지 않으며 총유물의 처분은 규약 또는 사원총회의 결의를 확인하여야 한다. (○)

OX 개업공인중개사는 전대차에 대하여 원임대인이 승낙이나 동의를 하였는지 여부와 전대차기간은 얼마나 보장될 수 있는지 등을 확인하여야 한다. (○)

OX 개업공인중개사는 별도로 거래계약서 및 확인·설명서 작성 및 서명 및 날인, 교부·보존의무가 없다. (○)

OX 개업공인중개사는 종이 계약서 및 중개대상물 확인·설명서, 인장이 필요 없다. (○)

(6) 거래당사자 간에 직거래시는 전자계약체결이 불가하고, 원칙적으로 **개업공인중개사만이 전자계약을 체결할 수 있다**(무자격, 무등록자의 불법한 중개활동을 방지 위하여)
   ⇨ 다만, 소속공인중개사는 전자계약시스템에 회원가입을 하고 공인인증서를 발급받아 전자계약을 체결할 수 있다.

(7) 공동중개로 전자계약을 체결하기 위해서는 모든 개업공인중개사가 전자계약시스템에 회원가입을 하고, 공인인증서를 발급받아 등록을 하여야 한다.

(8) 불법한 중개행위 차단, 즉, 다운계약서 작성이나 이중계약서 작성 등 탈법행위를 사전에 근절하는 효과가 있다.

(9) 매매계약의 경우에는 부동산거래신고와 계약이 해제된 경우에는 해제가 의제된다. 또한 임대차계약의 경우에 전자계약인증서로 부여신청하면 **확정일자가 부여**된다.

부동산 거래 관련 주요 제도

01 「부동산등기 특별조치법」상 검인제도

01 「부동산등기 특별조치법」상 계약서 검인제도

1 검인신청 대상

① **토지 · 건축물** – 입목, 광업재단, 공장재단 – ×
② **계약 원인** – 상속, 경매, 공용징수, 시효취득 – ×(단, 판결, 조서 – ○)
③ **소유권 취득** – 지상권, 지역권, 전세권, 임차권, 저당권. 가등기 등 – (×)

① 이전등기 신청시에 부동산 소재지의 관할 시장 · 군수 · 구청장의 **검인을 받은 계약** 서를 제출하여야 한다.
② **검인대상**: 교환, 증여, 공유물분할약정, 신탁해지약정
③ **부동산거래신고필증, 토지거래허가를 받은 경우 검인이 간주된다.**
④ 2개 이상의 시 · 군 · 구에 있는 수개의 부동산의 소유권이전을 내용으로 하는 계약을 체결한 경우 **그중 1개의 시 · 군 · 구 관할 시장 등**에게 검인을 신청할 수 있다.
⑤ 검인신청을 받은 경우 시장 · 군수 · 구청장은 계약서 또는 판결서 등의 **형식적 요건 의 구비 여부만을 확인**하고, 그 기재에 흠결이 없다고 인정한 때에는 **지체 없이** 검인 을 하여 검인신청인에게 교부하여야 한다.

2 검인신청자

① 계약을 체결한 당사자 중 1인이나 그 위임을 받은 자
② 계약서를 작성한 변호사나 법무사 개업공인중개사가 신청할 수 있다.

주의 개업공인중개사는 검인을 신청할 의무는 없다.

OX 부동산의 소유권이전 을 내용으로 하는 매매 등 쌍 무계약의 경우에는 반대급부 의 이행이 완료된 날로부터 60일 이내에 소유권이전등기 를 신청하여야 한다. (○)

OX 소유권보존등기를 신 청할 수 있음에도 이를 하지 아니한 채 계약을 체결한 경 우에는 그 계약을 체결한 날 부터 60일 이내에 소유권보 존등기를 신청하여야 한다. (○)

OX 토지나 건축물에 대 한 매매 · 교환 · 증여, 명의 신탁해지약정 · 공유물분할 계약도 검인대상이다. (○)

OX 「국토의 계획 및 이 용에 관한 법률」상 토지거래 허가를 받은 경우, 「부동산 거래신고 등에 관한 법률」상 부동산거래신고를 한 경우에 는 검인이 의제된다. (○)

OX 개업공인중개사는 중 개의뢰인의 요청이 있더라도 검인신청을 해 주어야 할 법 률상 의무는 없다. (○)

3 필요적 기재사항 ⇨ 〈당.목.계.대.중.조〉

① 당사자
② 목적부동산
③ 계약 년 월 일
④ 대금 및 그 지급일자 등 지급에 관한 사항 또는 평가액 및 그 차액의 정산방법에 관한 사항
⑤ 개업공인중개사가 있을 때에는 개업공인중개사
⑥ 계약의 조건이나 기한이 있을 때에는 그 조건 또는 기한

4 검인기관

부동산의 소재지를 관할하는 시장·군수·구청장 또는 그 권한의 위임을 받은 자이다. 시·군·구청장으로부터 검인의 권한을 위임받을 수 있는 자는 읍·면·동장으로 한다.

⇨ 권한을 위임한 때에는 지체 없이 관할 등기소장에게 그 뜻을 통지하여야 한다. 부동산 소재지를 관할하는 시·군·구의 장 또는 권한위임을 받은 자(읍, 면, 동장)

5 검인신청에 대한 특례(전매시 검인제도)

부동산의 소유권을 이전받을 것을 내용으로 계약을 체결한 자는 그 부동산에 대하여 다시 제3자와 소유권이전을 내용으로 하는 계약이나 제3자에게 계약당사자의 지위를 이전하는 계약을 체결하고자 할 때에는 **먼저 체결된 계약의 계약서에 검인을 받아야 한다.**

⇨ 미등기전매, 중간생략 등기 방지를 목적으로 한다.

┌ 판례 ┐

① 「**부동산등기 특별조치법**」상 조세포탈과 부동산투기 등을 방지하기 위한 등기를 하지 아니하고, 제3자에게 전매하는 행위를 일정 목적범위 내에서 형사처벌 하도록 되어 있으나 이로써 순차매도한 당사자 사이의 중간생략등기 합의에 관한 **사법상 효력까지 무효로 한다는 취지는 아니다.**

② 중간생략등기의 합의하에 최종 매수인과 최초 매도인을 당사자로 하는 **토지거래허가를 받아** 최초 매도인으로부터 최종 매수인 앞으로 경료된 **소유권이전등기는 무효이다.**

※ 각 매매계약의 당사자는 각각의 매매계약에 관하여 토지거래허가를 받아야 한다.

6 제 재

① **전매시의 검인신청 의무 위반**: 1년 이하의 징역 또는 3천만원 이하의 벌금
② **등기원인 허위기재 등의 금지**: 소유권이전등기 신청서에 등기원인을 허위로 기재하여 신청하거나 소유권이전등기 외의 등기를 신청한 자는 3년 이하의 징역 또는 1억원 이하의 벌금이다.

---

02 「부동산 실권리자명의 등기에 관한 법률」

누구든지 부동산에 관한 물권을 명의신탁약정에 의하여 명의수탁자명의로 등기하여서는 아니된다.

1 「부동산실명법」의 핵심 내용

① 부동산에 관한 **소유권 기타 물권(가등기 포함)** ※ 채권은 적용되지 않는다.
② **명의신탁약정(위임, 위탁매매, 추인)은 무효**이다.
③ 명의신탁약정에 따른 물권변동은 무효이다. 즉, 수탁자명의의 등기 무효.
  ※ 단, 계약명의신탁 + 매도인이 선의 ⇨ 유효이다.
④ 명의신탁자는 명의신탁약정 및 물권변동의 무효를 가지고 제3자에게 대항하지 못한다.
  ※ 따라서, 수탁자와 거래한 **제3자는 선의 또는 악의와 관계없이** 부동산에 관한 소유권 기타 물권을 취득한다.

판례

제3자는 명의신탁의 사실에 대한 **선의·악의를 불문**하고 완전히 유효하게 소유권 등 물권을 취득한다. 다만 명의수탁자로부터 신탁재산을 매수한 제3자가 명의수탁자의 배임행위에 **적극 가담한 경우**에는 명의수탁자와 제3자 사이의 계약은 반사회적 법률행위로서 **무효가 된다.**

OX 누구든지 부동산에 관한 물권(소유권, 지상권, 전세권, 저당권 등)을 명의신탁약정에 의하여 명의수탁자의 명의로 등기하여서는 아니 된다.
(○)

② 명의신탁으로 보지 않는 경우(제외) ⇨ 〈신.양.상.가〉!

① 양도담보·가등기담보: 채무의 변제를 담보하기 위하여 채권자가 부동산에 관한 물권을 이전받거나 가등기하는 경우이다.
② 상호명의신탁: 부동산의 위치와 면적을 특정하여 2인 이상이 구분소유하기로 하는 약정을 하고 그 구분소유자의 공유로 등기하는 경우이다.
③ 「신탁법」 또는 「자본시장과 금융투자업」에 관한 법률 의한 **신탁재산**인 사실을 등기한 경우

OX 부동산의 위치와 면적을 특정하여 2인 이상이 구분소유하기로 약정하고 공유로 등기하는 상호명의신탁은 명의신탁약정에서 제외된다.
(○)

③ 종중 및 배우자, 종교에 대한 특례(유효한 명의신탁) ⇨ 〈종.종.배〉!

① 종중이 보유한 부동산에 관한 물권을 종중(종중과 그 대표자를 같이 표시하여 등기한 경우 포함) 외의 자의 명의로 등기한 경우
② 배우자 명의로 부동산에 관한 물권을 등기한 경우
③ 종교단체의 명의로 그 산하 조직이 보유한 부동산에 관한 물권을 등기한 경우

종중이 보유한 부동산을 타인 명의로 등기한 경우, 종교단체의 명의등기, 배우자(사실혼배우자 ×) 명의로 부동산에 관한 물권을 등기한 경우에 **조세포탈, 강제집행의 면탈 또는 법령상 제한의 회피를 목적으로 하지 아니하는 경우**에는 명의신탁약정·명의수탁자로서의 등기이전은 유효하고, 과징금, 이행강제금, 벌칙 등의 규정은 적용되지 않는다.

OX 배우자 명의로 등기한 경우, 조세포탈·강제집행의 면탈 등을 목적으로 하지 아니하는 경우에는 명의신탁약정 및 명의수탁자로서의 등기이전은 유효하다. (○)

④ 실권리자 명의등기의무

누구든지 부동산에 관한 물권(소유권, 지상권, 전세권, 저당권 등)을 명의신탁약정에 의하여 명의수탁자의 명의로 등기하여서는 아니 된다. 다만, 채무의 변제를 담보하기 위하여 채권자가 부동산에 관한 물권을 이전 받는 경우에는 채무자·채권금액 및 채무변제를 위한 **담보라는 뜻이 기재된 서면**을 등기신청서와 함께 등기관에게 제출하여야 한다.

⑤ 명의신탁 유형별 법률 효과

(1) **2자 간 명의신탁**(이전형)

OX 명의신탁자와 명의수탁자 간의 명의신탁약정 및 소유권이전등기는 무효이고, 소유권은 명의신탁자에게 귀속된다. (○)

① 명의신탁자와 명의수탁자 사이에 **명의신탁약정은 무효**로 소유권은 명의신탁자에게 귀속된다. 따라서 명의수탁자 명의의 소유권이전등기 말소 청구가 가능하다.

② 신탁자는 수탁자를 상대로 **원인무효**를 이유로 그 등기의 말소를 구할 수 있으며, 나아가 **진정명의 회복을 원인**으로 한 이전등기를 구할 수도 있다.

③ 명의수탁자가 제3자에게 매각시 **횡령죄가 성립하지 않는다.**

> **판례**
>
> 양자 간 명의신탁의 경우 명의수탁자가 신탁받은 부동산을 임의로 처분하여도 명의신탁자에 대한 관계에서 횡령죄가 성립하지 아니한다.

④ 수탁자가 처분시에 **제3자는 선·악을 불문**하고 소유권을 취득한다. 다만, 제3자가 수탁자의 배신행위에 적극 가담한 경우에는 반사회적인 법률행위로 무효이다.

(2) 3자 간 등기명의신탁(중간생략명의신탁)

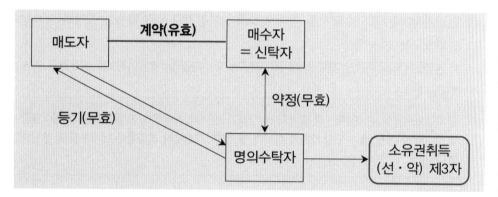

① 명의신탁자와 명의수탁자 사이에 **명의신탁약정 및 소유권이전등기는 무효**이다.

② 소유권은 매도인에게 복귀되므로 매도인은 소유권 방해배제청구권을 행사하여 수탁자에게 등기말소를 구할 수 있다.

③ 명의신탁자는 **매도자를 대위**(채권자 대위청구권)하여 명의수탁자 명의의 등기의 말소를 구하고, 매도인을 상대로 매매계약에 기한 소유권이전등기를 청구할 수 있다.

④ 명의신탁자는 명의수탁자를 상대로 **명의신탁해지를 원인**으로 하는 소유권이전등기는 청구할 수 없다.

⑤ 명의수탁자가 제3자에 매각시 **횡령죄 불성립**(판례)

⑥ 제3자는 선·악을 불문하고 소유권을 취득한다.

---

(3) 계약형 명의신탁(위임형)

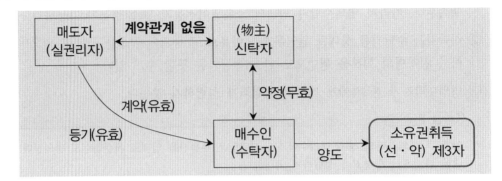

① 매도인이 **선의인 경우**에는 **수탁자는 유효하게 소유권을 취득한다.**
   ※ 선의 판단시기 : **계약체결시를 기준으로** 한다. 즉 등기신청시가 아니다.

② 매도인과 명의수탁자 사이의 매매계약은 유효이므로, 명의신탁자는 매도인에 대해 등기이전을 구하거나 기타 매매계약상의 권리를 행사할 수는 없다.

③ 명의신탁자는 명의수탁자를 상대로 소유권이전청구권을 행사는 불가하나 부당이득 반환청구는 가능하다.
   ※ 명의신탁자는 부동산 자체가 아니라 "**제공한 매수자금**"을 부당이득으로 반환청구 가능

> **판례**
>
> 명의신탁자가 입은 손해는 당해 부동산 자체가 아니라, 명의수탁자에게 **제공한 매수자금**이고, 명의수탁자는 당해 **부동산 자체가 아니라 명의신탁자로부터 제공받은 매수자금**을 부당이득하였다.

④ 명의수탁자가 제3자에 매각시 **횡령죄 불성립한다.**

⑤ **매도인이 악의인 경우**
   > ㉠ 매도인과 매수인 사이의 매매계약과 그에 따른 물권변동은 **무효이다.**
   > ㉡ 명의신탁자와 명의수탁자 간의 명의신탁약정은 항상 **무효이다.**

⑥ 제3자는 선·악을 불문하고 소유권 취득한다.
   ※ 단, 적극 가담행위는 반사회적 행위로 무효이다.

6 제 재

① **과징금** : 명의신탁자는 **부동산 가액의 100분의 30**에 해당하는 금액

② **이행강제금**
   ㉠ 과징금 부과일 부터 1년 경과 : 평가액 10% 해당하는 금액
   ㉡ 이행강제금 부과 후 다시 1년 경과 : 평가액 20% 해당하는 금액

③ 행정형벌

> ㉠ 명의신탁자, 장기미등기자, 양도담보사실 기재의무를 위반한 채권자(채무자를 허위로 기재한 실채무자) : 5년 이하의 징역 또는 2억원 이하의 벌금
> ㉡ 명의수탁자 : 3년 이하의 징역 또는 1억원 이하의 벌금

OX 명의신탁자는 부동산 가액의 100분의 30에 해당하는 금액의 과징금을 부과될 수 있다. (○)

7 관련 판례

> ① 계약명의신탁에 있어 명의신탁자가 명의수탁자에 대하여 가지는 매매대금 상당의 부당이득반환청구권에 기하여 **유치권을 행사할 수 없다.**
> ② 배우자 특례 : 명의신탁등기가 부동산실명법에 따라 무효가 된 후 신탁자와 수탁자가 혼인하여 그 등기명의자가 배우자로 된 경우에는 탈세, 강제집행의 면탈 또는 탈법 목적으로 하지 아니하는 한 특례를 적용하여 그 명의신탁등기는 당사자가 **혼인한 때로부터 유효하게 된다.**
> ③ 신탁받은 토지상에 수탁자가 건물 신축 후 신탁계약 해지 : 수탁자는 관습상 **법정지상권 취득**(×)
> ④ **수탁자 점유** – 타주점유
> ⑤ **말소등기 청구권 시효**(×)
> ⑥ 제3자에 대한 방해배제나 말소청구는 수탁자(○), **신탁자는 대위 청구**(○)
> ⑦ 소유자인 甲으로부터 부동산을 명의신탁해 달라는 부탁을 받은 피고인이 乙 몰래 乙 명의로 위 부동산에 관한 소유권이전등기를 경료한 경우 : '명의신탁약정'에 의하여 '명의수탁자'의 명의로 이루어진 등기가 아니므로 명의신탁약정금지 위반으로 볼 수 없다.

OX 과징금을 부과 받고도 자신의 명의로 등기하지 않은 경우 부과일로부터 1년 경과시 부동산평가액의 10%를 이행강제금으로 부과한다. (○)

OX 의무를 위반한 명의신탁자는 5년 이하의 징역 또는 2억원 이하의 벌금형에 해당된다. (○)

OX 신탁자가 수탁자에 대하여 가지는 매매대금 상당의 부당이득반환청구권에 기하여 유치권을 행사할 수 없다. (○)

03 「주택임대차보호법」 및 「상가건물 임대차보호법」

01 「주택임대차보호법」

1 「주택임대차보호법」의 성격

주택임대차는 적용대상이 주거용 건물이며, 유상·쌍무·낙성·불요식·계속적 계약의 성질을 갖는다. 또한 **「민법」의 특별법, 편면적 강행법규**에 해당한다.

OX 신탁 받은 토지상에 수탁자가 건물 신축 후 신탁계약 해지된 경우 수탁자는 관습상 법정지상권 취득할 수 없다. (○)

OX 단독주택에서 옥탑방을 주거용으로 임차하여 실제로 거주하고 있으면 이법의 적용을 받는다. (○)

2 적용범위

(1) 주거용 건물의 전부 또는 일부의 임대차에 관하여 이를 적용한다.

(2) 임차주택의 일부가 주거 외의 목적으로 사용되는 겸용 건물의 경우에도 적용된다.

(3) 주택의 등기하지 아니한 전세계약(미등기전세 · 채권적 전세)에 관하여 이를 준용한다.

    ∷참고ㅣ 미등기, 무허가, 법상 등록한 외국인, 전대차에 적용된다.

OX 주된 용도가 주거용이고 임차주택의 일부가 점포, 사무실, 창고 등 비주거용으로 사용되는 경우에도 이법이 적용된다. (○)

(4) **주거용 건물 판단기준**: 공적장부상 기준이 아니라 **실제 용도**에 따라 정해진다.

(5) 계약 당시에는 주거용 건물이 아니었으나 **임차인 무단으로** 주거용 건물로 개조한 것은 적용되지 않는다. 다만, **임대인의 동의**를 얻어서 개조한 것은 **그때부터** 주택으로 봐서 적용된다.

OX 계약 당시에는 주거용 건물이 아니었으나 임차인이 무단으로 주거용 건물로 개조한 것은 「주택임대차보호법」이 적용되지 않는다. (○)

(6) 원칙적으로 법인에는 적용되지 않는다. 다만, 다음 특수법인은 적용된다.

    ※ 부적용: 일시 사용을 위한 임대차임이 명백한 경우(공중접객업인 여관의 객실 및 내실), 법인, 임대차기간 중에 비주거용 건물의 일부를 무단으로 주거로 개조한 경우 등이다.

3 임대차 기간

(1) 기 간

① **임차인은 2년 미만**으로 정한 기간이 유효함을 주장할 수 있다.

② 임대차가 종료한 경우에도 임차인이 보증금을 받을 때까지는 임대차관계는 존속하는 것으로 본다.

OX 주거용 건물이면 허가나 등기 여부는 불문하고 적용되나 일시사용을 위한 임대차임이 명백한 경우에는 적용되지 않는다. (○)

③ 최단기간에 관한 규정은 있으나 **최장기간에 관한 규정은 없다**.

④ 임차권은 경매로 경락이 이루어진 경우에 소멸 된다. 다만, 보증금이 전액 변제되지 아니한 **대항력이 있는 임차권(최선순위)**은 그러하지 아니하다.

> ㉠ 민법상 임대차의 최단 존속기간에 관한 규정은 없다.
> ㉡ 민법상 임대차계약의 갱신 횟수를 제한하는 규정은 없다.
> ㉢ 임대차기간의 약정이 없는 때에는 당사자는 언제든지 계약해지의 통고를 할 수 있다. 계약해지의 효력 발생은 토지, 건물 기타 공작물에 대하여는 임대인이 해지를 통고한 경우에는 6개월, / 임차인이 해지를 통고한 경우에는 1개월의 기간이 경과하면 효력이 생긴다(제635조).

OX 임차인은 주택임대차계약기간을 2년 미만으로 정한 기간이 유효함을 주장할 수 있다. (○)

4 묵시갱신(법정)과 계약 갱신요구권

(1) 묵시갱신(법정)

1) 요 건

① **임대인**이 임대차기간 만료 **전 6개월부터 2개월까지**에 임차인에 대하여(갱신거절 또는 계약조건 변경 불수락시 갱신불가 통지를 하지 아니한 경우에는 **전 임대차와 동일한 조건**으로 다시 임대차한 것으로 본다.

② **임차인**이 임대차기간 **만료 2개월**까지 통지하지 아니한 때에도 또한 같다.

③ 법정 갱신이 된 경우에 임대차의 존속기간은 **2년으로 본다.**

④ **2기의 차임액**에 달하도록 차임을 연체하등 의무를 현저히 위반한 임차인에 대하여는 법정갱신이 인정되지 않는다.

2) 묵시적 갱신의 경우 계약의 해지

계약이 갱신된 경우 **임차인은 언제든지** 임대인에게 계약해지를 통지할 수 있다. 해지의 효력은 임대인이 그 통지를 받은 날부터 **3개월**이 지나면 그 효력이 발생한다.

(2) 계약 갱신요구권

1) 임차인의 계약갱신요구권

법정갱신에도 불구하고, 임대인은 **임차인이 임대차기간이 끝나기 6개월 전부터 2개월 전**까지 계약갱신을 요구할 경우 정당한 사유 없이 거절하지 못한다.
다만, 다음의 어느 하나에 해당하는 경우에는 그러하지 아니하다.

1. 임차인이 **2기의 차임액**에 해당하는 금액에 이르도록 차임을 연체한 사실이 있는 경우
2. 임차인이 거짓이나 그 밖의 **부정한 방법으로 임차**한 경우
3. 서로 합의하여 임대인이 임차인에게 **상당한 보상**을 제공한 경우
4. 임차인이 임대인의 동의 없이 목적 주택의 **전부 또는 일부를 전대(轉貸)**한 경우
5. 임차인이 임차한 주택의 전부 또는 일부를 **고의나 중대한 과실**로 파손한 경우
6. 임차한 주택의 전부 또는 일부가 멸실되어 임대차의 **목적을 달성하지 못할 경우**
7. 임대인이 다음의 어느 하나에 해당하는 사유로 목적 주택의 **전부 또는 대부분을 철거하거나 재건축**하기 위하여 목적 주택의 점유를 회복할 필요가 있는 경우
   가. 임대차계약 체결 당시 공사시기 및 소요기간 등을 포함한 철거 또는 재건축 계획을 임차인에게 구체적으로 고지하고 그 계획에 따르는 경우
   나. 건물이 노후·훼손 또는 일부 멸실되는 등 안전사고의 우려가 있는 경우
   다. 다른 법령에 따라 철거 또는 재건축이 이루어지는 경우
8. 임대인(**임대인의 직계존속·직계비속을 포함**)이 목적 주택에 실제 거주하려는 경우
9. 그 밖에 임차인이 임차인으로서의 의무를 현저히 위반하거나 임대차를 계속하기 어려운 **중대한 사유**가 있는 경우

2) 갱신요구권의 횟수 및 기간

임차인은 계약갱신요구권을 **1회에 한하여** 행사할 수 있다. 이 경우 갱신되는 임대차의 존속기간은 **2년으로 본다.**

3) 갱신요구권의 효과

① 갱신되는 임대차는 전 임대차와 **동일한 조건**으로 다시 계약된 것으로 본다.

② **당사자는** 약정한 차임이나 보증금이 임차주택에 관한 조세, 공과금, 그 밖의 부담의 증감이나 경제사정의 변동 등으로 장래에 대하여 그 증감을 청구할 수 있다

③ 증액청구는 약정한 차임이나 보증금의 **20분의 1(5%)**의 금액을 초과하지 못한다. 다만, 시·도는 관할 구역 내의 지역별 임대차 시장 여건 등을 고려하여 본문의 범위에서 증액청구의 상한을 조례로 달리 정할 수 있다.

④ 증액청구는 임대차계약 또는 증액이 있은 후 1년 이내에는 하지 못한다.

⑤ 임차인의 감액청구는 제한이 없다.

4) 갱신요구권 행사 후 계약해지

① 임차인은 **언제든지** 임대인에게 계약해지를 통지할 수 있다(주의: 임대인은 해지통지 불가).

② 임대인이 그 통지를 받은 날부터 **3개월**이 지나면 그 효력이 발생한다.

5) 임대인의 기망과 손해배상

① **임대인 및 직계존속·직계비속**이 목적 주택에 **실제 거주하려는(제1항 제8호)** 사유로 **갱신을 거절**하였음에도 불구하고, 갱신요구가 거절되지 아니하였더라면 갱신되었을 기간이 만료되기 전에 정당한 사유 없이 **제3자에게 목적 주택을 임대**한 경우 임대인은 갱신거절로 인하여 임차인이 입은 손해를 배상하여야 한다.

② 손해배상액은 거절 당시 당사자 간에 손해배상액의 예정에 관한 **합의**가 이루어지지 않는 한 다음의 금액 중 **큰 금액**으로 한다.

> ㉠ 갱신거절 당시 월차임(차임 외에 보증금이 있는 경우에는 그 보증금을 월 단위의 차임으로 전환한 금액. 즉, "**환산월차임**")의 3개월분에 해당하는 금액
> ㉡ 임대인이 제3자에게 임대하여 얻은 환산월차임과 갱신거절 당시 환산월차임 간 **차액의 2년분**에 해당하는 금액
> ㉢ 직계 존·비속의 거주 사유로 갱신거절로 인하여 **임차인이 입은 손해액**

5 임대인의 지위 승계

임차주택의 **양수인**(**수증자, 교환, 상속인, 권리를 취득한 경락인 등**)**은 임대인의 지위를 승계한** 것으로 본다. 따라서 임차인은 계약 종료시에 현재의 소유자에게 보증금의 반환 등 권리·의무를 진다.

6 대항력(주택의 인도 + 전입신고)

대항력이란 임차주택이 타인에게 양도되거나 경락되더라도 새로운 소유자에게 임대기간이 종료될 때까지 거주 및 임대보증금 전액을 반환받을 수 있는 권리를 말한다.

① 임차인이 등기가 없는 경우에도 주택의 인도와 주민등록을 마친 그 **익일 0시부터** 제3자에 대하여 효력이 생긴다.

　∷ 참고┃민법(제621조) : 당사자 간에 반대 특약이 없으면 임대인에게 등기협력청구권이 있다.
　　　　⇨ 등기가 된 경우에 임차권등기명령에 따른 등기와 동일한 효력이 있다.

② 임대주택의 양도 기타 후순위권리자에 의한 권리 실행이 있는 경우에는 존속기간의 보장을 받는다.

③ 대항력을 인정받기 위한 점유와 주민등록은 **취득요건 및 존속요건**(**배당요구 종기까지**)이다.

④ 임차인 과실로 지번을 틀리게 전입신고한 때에는 지번을 **정정한 때부터** 대항력이 인정된다. 단, 공무원의 착오인 경우는 그렇지 않다.

⑤ **공동주택**(아파트, 다세대주택 등)의 경우 동·호수를 표시하지 아니하고 **지번만 표시**하여 전입신고를 하였다면 대항력을 갖지 못한다.

⑥ 주민등록이라는 대항요건은 임차인 본인뿐만 아니라 그 **배우자나 자녀 등 가족의 주민등록을 포함한다.** 주택임차인이 그 가족의 주민등록을 그대로 둔 채 임차인만 주민등록을 일시 다른 곳으로 옮긴 경우라면, 임대차의 제3자에 대한 대항력을 상실하지 아니한다.

⑦ 가압류등기가 된 주택을 임차하여 입주한 후 주민등록을 마친 경우에는 그 강제경매 절차에서 임차인은 대항할 수 없다.

⑧ 주택임차인이 임차주택을 임대인의 동의를 얻어 전대하여 그 **전차인이** 주택을 인도받아 자신의 명의로 주민등록을 마친 경우 그때부터 임차인은 제3자에 대하여 대항력을 취득한다.

⑨ 매매계약과 동시에 임대차계약을 체결한 경우는 **소유권이전등기 경료한 다음 날**에 대항력이 발생한다.

⑩ 기존 채권을 우선변제 받을 목적으로 채권을 임대차보증금으로 하기로 하고 주택의 인도와 주민등록을 마친 경우 **실제로 주택을 사용·수익할 목적을 갖지 아니한 때에는 대항력이 인정되지 않는다.**

⑪ 전세권설정등기가 선순위의 근저당권 실행에 따른 경락으로 인하여 말소된다 하더라도 그 때문에 전세권설정등기 전에 건물소유자와 전세계약을 맺고 주민등록을 함으로써 확보된 「주택임대차보호법」상의 대항력마저 상실하게 되는 것은 아니다.

7 최우선변제권(소액보증금)

① 요건 : 경매신청의 등기 전에 대항요건 + 소액보증금

지역 구분	소액임차보증금	최우선변제금액 한도
서울특별시	1억 6천5백만원 이하	5천5백만원까지
과밀억제권역(서울특별시 제외), 세종특별자치시, 용인시, 화성시 및 김포시	1억 4천5백만원 이하	4천8백만원까지
광역시(과밀억제권역과 군 지역은 제외), 안산시, 광주시, 파주시, 이천시 및 평택시	8천 5백만원 이하	2천8백만원까지
그 밖의 지역	7천 5백만원 이하	2천5백만원까지

※ 주의 : 확정일자는 최우선변제를 받기 위한 요건에 해당하지 않는다.

② 임차인의 보증금 중 일정액을 주택가액(대지의 가액을 포함)의 **2분의 1**에 해당하는 금액까지만 최우선변제권 인정(주택가액의 2분의 1을 초과하는 경우에는 각 임차인의 보증금 중 일정액의 비율로 안분배당한다).

③ 최우선변제를 받기 위해서는 배당요구의 종기까지 **배당요구**를 하여야 한다.

④ 소액임차인으로서 임대차계약을 체결하더라도 **종전 규정에 의할 경우** 선순위 저당권자와의 관계에서 소액임차인에 해당하지 않을 수 있다.

⑤ 점포 및 사무실로 사용되던 건물에 **근저당권이 설정된 후** 그 건물이 **주거용 건물로 용도 변경**되어 이를 임차한 소액임차인도 특별한 사정이 없는 한 근저당권자보다 우선하여 변제받을 권리가 있다.

⑥ 처음 임대차계약을 체결할 당시에는 **보증금 초과**로 소액임차인에 해당하지 않았지만, 그 후 새로운 임대차계약에 의하여 정당하게 보증금을 **감액한 경우**에도 소액임차인으로 보호받을 수 있다.

⑦ 나대지에 **저당권이 설정된 후 지상에 건물이 신축**된 경우 건물의 소액임차인은 그 저당권 실행에 따른 **대지의 환가대금**에 대하여 우선변제를 **받을 수 없다.**

8 **우선변제권**(대항요건 + 확정일자)

(1) **확정일자**

주택임차인이 대항요건과 계약서상의 확정일자를 갖춘 경우에 경매 또는 공매시 임차주택(대지 포함)의 환가대금에서 후순위 권리자 기타 채권자보다 우선하여 보증금을 변제받을 권리가 있다.

① 부여장소는 주택소재지의 읍, 면, 동 주민센터, 또는 시, 군, 구의 출장소, 지방법원 및 지원과 등기소 또는 공증인이 부여한다.

② 확정일자를 받아도 물권이 되는 것은 아니므로 임차인에게 임의경매신청권이 인정되지 않는다.

③ 확정일자를 갖춘 임차인은 당해 임차보증금 전액에 대해 후순위권리자 기타 채권자보다 우선하여 변제를 받을 수 있다.

④ 확정일자부 임차인이 우선변제권을 행사하기 위해서는 **경매기입등기 전**에 확정일자를 반드시 갖추어야 하는 것은 **아니다**.

(2) **효력발생시기**

대항요건(선) + 확정일자(후) = 당일효력 / 확정일자(선) + 대항요건(후) = 익일

> ㉠ 대항요건(5월 1일) + 확정일자(6월 1일) = 당일효력(6월 1일 발생),
> ㉡ 확정일자(5월 1일) + 대항요건(6월 1일) = 익일부터(6월 2일) 우선변제권이 발생
> ※ 예 주택임차인의 전입신고와 같은 날짜에 저당권설정등기가 이루어졌다면 해당 주택의 경매가 실행될 때 임차인은 경락인에게 대항할 수 없다.

① 확정일자를 받아도 물권이 되는 것은 아니므로 임차인에게 **임의경매신청권**이 인정되지 않는다.

② 임대차계약서가 진정하게 작성된 이상 임대차계약서에 아파트의 명칭과 그 전유 부분의 동·호수의 **기재가 누락 된 경우라도** 그 확정일자에 의한 우선변제권은 인정된다.

③ 당해 임대차계약이 통정허위표시에 의한 계약이라면 무효이다.

④ 임차인이 임대인의 지위승계를 원하지 않는 경우에는 임차인이 임차주택의 양도사실을 안 때로부터 **상당한 기간 내에 이의를 제기함**으로써 승계되는 임대차관계의 구속으로부터 벗어날 수 있다.
⇨ 이때는 양도인의 임차인에 대한 보증금 반환채무는 소멸하지 않는다.

⑤ 채무자가 채무초과상태에서 채무자 소유의 유일한 주택에 대하여 임차권(최우선변제권)을 설정해 준 행위는 채무자의 총재산의 감소를 초래하는 행위가 되는 것이고, 따라서 그 임차권설정행위는 **사해행위취소의 대상**이 된다고 할 것이다.

OX 우선변제권의 요건으로는 대항요건과 확정일자를 받아야 한다. (O)

OX 우선변제는 경·매시 임차주택(대지포함)의 환가대금에서 후순위 권리자 기타 채권자보다 우선하여 보증금을 변제받을 권리가 있다. (O)

OX 임차인의 보증금반환채권이 가압류된 상태에서 임대주택이 양도되었다면 양수인이 제3채무자의 지위를 승계한다. (O)

OX 확정일자 임차인은 후순위 권리자 기타 채권자보다 보증금 전액에 대해 우선변제권이 있다. (O)

OX 배당요구종기까지 배당신청을 하여야 한다. (O)

OX 임차인이 대항요건을 마친 당일 또는 그 이전에 확정일자를 갖춘 경우 우선변제권은 대항요건을 마친 다음 날을 기준으로 발생한다. (O)

OX 외국인 또는 외국 국적 동포가 외국인 등록이나 체류지 변경신고 또는 국내 거소신고 등을 한 경우 이 법상의 주민등록과 동일한 효력이 있다. (O)

⑥ 주택의 임대차에 **이해관계가 있는 자**는 확정일자부여기관에 해당 주택의 확정일자 부여일, 차임 및 보증금 등 정보의 제공을 요청할 수 있으며, **임대차계약을 체결하려는 자는 임대인의 동의를 받아** 확정일자부여기관에 정보제공을 요청할 수 있다. 이때 확정일자부여기관은 정당한 사유 없이 이를 거부할 수 없다.

⑦ **임대인의 정보제시 의무**: 임대차계약을 체결할 때 임대인은 임차인에게 다음 사항을 제시하여야 한다. ⇨ 상임법 규정(×)

> 1. **선순위임차인 정보제공의무**
>   해당 주택의 확정일자 부여일, 차임 및 보증금등 정보 ⇨ 제시의무
>   다만, 임대인이 임대차계약을 체결하기 전에 동의함으로써 갈음할 수 있다.
>
> 2. **납세증명서 제시의무**
>   국세징수법상 납세증명서 및 지방세징수법상 납세증명서 ⇨ 제시의무
>   다만, 임대인이 임대차계약을 체결하기 전에 열람에 동의함으로써 갈음 가능

⑧ 임차인은 임차주택을 **양수인에게 인도**하지 않으면 보증금을 수령할 수 없다.
⇨ 즉, 임차인이 경매절차에서 배당금을 수령하기 위해서는 **주택을 경락인에게 먼저 인도하여야 한다.**

⑨ **원칙적으로** 우선변제권 있는 임차인이라도 경매절차에서 배당요구의 종기까지 **배당요구**를 해야 한다. **다만,**

> ㉠ **임차권등기가 첫 경매개시결정등기 전에 등기된 경우에는 배당신청 아니해도 된다.**
> ㉡ 대항력과 우선변제권을 모두 가지고 있는 **임차인이 보증금을 반환받기 위하여 스스로 강제경매를 신청하였다면** 별도로 배당요구를 하여야 하는 것은 아니다.

⑩ 임차인으로부터 임차권과 분리하여 임차보증금반환채권만을 양수한 **채권양수인**은 우선변제권을 행사할 수 있는 임차인에 해당한다고 볼 수 없다.
⇨ 단, 일반채권자로 배당은 받을 수 있다.

⑪ 주택임차인이 그 지위를 강화하고자 별도로 전세권설정등기를 마쳤다 하더라도 주택임차인이 대항요건을 상실하면 **이미 취득한 「주택임대차보호법」상의 대항력 및 우선변제권**을 상실한다.

⑫ 임차인이 보증금반환청구소송을 통한 확정판결 기타 이에 준하는 채무명의에 기해 강제경매를 신청하는 경우 **반대채무의 이행 또는 이행의 제공을 집행개시요건으로 하지 않는다.**

⑬ **대항력과 우선변제권을 겸유하고 있는 임차인**이 우선변제권을 행사하여 경매절차에서 배당요구를 하였으나 보증금전액을 배당받지 못한 때에는 그 잔액을 반환받을 때까지 매수인에게 임대차관계의 존속을 주장할 수 있다.

9 보증금 또는 차임 증액제한(존속기간 중)

① 약정한 차임 또는 보증금이 조세, 공과금 기타 부담의 증감 등으로 상당하지 아니한 경우 당사자는 장래에 대하여 그 증감을 청구할 수 있다.

② **차임 또는 보증금의 증액청구**는 약정한 차임 등의 **20분의 1**의 금액을 초과하지 못한다. 증액청구는 **임대차계약 또는 약정한 차임 등의 증액이 있은 후** 1년 이내에는 하지 못한다.

③ 시·도의 조례에 따라 증액청구 상한이 달라질 수 있다.

④ 증액제한은 묵시의 갱신이나 계약갱신요구권에 따른 계약에는 적용되나 다만, 임대차계약이 종료된 후 **재계약을 하는** 경우에는 적용되지 않는다.

⑤ **임차인의 감액청구**에는 감액의 상한과 청구의 횟수 제한규정도 없다.

10 주택의 임차권의 승계

① 상속권자가 없는 경우 : 가정공동생활을 하던 사실상 혼인관계에 있는 자가 임차인의 권리·의무를 승계

② 상속권자가 있는 경우 : 상속인이 가정공동생활을 하고 있는 때에는 상속인이 권리·의무를 승계 ⇨ 즉, 임차권 상속됨

③ 상속권자가 있는 경우 : 상속인이 가정공동생활을 하고 있지 아니한 때에는 사실상의 혼인 관계에 있는 자와 **2촌 이내의 친족이 공동**으로 임차인의 권리·의무를 승계

④ 승계포기 : 임차인의 사망 후 **1개월 이내**에 임대인에 대하여 반대의사를 표시하여야 함

11 임차권등기명령 제

① 임대차가 종료된 후에 **보증금(전부 또는 일부)을 반환받지 못한** 임차인 임차주택의 소재지를 관할하는 지방법원·지방법원지원 또는 시·군 법원에 신청한다.

② 임대인에게 임차권등기명령이 **송달되기 전에도** 임차권등기명령을 집행할 수 있다.

③ 임차권등기가 경료되면 임차인은 **대항력 및 우선변제권을 취득한다.**
  ⇨ 대항력 또는 우선변제권은 그대로 유지되며, 임차권등기 이후에는 대항요건을 상실하더라도 대항력 또는 우선변제권을 상실하지 아니한다.

④ 임차권등기가 경료된 주택(임대차가 주택의 일부분인 경우에는 해당부분에 한함)을 그 이후에 임차한 소액임차인의 **최우선변제권은 인정되지 않으나,** 확정일자에 의한 우선변제권은 인정이 된다.

⑤ 임차인은 임차권등기명령의 신청 및 그에 따른 임차권등기와 관련하여 소요된 **비용을 임대인에게 청구할 수 있다.**

⑥ 배당요구하지 않아도 배당 받을 수 있다.

⑦ 임대보증금반환의무와 임차권등기말소는 동시이행관계가 아니다. 즉, **보증금반환이 선이행의무다.**

OX 임차권등기가 경료된 주택(임대차가 주택의 일부분인 경우에는 해당부분에 한함)을 그 이후에 임차한 소액임차인의 최우선변제권은 인정되지 않는다. (○)

12 월차임 전환시 산정률의 제한

보증금의 전부 또는 일부를 월 단위의 차임으로 전환하는 경우에는 그 전환되는 금액에 다음 각호 중 낮은 비율을 곱한 월차임의 범위를 초과할 수 없다(법 제7조의2).

① 「은행법」에 따른 은행에서 적용하는 대출금리와 해당 지역의 경제 여건 등을 고려하여 대통령령으로 정하는 비율(연 1할)

② 한국은행에서 공시한 기준금리에 대통령령으로 정하는 이율(연 2%)을 더한 비율

OX 임대인의 임대차보증금 반환의무가 임차인의 임차권등기 말소의무보다 먼저 이행되어야 할 의무이다. (○)

13 초과 차임 등의 반환청구

임차인이 법정 증액비율을 초과하여 차임 또는 보증금을 지급하거나 법정 월차임 산정률을 초과하여 차임을 지급한 경우에는 상당금액의 반환을 청구할 수 있다.

14 주택임대차 표준계약서 사용

주택임대차계약서는 **법무부장관이 국토교통부장관과 협의**하여 정하는 주택임대차 표준계약서를 우선적으로 사용한다. 다만, 당사자가 다른 서식을 사용하기로 **합의한 경우**에는 그러하지 아니하다.

OX 법무부장관이 국토교통부장관과 협의하여 정한 표준계약서를 우선적으로 사용하되 당사자가 다른 서식으로 합의한 경우에는 그러하지 아니하다. (○)

OX 「주택임대차보호법」은 편면적 강행규정으로 임차인에게 불리한 약정은 그 효력이 없다. (○)

15 주택임대차분쟁조정위원회(법 제14조)

① **조정위원회의 심의·조정 사항**

> ㉠ 차임 또는 보증금의 **증감**에 관한 분쟁
> ㉡ 임대차 **기간**에 관한 분쟁
> ㉢ 보증금 또는 임차주택의 **반환**에 관한 분쟁
> ㉣ 임차주택의 **유지·수선** 의무에 관한 분쟁
> ㉤ 임대차계약의 이행 및 임대차계약 **내용의 해석**에 관한 분쟁
> ㉥ 임대차계약 **갱신 및 종료**에 관한 분쟁
> ㉦ 임대차계약의 불이행 등에 따른 **손해배상청구**에 관한 분쟁
> ㉧ 공인중개사 **보수 등 비용**부담에 관한 분쟁
> ㉨ 주택임대차**표준계약서 사용**에 관한 분쟁
> ㉩ 공인중개사의 손해배상책임(보증기관에 손해배상금으로 공제금의 지급을 청구 포함)에 관한 분쟁

② 조정위원회는 **위원장 1명을 포함하여 5명 이상 30명 이하**의 위원으로 성별을 고려하여 구성한다.

③ 조정위원의 **임기는 3년**으로 하되 연임할 수 있으며, 보궐위원의 임기는 전임자의 남은 임기로 한다.

④ 주택임대차분쟁의 당사자는 **해당 주택이 소재하는 지역을 관할하는 조정위원회**에 분쟁의 조정을 신청할 수 있다.

⑤ 위원장은 신청인으로부터 조정신청을 접수한 때에는 **지체 없이** 조정절차를 개시하여야 한다.

⑥ 조정신청을 받은 날부터 **60일 이내**에 그 분쟁조정을 마쳐야 한다. 다만, 조정위원회의 의결을 거쳐 30일의 범위에서 그 기간을 연장할 수 있다.

⑦ 조정안을 통지받은 당사자가 **14일 이내에 수락의 의사를 서면으로** 표시하지 아니한 경우에는 **조정을 거부**한 것으로 본다.

⑧ 강제집행을 승낙하는 취지의 내용이 기재된 **조정서의 정본**은 집행력 있는 **집행권원과 같은 효력**을 가진다.

02 「상가건물 임대차보호법」

1 적용범위

① 사업자등록의 대상이 되는 영업용 건물(교회, 문중, 친목모임 사무실 등 ×)의 임대차에 대해서만 적용이 되며, 보증금액을 초과하는 임대차는 적용대상이 아니다.

② **환산보증금 산정** ＝ 보증금 ＋ 월차임 × 100

> 1. 서울특별시 - **9억원 이하**
> 2. 과밀억제권역(서울특별시는 제외) 및 부산광역시 - **6억 9천만원**
> 3. 광역시(과밀억제권역에 포함된 지역과 군지역, 부산광역시는 제외), 세종특별자치시, 파주시, 화성시, 안산시, 용인시, 김포시 및 광주시 - **5억 4천만원**
> 4. 그 밖의 지역 - **3억 7천만원**

다만, 다음은 예외적으로 보증금액을 초과하는 임대차에 대하여도 적용한다.

> 團 **3기의 차임연체와 해지, 대항력, 권리금보호, 계약갱신요구권 등**

③ **적용기준** : 보관, 제조, 가공 등 사실행위만이 행해지는 공장, 창고 등은 영업용으로 사용하는 건물이라 할 수 없으나, 물품을 고객에 인도하고 수수료를 받는 등 **영업활동이 함께 이루어지는 하나의 사업장**이라면 이 법 적용대상이 된다.

2 임대차 기간

① 기간을 정하지 아니하거나 기간을 1년 미만으로 정한 임대차는 그 기간을 **1년으로 본다.** 다만, 임차인은 1년 미만으로 정한 기간이 유효함을 주장할 수 있다.

② 임대차가 종료한 경우에도 임차인이 보증금을 돌려받을 때까지는 임대차 관계는 존속하는 것으로 본다.

3 법정(묵시)갱신

① 임대인이 임대차 기간이 **만료되기 6개월 전부터 1개월 전까지**에 임차인에게 갱신 거절 또는 조건 변경의 통지를 하지 아니한 경우에는 그 기간이 만료된 때에 **전 임대차와 동일한 조건**으로 다시 임대차한 것으로 본다. 이 경우에 임대차의 **존속기간은 1년**으로 본다.

② 임차인은 언제든지 임대인에게 계약해지의 통고를 할 수 있고, 임대인이 통고를 받은 날부터 **3개월**이 지나면 효력이 발생한다.

4 계약갱신요구권

① 임차인의 계약갱신요구권은 이 법 적용 기준 보증금을 초과하는 경우에도 적용된다.

② 임대인은 임차인이 임대차기간 **만료되기 6개월 전부터 1개월 전 사이**에 행하는 계약 갱신 요구에 대하여 정당한 사유 없이 이를 거절하지 못한다. **다만, 다음의 경우에는 거절할 수 있다.**

1. 임차인이 **3기의 차임액**에 해당하는 금액을 **연체한 사실이 있는 경우**
2. 임차인이 거짓이나 그 밖의 부정한 방법으로 임차한 경우
3. 서로 합의하여 임대인이 임차인에게 **상당한 보상**을 제공한 경우
4. 임차인이 임대인의 **동의 없이** 건물의 전부 또는 일부를 전대한 경우
5. 임차인이 임차한 건물의 전부 또는 일부를 고의나 **중대한 과실**로 파손한 경우
6. 임차한 건물의 **전부 또는 일부가 멸실**되어 목적을 달성하지 못할 경우
7. 임대인이 다음에 해당하는 사유로 목적 건물의 **전부 또는 대부분**을 철거하거나 **재건축**하기 위하여 목적 건물의 점유를 회복할 필요가 있는 경우
   가. 임대차계약 체결 당시 공사시기 및 소요기간 등을 포함한 **철거 또는 재건축** 계획을 **임차인에게 구체적으로 고지**하고 그 계획에 따르는 경우
   나. 건물이 노후·훼손 또는 일부 멸실되는 등 안전사고의 우려가 있는 경우
   다. 다른 법령에 따라 철거 또는 재건축이 이루어지는 경우
8. 그 밖에 임차인이 임차인으로서의 **의무를 현저히 위반**하거나 임대차를 계속하기 어려운 중대한 사유가 있는 경우

③ 임차인의 계약갱신요구권은 **최초의 임대차 기간을 포함한 임대차기간이 10년을 초** 과하지 않는 범위 내에서만 행사할 수 있다.

④ 갱신되는 임대차는 전 임대차와 동일한 조건으로 다시 계약된 것으로 본다. 이때 당 사자는 장래의 차임 또는 보증금에 대하여 증감을 청구할 수 있다.
   ※ 차임 또는 보증금의 100분의 5의 금액을 초과하지 못한다.

5 대항력(인도 + 사업자등록신청) 관련 판례

① 건물을 임차하고 사업자등록을 마친 사업자가 임차건물의 전대차 등으로 당해 사업을 개시하지 않거나 사실상 폐업한 경우에 대항력 및 우선변제권을 유지하기 위해서는 건 물을 직접 점유 및 사업을 운영하는 **전차인**이 그 명의로 사업자등록을 하여야 한다.
② 임차인이 대항력 및 사업자등록을 마친 사업자가, **폐업신고를 한 후에 다시 같은 상호 및 등록번호로 사업자등록을 한 경우**에 기존의 대항력과 우선변제권이 존속한다고 볼 수 없다 (즉, 대항력은 취득요건일 뿐만 아니라 존속요건에 위배).
③ 소유권이전등기청구권을 보전하기 위한 **가등기가 경료된 후**에 대항력을 취득한 임차인 은 그 가등기에 기하여 본등기를 경료한 자에게 대항할 수 없다.

6 최우선변제권(대항요건 + 소액보증금)

지역 구분	소액임차보증금	최우선변제금액 한도
서울특별시	6천5백만원 이하	2천2백만원까지
과밀억제권역(서울특별시 제외)	5천5백만원 이하	1천9백만원까지
광역시(과밀억제권역과 군지역 제외) 안산시, 용인시, 김포시 및 광주시	3천8백만원 이하	1천3백만원까지
그 밖의 지역	3천만원 이하	1천만원까지

① 임차인의 보증금 중 일정액이 상가건물의 가액(대지가액을 포함)의 **2분의 1을 초과**하는 경우에는 상가건물의 가액의 2분의 1에 해당하는 금액에 한하여 우선변제권이 있다.

② 보증금의 규모가 소액인 임차인은 임차상가건물의 **경매신청등기 전에 대항요건을 갖춘 경우**에는 경매·공매시 낙찰대금으로부터 보증금 중 일정액에 대해 최우선변제를 받을 수 있다.

③ 최우선변제를 받을 임차인은 보증금과 차임이 있는 경우 보증금과 차임을 환산한 금액의 합계가 위 도표 지역 구분에 의한 금액 이하인 임차인으로 한다.
예컨대, 서울특별시에서 **보증금 3천만원에 월세 40만원인 임차인은** 3천만원 + (40 × 100) = 7천만원이 되므로 **최우선변제권의 행사대상이 아니다.**

7 우선변제권(대항요건 + 확정일자)

① 대항요건을 갖추고 **관할 세무서장**으로부터 임대차계약서상의 **확정일자**를 받은 임차인은 경매 또는 공매시 임차건물(임대인 소유의 대지를 포함)의 환가대금에서 **후순위권리자나 그 밖의 채권자보다** 우선하여 보증금을 변제받을 권리가 있다.

② 임차인은 임차건물을 **양수인에게 인도**하지 아니하면 보증금을 받을 수 없다.

③ 대항력: 임대차는 그 등기가 없는 경우에도 임차인이 **건물의 인도와 사업자등록**을 신청하면 그 다음 날부터 제3자에 대하여 효력이 생긴다.

④ 임차인이 임차건물에 대하여 보증금반환청구소송의 확정판결, 그 밖에 이에 준하는 집행권원에 의하여 경매를 신청하는 경우에는 **반대의무의 이행이나 이행의 제공을 집행개시의 요건으로 하지 아니한다.**

⑤ **배당요구종기까지** 배당신청을 하여야 한다.

1. 확정일자 부여

① 확정일자는 상가건물의 소재지 **관할 세무서장**이 부여한다.

② 관할 세무서장은 해당 상가건물의 소재지, 확정일자 부여일, 차임 및 보증금 등을 기재한 확정일자부를 작성하여야 한다. 이 경우 전산정보처리조직을 이용할 수 있다.

2. 임대차정보의 제공 등

① 상가건물의 임대차에 **이해관계가 있는 자**(건물소유자, 건물 또는 대지의 권리자, 임대인과 임차인, 금융기관, 판결 등)는 관할 세무서장에게 해당 상가건물의 확정일자 부여일, 차임 및 보증금 등 정보의 제공을 요청할 수 있다. 이 경우 요청을 받은 관할 세무서장은 정당한 사유 없이 이를 거부할 수 없다.

② 임대차계약을 체결하려는 자는 **임대인의 동의**를 받아 관할 세무서장에게 ①에 따른 정보제공을 요청할 수 있다.

8 전대차 관련 주요내용

> ※ **다음은 전대차관계에 적용한다.** ⇨ **권리금 보호**(×)
> 임대인의 동의를 받고 전대차계약을 체결한 전차인은 임차인의 계약갱신요구권 행사기간 이내에 **임차인을 대위하여** 임대인에게 계약갱신요구권을 행사할 수 있다.

9 차임 연체와 계약해지

임차인의 차임연체액이 **3기의 차임액**에 달하는 때에는 임대인은 계약을 해지 가능하다.

> ① **임차인이 갱신 전부터** 차임을 연체하기 시작하여 갱신 후에 차임연체액이 3기의 차임액에 이른 때에도 임대인은 계약을 해지할 수 있다.
> ② 임대인 지위가 양수인에게 승계된 경우 이미 발생한 연체차임채권은 따로 **채권양도의 요건을 갖추지 않는 한 승계되지 않는다.** 따라서 양수인과는 승계 이후의 연체 차임액이 3기 이상의 차임액에 달해야 임대차계약을 해지할 수 있다.

10 차임 등의 증감청구권

① 증액청구는 청구 당시의 차임 또는 보증금의 100분의 5의 금액을 초과하지 못한다.
  ※ 다만, 보증금을 초과하는 임대차는 계약갱신의 경우는 차임 또는 보증금의 100분의 5의 초과금지규정은 적용되지 않는다(당사자는 경제사정변동을 고려하여 증감 청구할 수 있다).
② 증액 청구는 임대차계약 또는 약정한 차임 등의 증액이 있은 후 1년 이내에는 거듭하지 못한다.

11 임대차계약 당사자의 서면 열람 등 요청

임대차계약의 당사자는 관할 세무서장에게 다음 사항이 기재된 서면의 열람 또는 교부를 요청할 수 있다.

1. **임대인·임차인의 인적 사항(다만, 주민등록번호 및 외국인등록번호는 앞 6자리에 한정)**
2. 상가건물의 소재지, 임대차 목적물 및 면적
3. 사업자등록 신청일
4. 보증금·차임 및 임대차기간
5. 확정일자 부여일
6. 임대차계약이 변경되거나 갱신된 경우에는 변경·갱신된 날짜, 새로운 확정일자 부여일, 변경된 보증금·차임 및 임대차기간
7. 그 밖에 법무부령으로 정하는 사항

12 임대차계약의 당사자가 아닌 이해관계인 등의 서면 열람 등 요청

임대차계약의 **당사자가 아닌 이해관계인 또는 임대차계약을 체결하려는 자**는 관할 세무서장에게 다음 사항이 기재된 서면의 열람 또는 교부를 요청할 수 있다.

1. 상가건물의 소재지, 임대차 목적물 및 면적
2. 사업자등록 신청일
3. 보증금 및 차임, 임대차기간
4. 확정일자 부여일
5. 임대차계약이 변경되거나 갱신된 경우에는 변경·갱신된 날짜, 새로운 확정일자 부여일, 변경된 보증금·차임 및 임대차기간
6. 그 밖에 법무부령으로 정하는 사항
  주의 임대인·임차인의 인적 사항(×)

13 환산 보증금 초과

다음 경우는 적용된다(메 서울 환산보증금 9억 초과). ⇨ 〈3. 대 − 권리금. 요구 − 감염. 표준〉!

> 3기 차임 연체시 해지, 대항력, 권리금보호, 계약갱신요구권, 감염법에 따른 3개월 이상 영업 제한 등으로 폐업, 표준계약서 작성 등

🔷주의 우선변제권, 임차권등기명령, 최단기간(1년),증액제한 규정, 법정갱신은 적용되지 않는다.

14 권리금보호 규정

> 권리금 계약이란 신규임차인이 되려는 자가 임차인에게 권리금을 지급하기로 하는 계약을 말한다. ⇨ 임대인은 권리금 지급의무가 없다.

(1) 권리금의 방해행위

임대인은 임대차기간이 끝나기 **6개월 전부터 임대차 종료시까지** 다음 행위를 함으로 써 임차인의 권리금 회수를 방해하여서는 아니 된다.

> ① 임차인이 주선한 신규임차인에게 권리금을 요구하거나 수수하는 행위
> ② 임차인이 주선한 신규임차인에게 권리금을 지급하지 못하게 하는 행위
> ③ 임차인이 주선한 신규임차인이 되려는 자에게 상가건물에 관한 조세, 공과금, 주변 상가건물의 차임 및 보증금 등을 현저히 고액을 요구하는 행위
> ④ 정당한 사유 없이 임차인이 주선한 신규임차인과 임대차계약을 거절하는 행위

(2) 권리금의 방해행위가 아닌 경우

> ① **계약갱신거절사유가 있는 경우**
> ② 임차인이 주선한 신규임차인이 보증금 또는 차임을 지급할 자력이 없는 경우
> ③ 신규임차인이 의무위반 또는 기타 임대차 유지가 어려운 경우 사유 발생
> ④ 임대차 목적물을 1년 6개월 이상 사용하지 않은 경우
> ⑤ 임대인이 선택한 신규 임차인과 권리금계약을 하고 지급 받은 경우
> ⑥ 대규모 점포(면적의 합계가 3천m² 이상) 또는 준대규모 점포의 일부인 경우, 임차건 물이 국·공유재산인 경우

🔷주의 전통시장 및 상점가 육성을 위한 특별법상 **전통시장은 권리금 보호 대상**이다.

(3) **임대인의 손해배상 책임**

> ① 손해배상액은 신규임차인이 임차인에게 지급하기로 한 권리금과 임대차 종료 당시 의 권리금 중 **낮은 금액**을 넘지 못한다.
> ② 손해배상 시효 : 임대차가 **종료한 날부터 3년**
> ③ 전대인과 전차인 간에는 권리금보호규정은 적용 제외된다.

OX 서울소재 상가임대차의 환산보증금이 10억인 경우, 계약갱신요구권과 권리금보호 규정이 적용된다. (○)

OX 서울소재 상가임대차의 환산보증금이 10억인 경우, 임차권등기명령과 임대차 최단기간 1년의 규정이 적용되지 않는다. (○)

OX 권리금 계약권리금 계약이란 신규임차인이 되려는 자가 임차인에게 권리금을 지급하기로 하는 계약을 말한다. (○)

OX 임대인은 임대차기간이 끝나기 6개월 전부터 임대차 종료시까지 임차인의 권리금 회수를 방해하여서는 아니 된다. (○)

OX 임차인이 3기의 차임액에 해당하는 금액에 이르도록 차임을 연체한 경우에는 권리금의 보호가 인정되지 않는다. (○)

OX 임대차한 상가건물을 1년 6개월 이상 영리목적으로 사용하지 아니한 경우에는 권리금의 보호가 인정되지 않는다. (○)

OX 「전통시장 및 상점가 육성을 위한 특별법」에 따른 전통시장은 권리금 보호 대상이다. (○)

(4) 관련 판례

1. 권리금 회수기회 보호 등

최초의 임대차기간을 포함하여 전체 임대차 기간이 10년을 초과하여 임차인이 계약갱신요구권을 행사할 수 없는 경우에도 임대인은 권리금 회수기회 보호를 진다.

2. 방해행위 성립

① 임차인과 신규임차인 간에 미리 권리금계약이 체결되어 있어야 하는 것은 아니다.

② 임차인이 신규임차인을 주선하더라도 임대인이 정당한 사유 없이 그와 임대차계약을 체결하지 않겠다는 의사가 확정적으로 표시 된 경우는 신규임차인을 주선하지 않았더라도 방해행위가 성립한다.

15 상가건물 임대차분쟁조정위원회의 설치

≪ 조정위원회의 심의·조정 사항

1. 차임 또는 보증금의 증감에 관한 분쟁
2. 임대차 기간에 관한 분쟁
3. 보증금 또는 임차상가건물의 반환에 관한 분쟁
4. 임차상가건물의 유지·수선 의무에 관한 분쟁
5. 권리금에 관한 분쟁
6. 임대차계약의 이행 및 임대차계약 내용의 해석에 관한 분쟁
7. 임대차계약 갱신 및 종료에 관한 분쟁
8. 임대차계약의 불이행 등에 따른 손해배상청구에 관한 분쟁
9. 공인중개사 보수 등 비용부담에 관한 분쟁
10. 공인중개사의 손해배상책임(보증기관에 손해배상금으로 공제금의 지급을 청구 포함)에 관한 분쟁
11. 상가건물임대차표준계약서의 사용에 관한 분쟁
12. 그 밖에 위원장이 조정이 필요하다고 인정하는 분쟁

16 표준권리금계약서

국토교통부장관은 법무부장관과 **협의를 거쳐** 임차인과 신규임차인이 되려는 자의 권리금계약 체결을 위한 표준권리금계약서를 정하여 그 사용을 권장할 수 있다(제10조의6).

17 권리금 평가 기준의 고시

국토교통부장관은 권리금에 대한 감정평가의 절차와 방법 등에 관한 기준을 고시할 수 있다.

18 상가임대차표준계약서

법무부장관은 국토교통부장관과 **협의를 거쳐** 보증금, 차임액, 임대차기간, 수선비 분담 등의 내용이 기재된 상가건물임대차표준계약서를 정하여 그 사용을 **권장할 수 있다.**

■ 「주택임대차보호법」과 「상가건물 임대차보호법」 비교·정리

구 분	「주택임대차보호법」	「상가건물 임대차보호법」
적용범위	• 공부보다 사실상 주거사용 우선 • 미등기건물, 무허가건물 • 공부상 등재 여부와 무관 • 미등기 전세에도 적용 • 일시사용 및 법인은 부적용 • 일반법인은 부적용(단, 특수법인) • **보증금 제한 없음.**	• 사업자등록 대상인 영업용 건물 + **일정 보증금액 이하** [서울 - 9억 이하 / 과밀권(부산) - 6억 9천만 / 광역시(세종, 파주, 화성, 안산, 용인, 김포 및 광주) 5억 4천 / 기타 3억 7천만] • **환산보증금 = 월세 × 100** • 미등기 전세에도 적용 • 일시사용 부적용, 법인 적용
대항요건 및 대항력	• 전입신고와 인도 　- 익일 0시부터 대항력 발생	• 사업자등록신청과 인도 　- 익일 0시부터
우선변제권	• 대항요건과 확정일자(등기소, 공증사무소, 동 주민센터 등)	• 대항요건과 확정일자(관할 세무서장)
최우선변제권	• 주택가액(대지 포함)의 1/2 범위 내에서 일정액의 보증금 1. 서울: 1억 6천5백만원 이하 - 5천5백만원까지 2. 과밀, 세종특별자치시, 용인, 화성 및 김포: 1억 4천5백만원 이하 - 4천8백만원까지 3. 광역시(안산, 광주, 파주, 이천 및 평택: 8천5백만원 이하 - 2천8백만원까지 4. 그 밖의 지역: 7천5백만원 이하 - 2천5백만원까지	• 상가건물가액(대지 포함)의 1/2 범위 내에서 일정액의 보증금 1. 서울: 6천500만원 이하 - 2천200만원까지 2. 과밀: 5천500만원 이하 - 1,900만원까지 3. 광역: 3천800만원 이하 - 1,300만원까지(안산, 용인, 김포 및 광주) 4. 기타: 3천만원 이하 - 1천만원까지 ※ 환산보증금으로 적용
최단기 제한	• 2년(단, 임차인은 2년 미만 주장)	• 1년(단, 임차인은 1년 미만 주장)
임차인의 갱신요구권	• **기간만료 전 6개월부터 2개월까지** (2년 + 2년 = 4년) • 1회 한해서 2년 인정, 단, 직계존, 비속 실거주(×) 등	• 기간만료 전 6개월부터 1개월까지 최초기간을 포함하여 10년 이내 인정 ※ **보증금이 초과하는 경우도 인정됨.**
차임 등의 증액 청구제한	• 약정한 차임의 1/20(5%) 이내 (1년 이내 다시 증액 불가)	• 약정한 차임의 5% 이내 (1년 이내 다시 증액 불가)

OX 임차인은 임차권등기명령의 신청 및 그에 따른 임차권등기와 관련된 비용을 임대인에게 청구할 수 있다.
(○)

OX 임차인이 임차권등기 이전에 이미 대항력 또는 우선변제권을 취득한 경우, 그 대항력 또는 우선변제권이 그대로 유지된다. (○)

OX 임대인과 임차인 간의 약정으로서 임차인에게 불리한 것은 그 효력이 없다. (○)

OX 임차인의 보증금반환 청구소송에 관하여는 「소액사건심판법」의 일부규정을 준용한다. (○)

법정 갱신 (묵시)	• 임대인: **만료 6개월 ~ 2개월 전까지 통지(×)** • 임차인: **만료 2개월 전까지 통지(×)** • 전임대차와 동일조건 재 임대 간주 • (기간은 2년으로 본다) • 임차인 언제든 해지통고: 3개월 후 효력	• 임대인: 만료 6개월 ~ 1개월 전까지 통지(×) • 임차인: 규정 없다(갱신요구 가능). • 전임대차와 동일조건 재임대 간주 • (기간은 1년으로 본다) • 임차인 언제든 해지통고: 3개월 후 효력
확정일자 · 임대차 정보의 제공요청권	• 확정일자부여기관에 부여일, 차임 및 보증금 등 요청 가능 (정당한 이유 없이 거절 불가)	• 관할세무서장에게 부여일, 차임 및 보증금 등 요청 가능 (정당한 이유 없이 거절 불가)
금융기관의 우선변제권 승계	공 통	공 통
계약 해지	2기 연체	3기 연체

Chapter 06 경매와 매수신청대리등록 규칙

01 부동산 경매·공매

01 부동산 경매 및 종류

1 의 의

일반적으로 경매라 함은 매도인이 다수의 매수희망자에게 매수의 청약을 하게하고 그중에서 최고 가격으로 청약을 한 사람에게 매도의 승낙을 함으로써 이루어지는 매매 형식을 말한다.

2 법원경매(협의) 종류

(1) 강제경매와 임의경매

강제경매	임의경매
① **집행권원**에 의한 강제집행절차	① 저당권·질권·전세권 등 **담보권의 실행**
② 일반재산에 대한 집행(인적 책임)	② 특정재산에 대한 강제집행(물적 책임)
③ 예견되지 않은 경매	③ 예견된 경매

※ 집행권원: 급부청구권 + 강제집행문 표시 공적문서

> ㉠ 확정된 이행판결: 이행의 소에서 받은 승소판결문
> ㉡ 확정된 지급명령: 법원의 지급명령에 대하여 채무자의 이의가 없이 확정된 것
> ㉢ 공증된 금전채권 문서
> ㉣ 각종조서: 화해조서·조정조서·청구인락조서

(2) 매수신청을 할 수 없는 자

> 집행관, 감정인 및 그 친족, 담당 법관, 사무관, 재매각 전매수인, 채무자
> ⇨ 단, 채권자, 담보권자, 제3취득자, 물상보증인, **채무자의 가족**, 외국인 등은 가능

OX 강제경매란 채무자의 일반재산에 대한 집행으로 판결문 등 집행권원에 의한 강제집행을 말한다. (○)

OX 임의경매(담보권실행경매)란 채무자의 특정재산에 대한 집행으로 근저당권, 전세권 등의 담보권을 강제 실행하여 채권을 회수하는 절차이다. (○)

OX 물상보증인, 채무자의 가족, 외국인 등은 매수신청이 가능하다. (○)

02 권리분석

1 의 의

말소기준권리 – **근저당권, 저당권, 가압류, 압류, 담보가등기는 매각으로 항상 소멸한다**. 이들 권리 중 **가장 먼저 설정된 권리를 말소기준권리**라 하며, 이 권리를 기준으로 하여 권리의 소멸권리와 인수권리가 결정된다.

2 권리분석 내용

소멸주의 〈근.가.담〉	인수주의 〈분.유.법〉
말소기준권리 = 근저당권, 저당권, 가압류, 압류, 담보가등기	분묘기지권, 유치권, 법정지상권
경매개시결정등기보다 "**늦게**" 설정된 용익물권 등	경매개시결정등기보다 "**앞서**" 설정된 용익물권 등

① 소멸되는 권리 중 가장 먼저 설정된 권리가 말소기준권리임.
② **말소기준권리보다 먼저 설정된 권리는 원칙적으로 인수되고 뒤에 설정된 권리는 말소**
③ 전세권도 배당 요구시 말소기준권리가 될 수 있음(경매물건 전체에 설정 + 최선순위).

3 핵심 포인트

① 저당권, 근저당권, 담보가등기, 가압류채권, 압류채권은 모두 말소된다.
② 매각부동산 위의 모든 저당권은 매각으로 소멸된다.
③ 지상권·지역권·전세권 및 등기된 임차권이 저당권·압류채권·가압류채권에 대항할 수 없는(즉 후순위) 경우에는 매각으로 소멸된다.
④ 저당권·압류채권·가압류채권에 대항할 수 있는 지역권·전세권 및 등기된 임차권은 매수인이 인수한다.
⑤ 선순위 전세권의 경우에는 배당요구를 한 경우에만 매각으로 소멸된다.
⑥ 매수인은 유치권자에게 그 유치권으로 담보하는 채권을 변제할 책임이 있다.
⑦ 유치권(단, 예외), 경매로 인한 법정지상권은 항상 인수된다.
⑧ 유치권자는 매수인에 대하여 그 피담보채권의 변제가 있을 때까지 유치목적물의 부동산의 인도를 거절할 수 있을 뿐 **그 피담보채권의 변제를 청구할 수 없다.**
⑨ 유치권은 인수 권리에 해당하나, 경매개시결정등기가 경료되어 **압류의 효력이 발생한 이후에 점유를 취득한 경우에는** 매수인에게 대항할 수 없다.

02 매각경매 절차

1 매각절차

(1) 진행절차

1. 경매신청과 경매개시결정	① 채무자에게 결정 송달 ※ 압류 효력 生: 송달 또는 경매개시등기
	② 경매개시결정등기: 촉탁
	③ **미등기 건물 경매도 가능**
2. 배당요구의 종기결정 및 공고	① 배당요구종기: **첫 매각기일 이전**
	② 배당요구 않은 경우 선순위채권자라도 배당 ×, 부당이득반환청구 ×
	③ 당연배당 채권자: 저당권자, 근저당권자, 압류권자, 가압류권자
3. 매각의 준비	① 현황조사(임대차관계 등) 및 감정평가(최저매각가격의 결정)
	② 공무소 및 이해관계인에 대한 채권신고의 최고
	③ 매각물건명세서의 작성·비치: 매각기일의 1주일 전까지
4. 매각기일 / 매각결정기일지정·공고	① 최초의 매각기일(기간입찰은 입찰기간)은 공고일로부터 14일 후
	② 매각결정기일 ⇐ 매각기일로부터 7일 내

(2) **매각 기일**(실시) ⇨ 매각기일 7일 전부터 물건명세서 등 열람 가능

> ① 매각방법 3가지
>   ㉠ 호가경매
>   ㉡ 기일입찰(1기일 2회 입찰 가능)
>   ㉢ 기간입찰
> ② 매수신청보증금: **최저매각가격의 10분의 1(10%)의 금액**
> ③ 최고가매수신고인의 결정(2인 이상일 때 그들만 추가 입찰)
> ④ **차순위매수신고인의 결정** ⇨ 최고가 − 보증금 뺀 금액보다 넘는 가격만 가능

(3) **매각 허·부결정** ⇐ **매각기일로부터 1주 이내**

> ① 매각허부결정에 대한 이해관계인은 선고일로부터 **1주일 내 즉시항고** 가능
> ② 항고 공탁금 − **매각대금의 10분의1(10%)에 해당 금전 또는 유가증권을 공탁**
>> 항고 기각시 − 채무자, 소유자의 공탁금은 몰수함
>
> ③ 경매목적물 취득에 **관청의 증명이나 허가증** 제출 ⇨ 매수신청시 (×)
>   **예** 농지취득자격증명은 매각허가 결정기일까지 제출함 ⇨ **미제출시 불허가**

(4) 매각대금의 납부

① 매수인은 **대금지급기한까지** 언제든지 매각대금을 납부하고 소유권취득 함.
   ※ 차순위매수신고인 보증금은 이때 반환받을 수 있다.
② 매각 대금기한까지 미납 : 차순위매수신고인에게 허·부결정
③ 최고가 및 차순위매수신고인 대금미납 : 보증금 몰수, 재매각 실시(20% **저감 안 함**)
④ 매수인은 재매각기일 3일 전까지 대금 및 연체이자를 납부하고 소유권취득
⑤ 채권자가 매수인인 경우에는 배당금으로 **상계신청** 가능하다.

참고 | 새매각과 재매각 비교·정리

1. 새매각 : 새매각은 매각허가결정에 이르지 아니하였거나 매각허가결정의 확정에 이르지 아니한 경우에 실시하는 절차이다. **새매각은 다음의 경우 실시한다.**

   ① 매각기일에 허가할 매수가격의 신고가 없는 경우(유찰) ⇨ **저감한다.**
   ② 매각을 불허하거나 매각허가결정이 항고심에서 취소된 경우 ⇨ **저감(×)**

2. 재매각 : 집행법원이 지정한 대금지급기한 내에 매수인이 **매각대금지급의무를** 완전히 이행하지 아니하고, 차순위매수신고인도 없는 경우에 법원이 직권으로 다시 실시하는 절차.
   ① 매수인이 재매각기일의 3일 전까지 대금·이자와 절차비용을 지급한 때 : 재매각 취소
   ② 최저매각가격의 **저감률 적용이 없는 등 종전 매각과 동일한 매각조건으로 실시**
   ③ 전 매수인은 **매수신청 불가함** 또한 매수신청 보증금 반환(×)

(5) 배당 절차

매각대금완납 + 법원은 배당기일을 정하여 ⇨ 이해관계인 + 배당을 신청한 채권자(통지) ⇨ 배당을 실시한다.

(6) 소유권이전등기 등의 촉탁

매수인이 대금을 완납하면 매각부동산의 소유권을 취득하므로 **집행법원은** 매수인 명의의 소유권이전등기 및 매수인이 인수하지 아니하는 부동산상의 부담의 말소등기를 **등기관에 촉탁한다.**

(7) 인도명령

매각대금을 납부 후 6개월 이내에 채무자·소유자 또는 부동산의 점유자에 대하여 인도명령이 가능하다. 다만 매수인에게 대항할 수 있는 **권원에 의하여 점유**하고 있는 것으로 인정되는 점유자는 인도명령의 대상이 되지 아니한다. 예컨대, **유치권 등은 인도소송**대상이다.

2 배당절차

(1) 배당요구의 종기까지 반드시 배당요구를 하여야 할 채권자

> ① 집행력 있는 정본을 가진 **채권자**
> ② 「민법」, 「상법」 기타 법률에 의하여 우선변제청구권이 있는 채권자: 「주택임대차보호법」에 의한 소액임차인, 확정일자부임차인, 근로기준법에 의한 임금채권자, 「상법」에 의한 고용관계로 인한 채권이 있는 자 등
> ③ 경매개시결정기입등기 **후에** 가압류한 채권자
> ④ 국세 등의 교부청구권자: 국세 등 조세채권 이외에 의료보험법, 국민의료보험법, 산업재해보상보호법, 국민연금법에 의한 보험료 기타징수금

※ 각 채권자는 배당요구의 종기까지 법원에 채권의 원금, 이자, 비용 그 밖에 부대채권의 계산서를 제출하여야 한다. 계산서를 제출하지 아니한 채권자는 배당요구의 종기 이후에는 채권액을 보충할 수 없다.

(2) 당연배당 채권자

① 배당요구의 종기까지 **경매신청을 한 압류채권자**

② 첫 경매개시결정등기 **전에 등기한 가압류채권자** 등

③ 첫 경매개시결정등기 **전에 임차권등기명령의** 집행에 따라 임차권등기를 한 자

> **주의** ㉠ 임차인이 이 주택에 대해 집행권원(보증금반환 판결 등)을 얻어 **강제경매를 신청한** 경우에는 별도로 배당요구를 하지 않아도 된다.
> ㉡ **임차권등기명령에** 따라 등기된 경우도 배당신청하지 않아도 된다.

(3) 배당의 원칙

① 배당을 요구한 **일반채권자**는 채권발생 시기의 선·후에 관계없이 채권금액 비율로 평등배당(안분배당)을 받는다.

② **물권 상호 간의 순위**, 즉 전세권, 저당권, 질권, 가등기담보권 등의 배당의 우선순위는 설정등기일 선·후에 의한다.

③ **물권과 가압류채권의 순위**는 가압류보다 물권의 설정이 빠른 경우에는 당연히 물권이 선순위이고, 물권의 설정보다 가압류가 빠른 경우에는 동순위로 취급되어 채권금액 비율로 평등배당(안분배당)을 받는다.

④ **확정일자 임차인과 물권의 순위**는 임차인이 대항요건과 확정일자를 갖추어 우선변제권이 발생한 날과 물권 설정등기일을 비교하여 배당의 우선순위를 결정한다.

참고 | 배당 순위

제0순위	• 경매비용(신청수수료, 감정비용 등) • 제3취득자(소유권자 · 지상권자 전세권자등)가 지출한 필요비와 유익비
제1순위	• 소액주택, 상가 임대차보증금 일정액 • 최종 3개월분 임금채권, 3년분 퇴직금 · 재해보상금
제2순위	• 당해세와 확정일자에 의한 우선변제권(법정기일과 확정일자 선 · 후로 결정)
제3순위	• 당해세를 제외한 국세 · 지방세 · 저당권, 전세권 등에 의해 담보된 채권 • 확정일자에 의한 우선변제권
제4순위	제1순위를 제외한 일반임금채권
제5순위	담보권보다 후에 성립된 국세 · 지방세
제6순위	의료보험법 · 산업재해보상보험법 · 국민연금법에 의한 보험료
제7순위	일반채권

참고 | 집행의 목적물에 대해 당해세: 상속세, 증여세, 종합부동산세, 재산세 등이 있다. 당해세 중에서 확정일자보다 빠른 당해세만 선순위이고, 확정일자보다 늦은 당해세는 후순위로 배당한다.

OX 개업공인중개사가 매수신청대리의 위임을 받은 경우에는 매수신청 보증의 제공, 입찰표의 작성 및 제출, 차순위매수신고 등의 행위를 할 수 있다. (○)

03 「공인중개사의 매수신청대리인 등록 등에 관한 규칙」

1 매수신청대리권의 범위 ⇨ 〈보.이(입).차. ‒ 우선〉!

OX 경매대상 부동산의 인도명령 신청, 항고, 명도소송은 매수신청 대리 범위에 포함되지 않는다. (○)

① 매수신청 **보증**의 제공
② 매수신청의 **보증**을 돌려줄 것을 신청하는 행위
③ **입찰표**의 작성 및 제출
④ **차순위**매수신고
⑤ 공유자 또는 임대주택 임차인의 우선매수신고에 따라 **차순위**매수신고인으로 보게 되는 경우 그 차순위매수신고인의 지위를 포기하는 행위
⑥ 구 임대주택법상 임차인의 임대주택 **우선**매수신고
⑦ 공유자의 **우선**매수신고

주의 경매대상 부동산의 인도명령 신청, 항고, 기일변경신청, 명도소송 매수신청 대리는 포함되지 않는다.

2 등록요건

① 개업공인중개사이거나 중개법인일 것 ※ **공인중개사와 중개인 (×)**
② 부동산경매에 관한 실무교육을 이수하였을 것(※ **대표자만 해당**)
③ 보증보험 또는 공제, 공탁 중에 선택하여 **등록신청 전에 설정**
　　※ 공탁의 경우는 폐업, 사망 또는 해산한 날부터 3년 이내에는 이를 회수할 수 없다.

(1) 매수신청대리인 등록

개업공인중개사는 **중개사무소(중개법인 주된 중개사무소) 관할하는 지방법원의 장에**게 매수신청대리인 등록신청을 하여야 한다.

(2) 실무교육 제도

① **주체: 법원행정처장이 지정**

② 대학 또는 전문대학으로서 부동산관련학과가 개설된 **학교, 공인중개사협회**는 법원행정처장에게 그 지정승인을 요청할 수 있다.

③ **교육대상자**: 매수신청대리인 등록을 하고자 하는 **개업공인중개사(법인 대표자만)** 받는다. 다만, 폐업신고 후 1년 이내에 다시 등록신청시는 의무가 없다.

④ **기한**: 등록신청일 전 1년 이내에

⑤ **교육시간**: 32시간~44시간 이내

⑥ 실무교육은 직업윤리, 민사소송법, 민사집행법, 경매실무 등 필수 과목 및 부동산경매 관련과목의 수강과 교육 과목별 평가로 한다.

(3) 업무보증설정 제도

① **시기: 등록 전**

② **방법**: 보증보험 또는 협회의 공제에 가입, 공탁(선택)

③ **설정금액**

　㉠ 중개법인 – 4억원 이상
　㉡ 분사무소 – 분사무소마다 2억원 이상을 추가로 설정
　㉢ 공인중개사인 개업공인중개사 – 2억원 이상

④ **공제사업**: 공제규정을 제정, 변경하여 법원행정처장의 승인을 얻어야 한다.

(4) **결격사유**(다음 결격사유 자는 매수신청대리인 등록을 할 수 없다)

1. 매수신청대리인 **등록이 취소된 후** 3년이 지나지 아니한 자
   ※ 단, 폐업으로 인한 등록취소 ⇨ 3년간의 결격기간을 적용하지 않는다.
2. 형법상 공무집행방해죄, 경매, 입찰방해죄 등으로 유죄판결 확정일로부터 **2년 미경과한 자**
3. 매수신청대리 업무정지처분을 받고 폐업신고를 한 자로서 업무정지기간(폐업에 불구하고 진행되는 것으로 본다)이 경과되지 아니한 자
4. 매수신청대리 업무정지처분을 받은 개업공인중개사인 법인의 업무정지의 사유가 발생한 당시의 사원 또는 임원이었던 자로서 당해 개업공인중개사에 대한 업무정지기간이 경과되지 아니한 자
5. 1.부터 4.까지 중 어느 하나에 해당하는 자가 사원 또는 임원으로 있는 중개법인

(5) **등록처분 및 등록증 교부**

지방법원장은 14일 이내 공인중개사 또는 중개법인으로 종별을 구분하여 등록하여야 한다.

(6) **종별변경**

매수신청대리인 등록을 한 개업공인중개사가 종별을 달리하여 업무를 하고자 하는 경우에는 **등록신청서**를 다시 제출하여야 한다. 이 경우 종전에 제출한 서류는 이를 제출하지 아니할 수 있으며, 종전의 **등록증은 이를 반납**하여야 한다.

3 개업공인중개사의 의무

① 개업공인중개사는 신의와 성실로써 공정하게 매수신청 대리 업무를 수행한다.
② 이중으로 매수신청대리인 등록신청은 금지된다(위반시에 지방법원장은 개업공인중개사의 매수신청대리인 등록을 취소할 수 있다).
③ 개업공인중개사는 매각절차의 적정과 매각장소의 질서유지를 위하여 다른 사람의 매수신청을 방해하거나, 부당하게 다른 사람과 담합 등 매각의 적정한 실시를 방해해서는 안 된다.
④ 업무상 알게 된 비밀을 누설하여서는 아니 된다.

4 매수신청대리의 대상물 ⇨ 동산(×)

① 토지
② 건물 그 밖의 토지의 정착물
③ 입목, 공장재단, 광업재단

5 매수신청대상물 확인·설명의무 등

개업공인중개사는 등기사항증명서 등 설명의 근거자료를 제시하고 매수신청대리 대상물의 **권리관계, 매수인이 부담하여야 할 사항** 등을 위임인에게 성실·정확하게 설명하여야 한다.

㉠ 당해 매수신청대리 **대상물의 표시 및 권리관계**
㉡ 법령의 규정에 따른 **제한사항**
㉢ 당해 매수신청대리 대상물의 **경제적 가치**
㉣ 당해 매수신청대리 대상물에 관한 소유권을 취득함에 따라 **부담·인수할 권리** 등의 사항

① 개업공인중개사는 위임계약을 체결한 경우 확인·설명 사항을 서면으로 작성하여, 서명날인한 후 위임인에게 교부하고, 그 사본을 사건카드에 철하여 **5년간 보존**하여야 한다. **주의** 공인중개사법상 중개대상물 확인·설명서는 3년 보존

② 매수신청 대상물 확인·설명서는 법정서식을 사용하여야 하며, **서명·날인은 공인중개사법 규정에 의해 등록된 인장을 사용하여야 한다.**

6 개업공인중개사의 금지행위

개업공인중개사는 다음의 행위를 하여서는 아니 된다.
참고 | **위반**: 지방법원장은 매수신청대리인 등록을 취소할 수 있다.

① **이중으로 매수신청대리인 등록**신청을 하는 경우
② 매수신청**대리인이 된 사건**에 있어서 매수신청인으로서 매수신청을 하는 행위
③ **동일 부동산**에 대하여 이해관계가 다른 2인 이상의 대리인이 되는 행위
④ **명의대여**를 하거나 매수신청 대리인 등록증을 대여 또는 양도하는 행위
⑤ 다른 개업공인중개사의 **명의를 사용**하는 행위
⑥ 형법상 **경매·입찰방해죄**에 해당하는 행위(위계 또는 위력 기타 방법으로 경매 또는 입찰의 공정을 해한 자)
⑦ 사건카드 또는 확인·설명서에 허위기재 하거나 필수적 기재사항을 누락하는 행위
⑧ 그 밖에 다른 법령에 따라 금지되는 행위

7 매수신청대리인등록 등에 관한 기타 내용

(1) **게시 의무**: 당해 중개사무소 안의 보기 쉬운 곳에 게시하여야 한다.

> ㉠ 등록증
> ㉡ 매수신청대리 등 보수표
> ㉢ 업무보증설정증명서

(2) **대리행위 제도**

① 대리 방식
  ㉠ 개업공인중개사가 매수신청보증제공, 입찰표작성 및 제출, 차순위매수신고 등의 대리행위를 하는 경우 **각 대리행위마다 대리권을 증명하는 문서**를 제출하여야 한다. 다만, **같은 날 같은 장소에서 대리행위를 동시에 하는 경우에는 하나의 서면**으로 갈음한다.
  ㉡ 대리권을 증명하는 문서는 **매 사건마다 제출하여야 한다.** 다만, 개별매각의 경우에는 매 물건번호마다 제출하여야 한다.
② 대리권을 증명하는 문서
  ㉠ 본인의 **인감증명서가 첨부된 위임장과 대리인등록증 사본**을 가리키며, 중개법인의 경우에는 위임장과 대리인등록증 사본이외의 **대표자의 자격을 증명하는 서면**을 말한다.
  ㉡ 위임장에는 사건번호, 개별매각의 경우 물건번호, 대리인의 성명과 주소, 위임내용, 위임인의 성명과 주소를 기재하고, **위임인의 인감도장을 날인**하여야 한다.

(3) **대리행위 가능자**

개업공인중개사는 매각장소 및 집행법원에 **직접 출석하여야 한다.**

주의 소속공인중개사의 대리는 불가하다.

(4) **사전 휴업 · 폐업 등**

> ㉠ 매수신청대리업을 **3개월을 초과하는 휴업**, 폐업 또는 휴업한 매수신청대리업을 재개, 휴업기간을 변경하고자 하는 때에는 감독법원에 미리 신고하여야 한다.
> ㉡ 휴업은 **6개월을 초과**할 수 없다.

(5) **지방법원장에 신고의무**

개업공인중개사는 다음 사유가 발생한 날로부터 **10일 안에 지방법원장에게 신고**하여야 한다(위반 : 임의적 업무정지처분 사유).

> ㉠ 중개사무소를 이전한 경우
> ㉡ 중개업을 휴업 또는 폐업한 경우
> ㉢ 공인중개사 자격이 취소된 경우
> ㉣ 공인중개사 자격이 정지된 경우
> ㉤ 중개사무소 개설등록이 취소된 경우
> ㉥ 중개업무가 정지된 경우
> ㉦ 분사무소를 설치한 경우

8 매수신청대리 관련 수수료 또는 실비

> ① 상담 및 권리분석 수수료 : 50만원 안에서 당사자의 협의에 의하여 결정한다.
> 　㉠ **일괄매각의 경우에 3개를 초과**하는 것부터 1부동산 당 5만원의 범위 안에서 상한선을 증액 가능(**예** 5개 부동산의 일괄 매각시 3개(50만) + 2개 (10만) = 60만원까지 상한선 범위가 증액)
> 　㉡ **개별매각**의 여러 물건을 함께 분석하는 경우에는 1부동산당 5만원의 범위 안에서 상한선을 증액할 수 있다.
> ② 매각허가 결정이 확정 된 경우 : **감정가의 1% 또는 최저매각가격의 1.5% 이하**의 범위 안에서 당사자의 **합의**에 의하여 결정.
> ③ 최고가 매수신고인으로 되지 못한 경우 : **50만원 안**에서 당사자의 **합의**에 의하여 결정
> ④ 실비 : **30만원 안에서 당사자의 합의**에 의하여 결정
> 　단, 개업공인중개사는 특별한 비용(원거리출장비, 원거리교통비등)은 영수증 등을 첨부하여 청구가능 하나, / 통상의 비용(등기부등본 비용, 근거리 교통비등)은 청구할 수 없다.

⑤ **위임 전에 보수 설명의무** : 개업공인중개사는 수수료표와 상담 및 권리분석 수수료·매수신청대리 수수료·실비에 대하여 **위임계약 체결 전에** 위임인에게 미리 설명하여야 하며, 이를 사건카드에 반드시 기록하여야 한다.

⑥ **초과수수 금지** : 개업공인중개사는 매수신청대리에 관하여 위임인으로부터 수수료 이외의 명목으로 보수를 받거나 예규에서 **정한 수수료 이상을 받아서는 아니 된다.**

⑦ **영수증의 교부** : 개업공인중개사는 보수를 받은 경우 예규에서 정한 양식에 의한 영수증을 작성하여 서명·날인한 후 **위임인에게 교부하여야 한다.**

⑧ **보수의 지급시기**: 보수의 지급시기는 매수신청인과 매수신청대리인의 약정에 따르며, 약정이 없을 때에는 **매각대금의 지급기한**일로 한다.

참고 부동산 중개보수 제한에 관한 공인중개사법 규정들은 **공매 대상 부동산 취득의 알선에 대해서도 적용된다.** 공매는 목적물의 강제환가라는 특징이 있기는 하나 본질적으로 매매의 성격을 지니고 있으므로 실질적인내용과 효과에서 공매 대상 부동산의 취득을 알선하는 것은 목적물만 차이가 있을 뿐 공인중개사법에서 정하는 매매를 알선하는 것과 차이가 없다(대판).

9 협회 · 개업공인중개사 등의 지도 · 감독

OX 법원행정처장은 협회를 감독하고, 지방법원장은 관할 안에 있는 협회의 시·도지부와 개업공인중개사를 감독한다. (○)

① **법원행정처장**은 매수신청대리 업무에 관하여 **협회를 감독한다.**
② **지방법원장**은 매수신청대리 업무에 관하여 **관할 안에 있는 협회의 시·도지부와 매수신청대리인 등록을 한 개업공인중개사를 감독한다.**

10 행정처분 (지방법원장)

(1) 절대적 등록취소 사유와 / 임의적 등록취소 사유

① 절대적 등록취소

OX 지방법원장은 개업공인중개사가 「공인중개사법」상 결격사유, 폐업, 자격 취소, 등록 취소된 경우 등에는 반드시 등록을 취소하여야 한다. (○)

지방법원장은 다음에 해당하는 경우에 **등록을 취소하여야 한다.**
1. 법 제10조 제1항 각 호(**이 법상 결격사유**) 어느 하나에 해당하는 경우
2. 법 제21조 또는 이 규칙 제13조의2 제1항의 규정에 따라 **폐업**신고를 한 경우
   ※ 등록취소시 3년간 결격이나 폐업으로 인한 이 경우는 결격이 적용되지 않는다.
3. 법 제35조의 규정에 따라 공인중개사 **자격이 취소**된 경우
4. 법 제38조의 규정에 따라 중개사무소 **개설등록이 취소**된 경우

매수신청 대리규칙
5. 등록 당시 제5조에 규정된 **등록요건**을 갖추지 않았던 경우
6. 등록 당시 제6조에 규정된 **결격사유**가 있었던 경우

(2) 절대적 업무정지 사유(1개월~2년 이하), **임의적 업무정지 사유**(1개월~2년 이하)

① **절대적 업무정지 사유**

> **제22조(업무정지 사유 등)** ① 지방법원장은 개업공인중개사(분사무소를 포함한다)가 다음 각 호의 어느 하나에 해당하는 경우에는 기간을 정하여 **매수신청대리업무를 정지하는 처분을 하여야 한다.**
> 1. 법 제21조(휴업) 또는 이 규칙에 따라 **휴업**하였을 경우
> 2. 법 제36조(자격정지)에 위반하여 공인중개사 **자격을 정지**당한 경우
> 3. 법 제39조(업무정지)에 위반하여 **업무의 정지**를 당한 경우
> 4. **임의적 매수신청대리인 등록취소** 사유에 해당하는 경우

(3) 행정처분의 절차

① 서면 통지의무 : 지방법원장은 처분을 할 경우에는 위반사실, 징계처분의 내용과 그 기간 등을 서면통지
② 의견진술의 기회 : 지방법원장은 처분 할 경우에는 **10일 이상** 구술·서면(전자문서)에 의한 의견진술의 기회
③ 관리대장 보존의무 : 지방법원장은 등록취소·업무정지 관리대장에 기재하여 **5년간 보존**
④ 반납 : 매수신청대리인 등록이 취소된 자는 처분을 받은 날로부터 **7일 안에 등록증**을 관할 **지방법원장**에게 반납하여야 한다.
　참고 | 단, 법인이 해산한 경우는 **대표자 또는 임원이었던 자가** 등록취소처분을 받은 날로부터 **7일 안에** 관할 지방법원장에게 반납하여야 한다.
⑤ 표시제거 등 : 매수신청대리인 **등록이 취소된 때에는** 사무실 내·외부에 매수신청대리업무에 관한 표시 등을 제거, **업무정지처분**을 받은 때에는 중개사무소의 **출입문에 표시**하여야 한다.

OX 지방법원장은 등록증 등 게시 위반, 등록인장 사용 위반, 사무소 이전신고 위반 등에 해당하는 경우에는 기간(1개월~2년 이하)을 정하여 업무의 정지를 명할 수 있다. (○)

OX 지방법원장은 등록취소, 업무정지처분을 할 경우, 10일 이상을 구술 또는 서면(전자문서를 포함)에 의한 의견진술의 기회를 주어야 한다. (○)

OX 업무정지처분을 받은 때에는 그 사실을 중개사무소의 출입문에 표시하여야 한다. (○)

OX 등록취소처분을 받은 경우, 7일 이내에 관할 지방법원장에게 등록증을 반납하여야 한다. (○)

OX 구분소유자는 그가 가지는 전유부분과 분리하여 대지사용권을 처분할 수 없다. (○)

04 | 집합건물의 소유 및 관리에 관한 법률

1 용어의 정의

1. 구분소유권이란 : 1동의 건물이 여러 개의 부분으로 나뉘어 독립한 건물로서 사용될 수 있도록 이용상·독립성을 갖추고 소유자의 구분행위(등기)가 있어야 한다. ⇨ 따라서 구조상·이용상으로 독립성을 갖추고 있더라도 구분등기가 아닌 1동의 건물로 등기된 경우는 성립하지 않는다.
2. 전유부분이란 : 구분소유권의 목적인 건물부분을 말한다.
3. "공용부분"이란 : 전유부분 외의 건물부분, 전유부분에 속하지 아니하는 건물의 부속물 및 공용부분으로 된 부속의 건물을 말한다.
4. "건물의 대지"란 : 전유부분이 속하는 1동의 건물이 있는 토지 및 건물의 대지로 된 토지를 말한다.
5. "대지사용권"이란 : 구분소유자가 전유부분을 소유하기 위하여 건물의 대지에 대하여 가지는 권리를 말한다.

OX 구분소유권의 목적인 건물이 속하는 1동의 건물이 있을 때에는 그 대지의 공유자는 그 건물 사용에 필요한 범위의 대지에 대하여는 분할을 청구하지 못한다. (○)

2 공용부분과 관련한 주요내용

① 공용부분은 구분소유자 전원의 공유에 속한다. 다만, 일부의 구분소유자만이 공용하도록 제공되는 것임이 명백한 공용부분(일부공용부분)은 그들 구분소유자의 공유에 속한다.

② 여러 개의 전유부분으로 통하는 복도, 계단, 그 밖에 구조상 구분소유자 전원 또는 일부의 공용에 제공되는 건물부분은 구분소유권의 목적으로 할 수 없다.

OX 일부의 구분소유자만이 공용하도록 제공되는 것임이 명백한 공용부분은 그들 구분소유자의 공유에 속한다. (○)

  ㉠ 법정공용부분(구조상) : 승강기, 계단, 복도 등은 등기할 필요가 없다.
  ㉡ 규약상 공용부분 : 관리사무소, 집회실 등은 구조상으로 전유부분에 해당되어 공용부분이라는 취지를 등기하여야 한다.

③ 구분소유자 중 일부가 복도, 계단과 같은 고용부분의 일부를 아무런 권원 없이 점유사용하는 경우에도 특별한 사정이 없는 한 다른 구분소유자들은 임대료 상당의 손해배상을 청구할 수 없다(누구도 배타적 사용수익권이 없다).

④ **공유자의 사용권** : 각 공유자는 공용부분을 그 용도에 따라 사용할 수 있다(주의 : 지분비율이 아니다).

⑤ **공유자의 지분권** : 각 공유자의 지분은 그가 가지는 전유부분의 면적 비율에 따른다.

OX 아파트 지하실은 특별한 사정이 없는 한 구분소유자 전원의 공용부분으로, 따로 구분소유의 목적이 될 수 없다. (○)

⑥ **전유부분과 공용부분에 대한 지분의 일체성**

> ㉠ 공용부분에 대한 공유자의 지분은 그가 가지는 전유부분의 처분에 따른다.
> ㉡ 공유자는 그가 가지는 전유부분과 분리하여 공용부분에 대한 지분을 처분할 수 없다.

※ 규약으로도 분리처분가능 규정은 불가. 공용부분의 물권변동은 등기 불요!

3 대지사용권 등(소유권, 임차권 등)

① **전유부분과 대지사용권의 일체성** : 구분소유자의 대지사용권은 그가 가지는 전유부분의 처분에 따른다.

② 구분소유자는 그가 가지는 전유부분과 분리하여 대지사용권을 처분할 수 없다. 다만, 규약으로 정한 경우에는 대지사용권만을 분리하여 처분할 수 있다.
  ⇨ 분리처분금지는 그 취지를 등기하지 아니하면 선의로 물권을 취득한 제3자에게 대항하지 못한다.

③ 구분소유자가 둘 이상의 전유부분을 소유한 경우에는 각 전유부분의 처분에 따르는 대지사용권은 전유부분의 면적 비율에 따른다. 다만, 규약으로 달리 정할 수 있다.

④ 전유부분만에 설정된 저당권은 특별한 사정이 없는 한 그 전유부분의 소유자가 사후에 취득한 대지사용권에도 미친다. 전세권의 경우도 마찬가지이다.

⑤ 전유부분을 낙찰 받은 경락인은 종된 권리인 대지지분도 함께 취득한다(이는 부당이득이 아니다). ⇨ 당초의 수분양자가 분양대금을 완납하지 않았더라도 경락인이 대지사용권을 취득한다.

⑥ 규약이 없는 한 법원의 강제경매 절차나 공유물분할경매절차에 의한 것이라 하더라도 대지사용권만의 분리처분은 허용되지 않는다.

4 구분소유자의 권리 · 의무

① **전유부분 소유자들의 책임** : 전유부분이 속하는 1동의 건물의 설치 또는 보존의 흠으로 인하여 다른 자에게 손해를 입힌 경우에는 그 흠은 공용부분에 존재하는 것으로 추정한다.

② **구분소유권 매도청구권** : 대지사용권을 가지지 아니한 구분소유자가 있을 때에는 그 전유부분의 철거를 청구할 권리를 가진 자는 그 구분소유자에 대하여 구분소유권을 시가로 매도할 것을 청구할 수 있다.

OX 구분소유자는 건물의 관리 및 사용에 관하여 구분소유자 공동의 이익에 어긋나는 행위를 하여서는 아니 된다. (○)

OX 전유부분이 주거 용도로 분양된 경우, 구분소유자는 정당한 사유 없이 그 부분을 주거 외의 용도로 사용해서는 안 된다. (○)

③ **대지공유자의 분할청구 금지** : 대지 위에 구분소유권의 목적인 건물이 속하는 1동의 건물이 있을 때에는 그 대지의 공유자는 그 건물 사용에 필요한 범위의 대지에 대하여는 분할을 청구하지 못한다.

5 구분소유건물의 관리

① **공용부분의 변경** : 공용부분의 변경에 관한 사항은 관리단집회에서 구분소유자의 3분의 2 이상 및 의결권의 3분의 2 이상의 결의로써 결정한다.

② **공용부분의 관리** : 공용부분의 관리에 관한 사항은 통상의 집회결의(구분소유자의 과반수 및 의결권의 과반수)로써 결정한다. 다만, 보존행위는 각 공유자가 할 수 있다.

③ 공유자가 공용부분에 관하여 다른 공유자에 대하여 가지는 채권은 그 특별승계인에 대하여도 행사할 수 있다. ⇨ 아파트 전입주자가 체납한 관리비 중 전유부분 관리비는 승계(×). 그러나 공용부분 관리비는 그 특별승계인에게 승계한다.

④ 공용부분에 대한 관리비는 관리단이 의무자인 구분소유자에게 청구할 수 있다.

MEMO

제36회 공인중개사 시험대비 **전면개정판**

2025 박문각 공인중개사
최상준 필수서 2차 공인중개사법·중개실무

초판인쇄 | 2025. 2. 5. **초판발행** | 2025. 2. 10. **편저** | 최상준 편저
발행인 | 박 용 **발행처** | (주)박문각출판 **등록** | 2015년 4월 29일 제2019-000137호
주소 | 06654 서울시 서초구 효령로 283 서경 B/D 4층 **팩스** | (02)584-2927
전화 | 교재 주문 (02)6466-7202, 동영상문의 (02)6466-7201

저자와의
협의하에
인지생략

정가 25,000원
ISBN 979-11-7262-600-6